教育部国别和区域研究2017年度指向性课题（17GBQY071）成果

马　鑫　金忠杰　王　瑛／著

中国-中亚-西亚经济走廊（西亚段）概略

社会科学文献出版社
SOCIAL SCIENCES ACADEMIC PRESS(CHINA)

序 / 言

当前，世界多极化、经济全球化、文化多元化、社会信息化依然是大趋势，但 2008 年国际金融危机后，世界经济发展分化，国际高标准投资贸易格局和多边投资贸易规则持续酝酿调整，局部短期的新趋势不时出现，影响较大的如区域经济一体化、贸易保护主义等。大趋势加新趋势给世界经济带来重大影响，尤其是包括中国在内的新兴经济体。经济全球化、区域一体化既是一种共识，亦是一种应对当前趋势变化的方案。中国政府提出的"一带一路"倡议是经济全球化、区域一体化的共识性尝试和实践。

作为世界第二大经济体，中国成就源于 40 年前开启的改革开放；中国是经济全球化的参与者、受益者、推动者。提出"一带一路"倡议也是中国政府扩大开放的具体行动，推进"一带一路"建设是中国政府对改革开放 40 周年最好的纪念之一。因为，"一带一路"必然要求中国具有世界胸襟、世界眼光，必然要求深化改革和扩大开放，必然要求法制化、市场化。"一带一路"也可以解决中国国内的能源安全、产能过剩、区域协调发展、可持续发展等问题。

"一带一路"倡议提出已有 5 年，5 年来在具体的框架支撑下，取得了阶段性进展。框架主要包括"五通"（政策沟通、设施联通、贸易畅通、资金融通、民心相通），"六大经济走廊"（新亚欧大陆桥、中蒙俄、中国 – 中亚 – 西亚、中国 – 中南半岛、中巴、孟中印缅经济走廊），"十大平台"（博鳌亚洲论坛、中国 – 东盟博览会、中国 – 亚欧博览会、欧亚经济论坛、中国国际投资贸易洽谈会，中国－南亚博览会、中国－阿拉伯博览会、中国西部国际博览会、中国－俄罗斯博览会、前海合作论坛），"四大金融支撑"（亚洲基础设施投资银行、丝路基金、金砖国家开发银行、上合组织开发银行）。

西亚是"一带一路"的交会处，是世界重要的能源基地、交通要道；中国－中亚－西亚经济走廊是推进"一带一路"建设的重要支撑，是中国能源、商品交易的重要通道，战略位置极其重要，推进意义重大，包括地缘、经济、政治、能源等意义。中国－中亚－西亚经济走廊已经取得了局部的进展，同时，中国－中亚－西亚经济走廊推进业面临着一系列风险，包括政治风险、经济风险、法律风险、社会风险、军事风险。本书综述国际背景、国际局势，分析走廊风险情况，结合中国国情提出了应对和防范经济走廊政治风险、经济风险、法律风险、其他风险的风控举措。该书借鉴了前人的部分观点、史料，在此表示感谢！尽管笔者进行了6次修改、历经10个多月的时间成稿，但因水平有限，书中难免有疏漏和不妥之处，望读者不吝指正！

目录

第一章 / 西亚概况

　　西亚（Western Asia）地域辽阔、资源丰富、族群众多、宗教复杂、文化多元、局势多变；疆域涵盖伊朗高原、阿拉伯半岛、美索不达米亚平原、小亚细亚半岛，囊括了土耳其、沙特阿拉伯、伊朗、伊拉克、阿塞拜疆、格鲁吉亚、亚美尼亚、巴林、卡塔尔、也门、阿曼、阿拉伯联合酋长国、科威特、黎巴嫩、叙利亚、约旦、以色列、巴勒斯坦、塞浦路斯以及阿富汗 20 个国家。

　　西亚是欧洲、亚洲、非洲的连接处，是"一带一路"的交会处，面积 698.57 万平方公里，2014 年总人口 3.43 亿人[①]，2017 年 GDP 为 3.33 万亿美元（不含巴勒斯坦和叙利亚[②]）。西亚历史悠久，文化底蕴深厚，包括三大宗教五大主体民族，教派族群关系错综复杂。西亚石油资源极其丰富，西亚的石油储量、产量、出口量均居世界第一[③]；2015 年中东地区石油储量为 1087 亿吨，产量为 14 亿吨，出口量为 8.8 亿吨，分别占全球的 47%、33%、45%；所产石油大部分由波斯湾沿岸港口运往欧

[①]　王颂吉、白永秀：《中国－中亚－西亚经济走廊建设：进展、问题与对策》，《贵州社会科学》2016 年第 8 期。

[②]　根据世界银行数据库整理。

[③]　British Petroleum：《2016 版 BP 世界能源统计年鉴》，http://www. bp. com/zh＿cn /china /reports－andpublications/bp＿2016. html，2016 年 7 月 11 日。

洲、北美、亚洲等地区。①

西亚战略地位重要，地处"一湾两洋三洲四峡五海"。"一湾"即波斯湾，"两洋"即印度洋和大西洋，"三洲"指亚洲、欧洲和非洲，"四峡"指土耳其海峡、直布罗陀海峡、曼德海峡和霍尔木兹海峡，"五海"为里海、黑海、地中海、红海和阿拉伯海。其中波斯湾是世界最大的石油输出地区，波斯湾的东南即世界石油大动脉、载油船只进出的唯一通道——霍尔木兹海峡；土耳其海峡是沟通黑海和地中海的唯一航道；直布罗陀海峡位于伊比利亚半岛与摩洛哥之间，是出入地中海和大西洋的唯一海峡；曼德海峡是连接红海和亚丁湾、印度洋的咽喉要塞；苏伊士运河是连接红海和地中海，亚、非、欧三大洲之间最为便利的水上航道。此外，西亚也是国际政治局势最为动荡和民族宗教形势最为复杂的地区之一。

一　政治概况

（一）西亚政体与政党

1. 西亚国家的政体

西亚现行的政治格局形成于 20 世纪，依照西亚诸国经济状况、政治制度和社会发展的共性和差异性，西亚国家的政治体制大致可分为传统威权主义（traditional Authoritarianism）国家与官僚威权主义（bureaucratic Authoritarianism）国家（如图 1－1）。传统威权主义国家实行君主制，官僚威权主义国家实行共和制。君主制可分为绝对君主制（沙特阿拉伯）和君主立宪制［约旦、科威特、巴林、卡塔尔、阿拉伯联合酋长国（以下简称阿联酋）］两种。共和制可分为议会共和制（以色列接近此类型）、总统制（伊拉克、叙利亚、也门、塞浦路斯、黎巴嫩、巴勒

---

① 孙晓艳、段红梅：《中东乱局对中国能源安全的影响分析》，《资源与产业》2016 年第 4 期。

斯坦等国）和领袖制（伊朗等国）三种类型。[1]

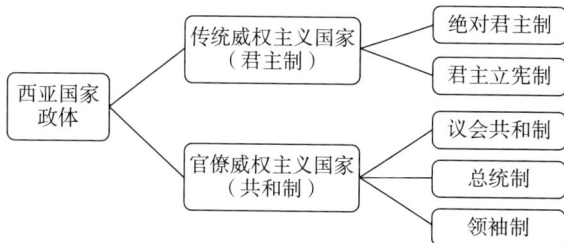

图 1-1 西亚国家政体

（1）传统威权主义政体

传统威权主义政体的基本特征包括以下几点。一是实行君主制（或称埃米尔），最高政治权力由特定家族控制，王权世袭。君主制可分为绝对君主制（沙特阿拉伯）和君主立宪制（约旦、科威特、巴林、卡塔尔、阿联酋等）两种。二是政权和统治者的合法性主要来自宗教信仰，而不是基于世俗的政治意识形态。决策主要依赖原始的或者传统的权威，比如特定部落、家族等，政局总体相对稳定。三是官僚体制缺乏现代性，进行的官僚化改革不够完整和彻底。社会组织的基础不是基于个人的志愿组织（包括压力集团）或阶级关系，个人利益取决于其出身和背景，包括特定的社会等级、地区、宗教派系或者族群等。

传统威权主义政体的典型代表是沙特阿拉伯和约旦。国王权力最高，是神赋予的。君主立宪制国家分为两类：议会君主制和二元君主制。议会君主制国家的最高立法权力机构是议会，政府直接对议会负责，而君主作为象征性的国家元首行使礼节性的和形式上的权力。二元君主制则不同：形式上，君主的权力受到议会或宪法的限制，实际上君主掌握了国家的一切实权，甚至内阁成员、议会会员都由君主任命或指定。

沙特阿拉伯于 1932 年 9 月 23 日统一并建国，国王为世袭制。沙特

① 钱雪梅：《民主化与复兴伊斯兰——三十年西亚阿拉伯国家的政治发展》，《国际政治研究》（季刊）2010 年第 1 期。

国王是国家元首，手握行政、司法、武装、外交等实权，既是国家内阁首相和三军部队总司令，也行使具体职权，包括任命国家高级行政官员、驻外使节、军队高级将领，与外国签署条约和协议、批准或否决内阁会议决议案等。沙特国家的最高权力机构是王室长老委员会，王室长老委员会由国王、王储和国防大臣等人组成，长老委员会商议决定国家重大事务和决策，包括立、废国王等国家大事。内阁会议是国家的最高行政机构，首相由国王本人兼任。与此同时，沙特国内还设有咨询会议，国王兼任咨询会议主席，沙特家族各分支是其主要成员，负责向国王进谏和传达国王旨意。此外，沙特的法律依据是伊斯兰教经典《古兰经》和《圣训》，法律的权威解释权属于国王。

约旦于 1946 年建国。国王是国家元首兼武装部队最高指挥官，有权任命上至首相下至大臣会议议员、组织大选、颁布法律、宣布战争及与外国缔结和约等。与沙特不同的是，约旦国王不兼任首相。约旦王宫设宫廷总管、宫廷大臣、国王特别顾问、国王政治顾问、王宫首席发言人等，王室设王储。王国还设立国民议会和大臣会议（内阁）。国民议会由参议院和众议院组成，参议员共有 40 名，是众议院人数的一半。参议员由国王任命，任期 4 年，年龄必须在 40 岁以上，而议长任期只有 2 年。众议员人数共 80 人，通过普选直接产生，任期 4 年。众议院是王国的立法权力机构，是参议院的基础，如果众议院宣布解散，那么参议院也必须停止常规会议。

（2）官僚威权主义政体

官僚威权主义政体的基本特征表现在三个方面。一是实行共和制，由较为稳定的精英阶层（官僚）长期执掌政权，其政体的合法性建立在世俗政治意识形态的基础上。伊拉克、叙利亚、黎巴嫩、阿联酋、也门和巴勒斯坦等均属于此种类型政体。共和制可分为总统制（伊拉克、叙利亚、也门、塞浦路斯、黎巴嫩、巴勒斯坦等）、议会共和制（以色列、土耳其）和领袖制 3 种。二是共和制西亚国家元首一般称总统或主席，可兼任国家武装部队总司令，一般由公民票选，可连选连任，任期6年。共和制国家一般都设议会和协商会议。三是20世纪60年代以来，都经历过重大的社会裂变，包括革命、政变和战争等变革。

官僚威权主义总统制的典型代表国家是伊拉克和黎巴嫩。2003年以前，伊拉克总统由革命指挥委员会推举产生，需通过委员会2/3成员的同意。总统既是国家元首，也是国家武装部队总司令，总统可以任免副总统、任免各级部长和军队高级官员。伊拉克国家最高权力机构和立法机构是革命指挥委员会，委员会拥有类似总统的权力，它有权颁布国家法律，做出与法律同等效力的决议，有权决定国家的战争或和平、对外签署条约和协议，有权解散议会，有权批准国家预算和决算等国家重大决策。1980年3月，革命指挥委员会颁布了国民议会法，国民议会开始运作。国民议会由全民选举产生，共有250名议员，每届任期4年。1991年以前，伊拉克不设总理，但是保留副总理职务，内阁总理职权由总统代为行使。海湾战争后，重新设总理，总统不再行使政府首脑职权。2003年3月，美英发动战争推翻萨达姆政权，并对伊拉克政体进行改革，重新划定了总统、总理、议长的职权范围。黎巴嫩总统由国家议会选举产生，任期为6年，不能连选连任。早在黎巴嫩独立以前，黎巴嫩各教派经过协商，并达成协议：总统由基督教马龙派人士担任，议长由伊斯兰教什叶派人士担任，总理由伊斯兰教逊尼派人士担任。如果议会不能如期选出总统，前总统可以任命一个临时过渡性政府。黎巴嫩实行一院制，称国民议会。议会设有108个议席，设议长和秘书长，内阁总理对总统和议会同时负责。至于内阁各部部长，也是按照议会中的教派比例进行分配的。黎巴嫩的政治制度在阿拉伯国家中是独一无二的。

官僚威权主义议会共和制的代表性国家是土耳其和以色列。议会是国家最高权力机构，拥有立法权，负责制定和修改国家法律、对政治问题表决、批准内阁成员的任命并监督政府工作，以及选举总统和议长。议员候选人以政党为单位竞选。以色列没有宪法，只有议会法、总统法和内阁法等基本法。总统是象征性的国家元首，职能基本上是礼仪性的。议会有权解除总统职务。内阁向议会负责。同时，公民拥有各式各样的政治权利和公民自由。

官僚威权主义领袖制的代表性国家是伊朗。伊朗作为一个政教合一的国家，神权高于一切，政体为共和制，宗教权大于世俗权。实行总统内阁制。总统由直接选举产生，任期四年，可连任一届。总统是国家元首，也是政府首脑。有权任命数名副总统，可授权第一副总统掌管内阁日常工作，其他副总统协助总统主管专门事务。主要政党有德黑兰战斗的宗教人士协会、伊斯兰指导党、伊朗拜火教协会、建设公仆党和伊斯兰伊朗团结党。

2. 西亚国家政党制度

西亚各国依国情不同分别实行不同的政党制度。目前，实行多党开放政策的国家并不多，君主制国家大多禁止政党活动。沙特阿拉伯政府和阿曼政府禁止一切政党活动，巴林国家宪法规定禁止政党活动，卡塔尔只有极少数组织在地下活动，科威特和阿联酋只有官方承认的一些群众组织，没有政党。萨达姆时期，伊拉克国家政党法规定，在军队和国家安全机构内除了阿拉伯复兴社会党以外，禁止政党和组织活动；任何政党活动不得采用暴力，否则，国家予以取缔。2003 年萨达姆政权被推翻后政党制度发生变化。叙利亚允许政党存在和活动。叙利亚国内主要政党是 1947 年成立的阿拉伯复兴社会党，其领导机构是民族领导机构和地区领导机构，前者是党的总部，设在叙利亚首都大马士革，后者是分支机构，设在其他西亚阿拉伯国家。叙利亚阿拉伯复兴社会党民族领导机构总书记和地区领导机构书记都是总统兼任。1972 年阿拉伯复兴社会党成立了全国进步阵线，吸纳其他组织和政党参加，叙利亚阿拉伯社会主义联盟、阿拉伯社会党、叙利亚共产党、社会主义统一分子运动等先后加入这个阵线。叙利亚的政党一方面具有独立性，另一方面也受全国进步阵线的统一领导。黎巴嫩是政党与组织活动较为活跃的国家，既有政治性的，也有宗教性的，一些宗教性的政党和组织还拥有自己的武装力量。"阿迈勒"运动和真主党都是伊斯兰教什叶派中的重要政党。此外，基督教的各主要政党和联盟结成了自己的政治和军事联盟——黎巴嫩阵线，其中的黎巴嫩长枪党又称弗朗基党，它是黎巴嫩基督教马龙派政党，是黎巴嫩较为强大的一支军事力量，一直活跃在黎巴嫩的政治舞台。伊斯兰教的主要党派组织在 1987 年和 1989 年先后成立了自己的联合阵线——黎巴嫩联合解放阵线和民族阵线，前者有 13 个穆斯林组织参加，后者有 18 个穆斯林组织和黎巴嫩左派组织组成。黎巴嫩在西亚阿拉伯世界中是政党较多的国家之一。

总体而言，西亚共和制国家中一部分是允许政党存在的，少数国家还实行了多党制，但是，允许政党存在的国家对政党提出了必须在维护国家利益的基础上进行活动的要求。西亚君主制国家大多数则禁止政党活动。

（二）西亚政治发展总体特征

西亚北非地区局势动荡，权力争夺与大国博弈相互叠加，地区政治生态在多种力量博弈中复杂演进。各国仍在艰难探索适合本国国情的发展道路，实现和平稳定、发展转型之路漫长而曲折。除了政权性质和资源禀赋外，国家或社会的历史经验、记忆、信仰与文化，特别是利益集团、核心价值取向、人口构成、经济状况和国际政治环境等，在决定国家政治社会变迁方面可能起着更重要的作用。以此角度为出发点，西亚国家的政治发展充斥着阿拉伯民族主义、伊斯兰主义、全球化、民主自由化的成分，其发展阶段大致可分为三阶段。

第一阶段：石油繁荣与政治动荡期（20 世纪 70 年代至 80 年代末）。这一时期西亚各国巩固与政治独立，阿拉伯民族主义与伊斯兰主义"交替"出现，主要发展特征为：一是西亚各国从政治独立走向政治自决，新生国家权力进一步巩固，巨额石油美元流入，尤其是海湾富油国成为高收入高福利国家；二是西亚地区政局总体较为动荡，战争、革命和冲突影响深远，如巴以冲突外溢导致以黎战争和黎巴嫩内战、伊朗伊斯兰革命促发伊斯兰复兴主义、两伊战争爆发等；三是随着当代伊斯兰复兴主义的兴起，阿拉伯民族主义进入新的发展阶段，泛阿拉伯主义热情降低，国家民族主义升温，阿拉伯世界出现分裂。

第二阶段：和平进程和民主化改革期（苏联解体到 20 世纪 90 年代后期）。苏联解体和海湾战争后，以美国为代表的西方国家在西亚地区影响力增强，西亚部分国家进行了民主化改革尝试。1987 年巴勒斯坦大起义、1989 年苏联解体和 1991 年海湾战争等三大事件是西亚政治发展的分水岭——西亚的政治环境由此发生根本改变，相关国家的政治发展方向和动力也随之变化。具体而言：一是巴勒斯坦大起义以后，在美国和苏联（俄罗斯）的共同努力下，西亚和平进程开始启动，阿以矛盾范围缩小，突出表现为巴以冲突；二是苏联解体后，叙利亚、南也门和伊拉克等国家在资金和军事方面骤然无所归依，叙利亚实行政治改革，南北也门统一，而中亚穆斯林共和国的独立和兴起，则给沙特阿拉伯、伊朗、巴基斯坦和土耳其等国提供了新的国际合作空间；三是海湾战争暴露了西亚地缘政治特别是国家边界的脆弱性，海湾国家的安全忧虑增加，泛阿拉伯主义意识形态让位于国家利益。美国得到驻军海湾的机会，对阿拉伯世界的影响力增强。西亚阿拉伯世界民主化改革进程一波三折，伊斯兰主义思想和运动发展壮大。

第三阶段：西亚发展观及其对全球化的回应期（20 世纪 90 年代后期至今）。20 世纪 90 年代后期，全球政治环境发生重大变化，政治伊斯兰意识形态与民主自由等话语之间的互动关系更加复杂。无论是作为核心价值观基石还是作为政治文化环境，伊斯兰思想对于西亚国家和社会未来的发展进程和方向都起着十分重要的作用。近现代以来，在西方现代性的冲击下，西亚阿拉伯社会历史经历了重大的断裂，表现为现代化进程同传统之间的复杂关系、传统穆斯林对这种关系的解读，同时也表现为阿拉伯社会内部尖锐的分歧。西亚阿拉伯世界对"全球化"总体上有三种回应：参与、融入和抵制。不少国家政府和人民欢迎全球化，主张积极参与全球化，认为伊斯兰教是一个普世性宗教，应该利用全球化提供的机会来传播其教义、扩大其影响；融入派认为，全球化既带来挑战也蕴涵着机遇，伊斯兰国家和民众应该积极通过自己的努力，推动世界向更具合作性、公正性的方向前进，以东西方共享的价值观为基础，建立一个平等和公正的世界秩序，建立一个更加平等的国际安全体制和贸易体制，呼吁终结一个霸权主导全世界的局面，推进世界多极化；抵制派认为全球化会对伊斯兰教造成冲击，对国家利益担忧。

（三）西亚政局热点事件

西亚地缘政治地位重要，各国势力犬牙交错，矛盾和动荡由来已有。受西方民主思想影响和地区经济因素的触动，在自媒体的助推下，2010和2011年之交，爆发了"阿拉伯之春"，席卷北非西亚地区众多国家。突尼斯、也门、阿尔及利亚、巴林、利比亚、约旦和叙利亚最早发生了大规模示威、游行；毛里塔尼亚、沙特阿拉伯、阿曼、苏丹、摩洛哥、吉布提、索马里、科威特、黎巴嫩、西撒哈拉、卡塔尔、尼日利亚出现了小规模示威事件。"阿拉伯之春"的发生有深层次的政治因素（政治专制、缺乏民主、统治腐败等）、经济因素（产业结构单一带来就业机会减少、民生基础设施薄弱、经济发展不均衡）、民族宗教因素（不同信仰、派别、民族的差异和纷争）、"次贷危机"带来的全球金融危机的催化以及世界大国不同程度的干预。

"阿拉伯之春"对西亚地缘政治环境影响巨大，进一步分化了西亚阿拉伯世界，而土耳其的地区影响急剧上升，伊朗的周边环境日趋复杂化，西亚地区热点问题进一步升温。同时，西亚地区的政治民主化诉求、宗教世俗化趋势在增强。西亚政治呈现出短期局部的新情况，比较有影响力的事件如下。

1. 沙特阿拉伯与伊朗断交危机

2016 年 1 月 2 日，沙特阿拉伯（以下简称沙特）以"恐怖主义"罪名处决了知名什叶派教士尼米尔等 46 人，伊朗愤怒的示威者随后袭击了沙特驻伊朗大使馆，沙特外交大臣随即宣布断绝沙特同伊朗的外交关系。在什叶派占主导的伊朗和逊尼派占主导的沙特各自想寻求扩大区域影响力的背景下，2015 年伊核协议签署后，力争成为地区大国的沙特明显感到地缘政治压力。解除制裁后，伊朗石油重返国际市场，也使石油价格暴跌形势下的沙特倍感经济压力。近年来，沙特和伊朗在叙利亚、伊拉克、也门等国也围绕支持逊尼派还是什叶派主导政府发生过一系列冲突。沙特与伊朗断交，势必降低 OPEC 就调整产量达成协议的可能性，对地区局势影响巨大。

2. 叙利亚危机中的俄土关系

2015 年 11 月 24 日，土耳其 F16 战斗机在叙利亚与土耳其边境，击落一架执行打击 IS 任务的俄罗斯苏 24 战斗轰炸机。2016 年 7 月 15 日，土耳其武装部队总参谋部部分军官发动军事政变，土耳其政府在挫败政变后感谢俄罗斯提供的情报支持。2011 年初，"阿拉伯之春"发生后，叙利亚也出现危机，逊尼派反对派及其背后的美欧势力试图推翻巴沙尔政府。俄罗斯于 2013 年 9 月介入叙利亚化武危机，2015 年 9 月军事介入叙利亚反恐。土耳其素有复兴"大突厥帝国"的情结，支持叙利亚境内的反对派，与 IS 组织进行石油贸易等，击落俄罗斯战机也是保护在叙利亚的土耳其利益。在指责美国对政变支持的同时，土耳其与俄罗斯的关系迅速回暖。

二 经济概况

西亚地区经济发展经历了漫长而又曲折的历程，在阿拉伯帝国建立以前，半岛上的阿拉伯人大都过着游牧生活，生产水平低下，物质匮乏，经济落后。随着阿拉伯帝国的兴起，帝国版图不断扩大，周边富裕区域先后被阿拉伯帝国占领，西亚经济渐渐发展起来，阿巴斯王朝时期，西亚出现了繁荣现象，经济发展达到顶峰阶段。随着阿拉伯帝国的解体和奥斯曼帝国的入侵，西亚地区开始政局不稳、部落割据。特别是进入近代时期，欧洲列强抢占了大部分西亚国家领土，并在这些国家实行殖民经济，严重阻碍了西亚民族经济的发展，一些西亚民族经济遭遇毁灭性的冲击。二战后，西亚国家先后获得独立和解放，各国经济呈现出新生机，尤其是在西亚地区发现大面积石油资源后，经济开始迅速发展。其中，产油国家经济发生了翻天覆地的变化，人均收入位列世界前茅，成为世界吸引投资和发展对外贸易的理想地区之一。

（一）西亚经济进程

阿拉伯帝国兴起前，大部分居民以放养骆驼和羊群为生，部落经常辗转迁徙。部分居民定居在沙漠绿洲和一些水源比较充足、适合农业耕种的地区，主要从事农业生产，种植枣椰树、咖啡、葡萄和各类水果，生活比较安定。另有一部分半岛居民则以经商、为往返于商道上的商队当向导为生。由于半岛自然环境较差，经济不发达，人民生活水平十分低下。椰枣和驼奶是当时阿拉伯人的主食，人们把椰枣放入水中浸泡至发酵后，当作美味佳肴来食用。骆驼是阿拉伯人的重要生活资料、主要交通工具，也是他们的财富象征。对阿拉伯人来说，骆驼浑身是宝，他们以骆驼胃里的水来解燃眉之急，平时喝驼奶、吃驼肉，用驼皮制作衣服，用驼毛织成帐篷御寒，用驼粪当燃料。偶尔也把骆驼当作娱乐的工具，进行赛驼活动。

阿拉伯帝国建立后，随着版图的不断扩大，特别是两河流域地区、埃及、呼罗珊、西班牙等地被阿拉伯人征服，西亚地区的经济渐渐发展起来。在倭马亚王朝时期，帝国中心转移至叙利亚大马士革，阿拉伯人在重视水利建设、引水灌溉果园农田的同时，还将清水引入城市，改善城市居民的生活。在人们居住的院子里，通常都有喷水池，水池成了一种建筑装饰，池里的水还可以饮用，大大方便了居民生活。这一时期，产自大马士革的水果在阿拉伯帝国享有盛誉，农民和手工业者将各类水果加工成果子汁和糖果，沿街叫卖。帝国境内各大城市都出现了较大规模的市场，各地的商品汇聚在市场上。到阿巴斯王朝时期，阿拉伯经济呈现出一派繁荣景象。帝国动用国库近 500 万迪尔汗，耗时 4 年，来自全国各地的 10 万建筑工匠和技师汇聚在工地上，建成了世界名城巴格达，筑成的城市规模令人咋舌，城内建筑物的豪华程度令人称奇。

阿巴斯王朝时期，西亚经济发展到鼎盛阶段，手工业、商业、农业等生产水平迅速提高，经济快速发展，实力雄厚，世界上许多国家都与阿拉伯帝国有商业往来，巴格达成了当时世界贸易中心之一。在巴格达市场上有中国的瓷器、丝绸和麝香，印度的香料、矿产物和染料，中亚地区的红宝石、青金石和纺织品，欧洲的蜂蜜、黄蜡和毛皮，非洲的象牙、金粉和黑奴等。阿拉伯帝国生产的各种商品，则由庞大的商队运送至欧洲、远东和非洲等地。阿拉伯人生产的夏布、玻璃、五金、锦缎、宝石、金银器皿、宝剑等商品，很受各地商人的欢迎。阿拉伯人生产的农产品和粮食作物深受周边地区人民的喜爱，叙利亚地区生产的各种水果、蔬菜等味道鲜美，质量上乘。

阿拉伯帝国衰亡后，阿拉伯世界呈现四分五裂状态，西亚经济也受到严重冲击，陷入迟缓发展阶段。18 世纪末至 19 世纪初，西方列强侵入西亚地区，许多国家成为欧洲列强的殖民地，其经济也渐渐变成殖民地经济。

二战后，在争取国家独立、民族解放的潮流中，西亚国家先后获得独立。为了加强民族的团结，壮大反对帝国主义、殖民主义的力量，发展民族经济，西亚国家成立了很多区域性组织、签订了很多合作与发展协议。1945 年，阿拉伯国家联盟（简称阿盟成立）。阿盟自成立至今，一直致力于阿拉伯国家的政治、经济和社会发展等工作，为推动阿拉伯经济的发展发挥了重要作用。在阿盟的框架下，阿拉伯国家还成立了阿拉伯经济统一理事会、阿拉伯经济和社会发展基金会、阿拉伯货币基金会等组织，其中阿拉伯货币基金会在向成员国提供中短期贷款、协助成员国融资、为成员国提供金融和经济政策咨询等方面做了大量有益的工作。

2009 年 1 月 20 日，在首届"阿拉伯经济、发展和社会"科威特峰会上，阿盟成员国再次确立了 2020 年建立共同市场的目标，会议做出决议，要求相关国家采取必要的法律措施，在 2010 年前消除建立大阿拉伯自由贸易区的阻碍，2015 年时建立阿拉伯国家关税同盟，2020 年时实现建立阿拉伯共同市场的目标。为了推动这一计划的实施，科威特峰会还通过了建造跨洲电网和铁路、公路网的计划，改造现有的铁路，引进先进的电脑管理系统，再建 40 条连接阿拉伯国家的公路，以提高阿拉伯地区的一体化程度。西亚地域面积占世界陆地面积的 4.7%，人口占世界总人口的 2%（2014 年），GDP 占世界 GDP 总量的 5%（2017 年），石油储量占世界总石油储量的 50% 以上[①]；总体而言，西亚发展潜力巨大。

（二）西亚农业概况

西亚农业历史悠久，农业把西亚阿拉伯人的生活从游牧狩猎变成定居耕耘。很多历史遗迹，如叙利亚、黎巴嫩、约旦、伊拉克的一些水坝残迹、干涸河谷，都证明这一地区曾经的农业生产程度。

西亚国家的大部分人口从事农牧业生产，有不少人从事直接或间接与农牧业生产有关的工作，在石油资源较少的国家里，农牧业地位显得尤为重要。叙利亚、伊拉克等国的农业收入约占本国国民收入的 40% 左右；但在沙特阿拉伯、阿联酋、卡塔尔、科威特、阿曼等国，一半以上的国土面积被沙漠所覆盖，缺水、干旱和炎热的气候制约了其农业发展。

---

① 根据公开数据计算所得。

西亚国家生产的粮食作物主要有小麦、大麦、玉米、小米等。大多数西亚国家都种植小麦，尽管小麦产量占世界产量的比例较低，但在西亚国家的粮食作物中位居首位。种植小麦的主要国家有叙利亚、伊拉克、黎巴嫩等国。西亚国家种植大量的果树，枣椰树久享盛誉。枣椰树一身是宝，果实椰枣可食用，也可以提炼糖和酒精，还可充当饲料；树干和树枝可做家具，或者做屋梁；树叶可扎扫帚。此外，枣椰树的生长无须费时照管，每棵树的寿命在 100 ~ 200 年。伊拉克、沙特阿拉伯和埃及是椰枣生产大国，其产量都曾超过几十万吨。西亚也盛产橄榄，约旦、黎巴嫩、叙利亚、巴勒斯坦等地是橄榄的重要产区。巴勒斯坦是西亚国家中生产柑橘最多的国家，其产量约占阿拉伯国家总产量的 28%。棉花、阿拉伯树胶、甘蔗、烟叶是西亚国家生产的主要经济作物，其中棉花以其质地优良闻名于世。

农业在西亚国家的地位举足轻重，各国政府十分重视本国农业发展，自 20 世纪 50 年代就开始进行土地制度改革，以调动广大农民的积极性，大量的闲置土地被利用和耕种，耕地面积大大增加，促进农业的稳步发展。同时，一些西亚国家政府还加大了农业投资，兴建水利和灌溉系统，两河流域地区修建的水库和水渠、约旦修建的东果尔水利灌溉系统、马格里布地区沟渠等，都大大促进了本国农业的快步发展。进入 20 世纪 80 年代，西亚国家政府进一步调整了农业发展战略，将其置于优先发展地位。但是，由于水源不足、土质变劣、农业技术和技术劳动力不足、单一经济作物等问题困扰着农业的发展。

水源不足是西亚国家普遍存在的问题。河流少、降雨量少、气温高是西亚国家的地理和气候特征，西亚仅有的几条河流如底格里斯河、幼发拉底河等，应用河水需要与其他国家协商并签订协议。地下水主要分布在沙漠绿洲和谷地，开发成本高昂，影响了农业生产。另外，在人工灌溉地区，农民一年之内多次耕种土地，导致地下水位不断上升，表层水分蒸发后，地面留下的盐碱越来越多，年复一年，土壤盐碱化程度越来越严重，致使农作物产量逐渐下降。农业技术缺乏和普及是西亚国家的农业难题。由于各国经济发展不平衡，受教育程度差距较大，从事农业生产人员的文化水准有限，一些国家的农业生产方式比较落后。

西亚国家的粮食短缺现象较为严重，尤其是进入 20 世纪 80 年代后，各国的粮食进口量不断增加。进入 21 世纪后，西亚粮食产量问题依然突出。2009 年 1 月 20 日，首届"阿拉伯经济、发展和社会"峰会上，国家粮食安全问题再次被列入重要议题，并通过了阿拉伯粮食安全紧急计划决议，要求各国政府"给予在这些领域投资的机构特别优惠条件"。2010 年 4 月 28 日，阿拉伯农业发展组织在阿尔及利亚首都召开第 31 届全体会议。会议指出，阿拉伯粮食安全仍然面临严峻挑战。尽管阿拉伯国家主要农产品产量在不断增长，但由于种种原因，阿拉伯农产品贸易逆差却在持续上升。

（三）西亚工业概况

西亚工业兴盛于中世纪，阿拉伯帝国灭亡后，西亚工业基本上处于停滞状态。奥斯曼帝国后期及西方殖民主义入侵，西亚工业生产遭受严重摧残。二战后，西亚各国先后获得独立，各国政府开始重新发展民族工业。20 世纪 70 年代，石油产业逐渐崛起，推动了西亚工业的全面振兴。总体而言，西亚国家工业基础比较薄弱，产业结构单一，主要包括石油及石化、炼铝、化肥、钢铁、纺织、食品加工、皮革制造等。目前，西亚工业可分为三类：一类是产油国，通过石油工业来带动其他工业发展，摆脱依靠出口原油的单一经济结构；一类是非产油国，发展民用工业，以满足国内人民生活的基本需求；第三类是利用独特的地理位置、开放的市场机遇带动新兴产业的发展。

1. 石油工业概况

西亚国家是世界重要的石油储存、开采、输出和石油化工生产地区之一。

远在古巴比伦时期，两河流域就有石油和天然气冒出地面，长燃不熄。当地居民对此现象无法理解，称之为"永恒之火"，遂奉若神明，建庙膜拜，相传拜火教的出现与这一地区的"永恒之火"现象有关。随着时间的推移，居民们发现，地面上的石油经过沉淀产生沥青，用作涂抹房屋、修嵌木船效果非常好。不久，军队把石油用于作战兵器，用纱布浸透石油，裹在箭头上，点燃发射，称之为"石油火箭"。随着人类社会科学技术的进步，石油用途逐渐被发现。进入工业化时代后，石油运用范围日趋广泛，20世纪20年代以后，阿拉伯地区石油大规模开采。石油成为现代工业的血液，成为国家和地区工农业生产不可或缺的重要能源，也是军队和国防的重要资源。

石油资源几乎覆盖了整个西亚地区，不过储量和产量存在较大差别。全球石油平均产量为6709万桶/日左右，其中欧佩克和非欧佩克国家分别占40.1%和59.9%。沙特在阿拉伯产油国中位列榜首。沙特石油开采过去由美国垄断资本把持。沙特阿美石油公司（Aramco）于1933年取得为期66年的石油开采权，拥有租借地165万平方公里，占沙特全国面积的2/3。当时沙特政府只能拿到总利润不到1%石油产值的税金。从20世纪50年代开始，沙特经过长期同外国公司的斗争，于1963年收回销售权，1974年收回大部分开采权，同时沙特政府还通过参股、赎买和联营等方式，逐步将外国公司的各项权利收归国有。此后，沙特的石油生产和收入成倍增加，城市与社会面貌发生了翻天覆地的变化。伊朗、伊拉克、科威特、巴林等国石油产量也位居前列。

西亚产油国不仅重视本国建设，而且也用石油收入援助西亚兄弟国家和其他发展中国家。为了加强产油国家之间的合作，共同应对国际石油市场的变化，阿拉伯国家成立了"阿拉伯石油输出国组织"；成立了阿拉伯非洲发展银行、阿拉伯经济和社会发展基金、阿拉伯货币基金组织等机构，加大西亚国家之间的经济合作和互相援助。这些经济援助和经济合作客观上促进了西亚国家和第三世界的经济发展，也提高了西亚产油国家的国际地位。

2. 大国逐鹿西亚石油

西亚石油资源一向是强国和大国争夺的重点，经历了英美之争、美苏之争到美国独霸。一战前，西亚地区英国势力强盛，一战后英国实力削弱，美国趁机渗入。1918年，美国鼓吹"门户开放"等观点，迫使英国让出伊拉克石油开采权的23.75%。1928年，美国不顾《红线协定》，攫取了巴林石油开采权。1933年，美国垄断了沙特的石油开采权。第二次中东战争后，美国的势力大举进入中东，英国势力则渐渐退出这一地区。

20世纪50年代后，苏联插手西亚地区，形成美苏之争局面。苏联先后采取石油换军火、石油换机器、技术合作、贷款、援助等手段，获取石油开采权；合资开办石油企业，合资兴建输油管道等。随着苏联势力在中东的急速发展，美国全球战略也做了重大调整，越战后将重点转向了中东。长期以来，美国在沙特阿拉伯、巴林、科威特等国占有绝对优势，同时，美国与石油大国伊拉克也有不断的接触和交往。苏联解体，美国基本掌控西亚事务。海湾战争爆发后，美国以联合国名义组建联合军队，解放科威特，摧毁了伊拉克的军事力量，树立起美国在这一地区的权威。2003年，美国用武力推翻了萨达姆政权。美国竭力想把伊拉克改造成美国在西亚的政治和经济基石。

3. 西亚工业的主要问题

西亚国家工业虽有飞跃发展，但与世界工业发达国家相比，无论是体量还是技术，差距仍然很大。具体而言，西亚工业发展面临的主要问题包括以下几个方面。（1）政治局势不稳定阻碍西亚工业发展。（2）观念、制度、人才等因素导致缺少核心技术和技术创新能力。（3）缺少成规模的熟练工人和技术人员。（4）自然环境、社会治理等因素导致的基础设施尚不健全。如许多国家没有铁路网，有的至今还没有一条铁路，制约工业布局和工业运输，影响了工业的发展。（5）淡水资源匮乏，制约工业及工业配套产业的发展。

（四）西亚贸易概况

西亚位于欧亚非三大洲连接之地，处于世界海陆空交通要道上，既是战火与冲突频发的地方，也是世界贸易活动活跃的区域。历史上阿拉伯半岛、两河流域等地区都曾是世界上重要的贸易市场和商业通道，是连接东西方贸易的重要枢纽。二战以来，西亚国家进出口贸易处于稳步增长状态。各国对外贸易状况与经济结构、经济实力和政局变化关系密切，呈现出相应的特点。

首先，西亚国家的进出口商品种类受自然地理条件影响较大。西亚地区人民基本生活用品缺口巨大，因此，进出口贸易中进口商品主要包括日常生活用品、机械与运输设备在内的制成品和粮食等；出口商品主要包括石油、天然气、磷酸盐等能源和矿产资源等。其次，西亚国家进出口额与各国的经济实力紧密相关。沙特阿拉伯、科威特、阿联酋、卡塔尔、巴林等国由于石油和天然气资源丰富，出口量相对稳定，人口相对较少，因此，这些国家的人均收入已进入世界富国行列，进口世界各类高档商品的需求大。名牌汽车、豪华游艇比比皆是。但像伊拉克等国虽是储油大国，但经济实力与石油收入却远远不及沙特、阿联酋等国。而阿曼、约旦、黎巴嫩、叙利亚等国，由于工业基础比较薄弱，生产技术落后，大量商品需要从国外进口，这些国家主要进口的是一般生活消费品、机械、设备等生产资料工业品。也门、苏丹、毛里塔尼亚、索马里等国，由于自然条件、经济水平、政治原因等，其经济实力较弱，这些国家主要进口粮食、农产品、生活消费品。最后，西亚国家对外贸易与地区政治局势紧密相连。历史上，一些帝国、强国、大国都把西亚地区当作称霸世界的重要区域或当作侵略他国的重要跳板，导致这一地区政治局势的动荡，致使外贸活动严重受损，每一次战火的爆发，都会剧烈冲击这一地区国家的进出口贸易。例如，伊拉克是矿藏资源非常丰富的国家，石油储藏量位居世界第二，仅次于沙特，且开采成本较低。伊拉克的天然气储藏量大，磷酸盐等其他矿藏资源也非常丰富。伊拉克还是西亚国家中水资源比较丰富的国家，具有发展农业生产的独特条件。但是，自 1980 年以来，伊拉克已经发生了三次大规模战争，特别是海湾战争后，伊拉克几乎耗尽了它的外汇储备和黄金储备，还招致联合国长达十多年的严厉经济制裁，伊拉克的对外贸易与商业活动几乎停滞，建设与生产停工停产，经济实力大大削弱，国民经济陷于瘫痪状态。

（五）西亚经济短板

1. 市场化与法治化程度较低

西亚地区大多数国家市场观念落后，法治化程度不高，投资环境不完善，政府效率较低，权力寻租普遍存在，加之当地治安环境较差，总体营商环境不理想，制约经济发展。据世界银行和国际复兴开发银行联合发布的《2015 年营商环境报告》显示，在全球 189 个经济体的营商便利指数排名中，西亚地区总体排名偏后。

2. 基础设施条件较低

西亚地区地域广阔、地形复杂，山脉、沙漠广布；西亚国家基础设施老化严重，交通建设难度大，又因为各国经济发展水平较低、建设资金短缺，严重制约贸易发展。不仅如此，西亚地区运输方式相对单一，中国－中亚－西亚铁路在技术标准上轨距统一困难，货物联运时需要不断更换车轴、车轮，不能适应现代运输业发展需要。在沿线运输中设卡收费和查验环节多、过境手续复杂、通关效率低，缺少有效的区域铁路合作协定和管理办法，增加了国家间运输成本，降低物流绩效，制约着沿线国家贸易往来。此外，西亚国家通信基础、互联网技术开发应用不足，海关等政府部门现代化管理系统的建立缺乏强有力的技术支持，单一窗口、电子报关等现代化便利通关程序还不能发挥巨大作用。

3. 区域贸易规则差异大

西亚沿线国家海关管理法律法规稳定性、规范性较差，易形成隐形贸易壁垒。西亚部分国家通过颁布法律、法规、技术标准、认证制度、检验制度等方式，在技术指标、卫生检疫、商品包装和标签等方面制定苛刻的规定，以达到限制进口的目的或效果，制造了很多技术性贸易壁垒。西亚国家都有不同程度的贸易管制措施，对进出口商品实行配额或许可证管理。各国的标准、政策差异性大，阻碍了区域经济一体化进程。

4. 外部国际环境不稳定

外部国际环境是影响国际贸易的重要因素。西亚地区作为多种思想、文化、宗教的交汇地，部分地区受到制裁、革命、战争等一系列不良因素的严重影响。西亚地区绝大部分居民信仰伊斯兰教，而同时西方大国又殷切希望在这一地区推行西方模式的政治和经济制度，导致这一地区政治局势动荡，贸易政策极其不稳定，成为影响西亚国家贸易安全与便利化合作的严峻挑战。

三　社会概况

西亚是人类文明发祥地之一，两河流域文明在人类文化宝库中放射出奇光异彩，悠久的历史与优秀的伊斯兰文化孕育了西亚国家独具特色的社会文化。

（一）饮食

西亚人的饮料与食品花色繁多。饮料主要有咖啡、茶、酸牛奶、驼奶等。用咖啡招待客人是阿拉伯人的传统待客之道。在阿联酋，主人通常要客人连喝三杯，以表示热情欢迎。西亚人饮用的茶分为红茶和绿茶。人们经常食用的主食有面包、大饼、油煎饼、鸡蛋饼。面包还分精细面粉和粗面粉制成的面包。西亚人习惯在米饭中拌入羊油、葡萄干、杏仁等食品，一些地方仍习惯用手抓饭吃。西亚国家的菜也有冷热之分，他们喜欢生吃蔬菜。热菜一般以炖煮、熏烤为主，烤全羊、烤牛羊肉、烤鸡、烤鱼等很受西亚人欢迎。但是，因为宗教和民俗等原因，西亚人严禁吃猪肉、喝酒。

（二）服饰

西亚人的服饰特点鲜明，无论是在繁华的城市，还是在偏僻的乡村、空旷的沙漠或半沙漠地区，到处都有身穿长袍的西亚人。即便是在赤日炎炎的夏天，西亚人也身着长袍，漫步悠悠。部分西亚国家的高级官员，甚至首脑，在工作之余也喜欢脱下西装礼服，换上一件长袍。西亚人穿着长袍已有千年历史，久盛不衰，其合理性在于长袍不仅制作简便，在沙漠高温下还能有效通风，散去热量。

头部裹缠头巾是西亚服饰的另一个特点。一般头巾颜色为白色、花格子和彩条的；在海湾阿拉伯国家，男子在白色头巾上要套上一个黑圈。在约旦、巴勒斯坦等地的阿拉伯人喜欢缠黑白或红白格子的头巾。在也门，男子头巾缠好后，习惯将头巾一角披挂在头的一边。

（三）礼仪

西亚人见面时非常注重礼节。一般情况下，人们喜欢握手、拥抱，以表示尊重对方和友好。如果双方相互亲吻左右两颊，表示两人很亲热。同一性别之间，且彼此又很熟悉的，双方握手时，往往用力拍击对方的手掌，再使劲相握。如果属于初次见面，双方只要伸出自己的右手，相握以后把右手放在左胸上方，身体微微前倾，以表示对对方的尊重。但是，男女相见时，一般情况下男士不主动与女性握手或与女性合影，应等女性主动伸出手后再与其相握，以免尴尬。因为在一些西亚国家，尤其是海湾阿拉伯国家，女性一般不与男性握手。如果使用拥抱礼节，则是一种非常热情和尊重对方的表示。拥抱时，双方互相亲吻左右两颊，如果一方是长辈，那么拥抱后，晚辈还要亲吻长辈的手，以示敬重。

除了上述见面礼节以外，西亚各国还有自己的特殊表达方法和习俗。如科威特某些地方的人见面时，喜欢亲吻对方的额头和鼻子。因为阿拉伯人在做祷告时，额头和鼻子是头部最先着地的部位，亲吻这个部位，一方面是尊重对方，另一方面也表示吉祥。

（四）民俗

西亚人喜爱各类体育活动，除了世界流行的足球、篮球等球类项目外，还喜欢许多民间运动，如赛驼、赛马等。骆驼是生活在辽阔沙漠中的亲密伙伴，逢年过节时，许多地方要举行各类赛驼活动。在阿曼，每年国庆节时会举办骆驼速跑比赛，决出当年的骆驼冠军。参赛的骆驼一旦获得名次，主人可以得到数千美元的奖励，骆驼本身也身价倍增，高的可达数万美元。经过特殊训练的良种骆驼，时速可超过 50 公里。在阿联酋，人们喜欢在婚礼之日举行赛驼活动，阿联酋有时还要举行跨国骆驼大赛。参赛的骆驼和骑手都是经过严格、艰苦训练的，尤其是骑手从小就受到专门训练，体重受到严格控制。

西亚民族能歌善舞，在长期的社会生活和生产劳动中创作了许多脍炙人口的优秀歌曲和优美舞蹈。每逢节假日，人们聚在一起，载歌载舞，欢度佳节。西亚舞蹈，往往腿脚动作多而复杂，双手动作相对较少。较为流行的是女子肚皮舞和男子的旋转舞，肚皮舞一般是女子独舞，腰部、臀部、腿部动作很多，难度也很高，双臂只是较简单地伸张和弯曲，手指上戴有金属片，互相拍击，发出不同节奏、变化多端的打击声响；旋转舞是男子身穿多层长裙，手中也有一片圆形彩布，随着舞蹈节奏的变化，舞者身上的长裙纷纷展开，手中的彩布上下飞转，变化莫测，给人一种如痴如醉的感觉。在阿拉伯半岛，人们更喜欢能显示男子刚健气概的大刀舞和剑舞，这类舞蹈生活气息非常浓厚。

四 其他概况

西亚地区主要有阿拉伯、波斯、土耳其、犹太、库尔德等民族。其中从波斯湾到地中海东岸的 12 个西亚阿拉伯国家，在地理上构成一个连续的整体，其居民主体都是阿拉伯人，绝大多数信奉伊斯兰教，通用母语为阿拉伯语。

阿拉伯民族，"阿拉伯"原意为沙漠，"阿拉伯人"原意为沙漠中人。[1] 著名的阿拉伯史学家希提认为，就语源学来说，"Arab"是一个闪族语的名词，译为沙漠，或沙漠中的居民，并没有民族的含义。也有观点认为，阿拉伯人就是游牧民，又称"贝都因人"。随着社会的发展，阿拉伯人从事的主要职业也发生了相应的变化，一部分人仍然从事畜牧业，以游牧为生为游牧民；另一部分人则从事农业，变成了定居民。因此，半岛上就有了阿拉伯定居民和阿拉伯游牧民之分。半岛南部的阿拉伯人中很多是定居民。阿拉伯人认为："凡是生活在我们的国土上、说我们的语言、受过我们文化的熏陶并以我们的光荣而自豪者就是我们之中的一员。"宗教性、整体性、地域性构成了阿拉伯民族的三大特点。

波斯民族是西亚伊朗的主体民族，亦称伊朗人，人口 8027 万（2016年）[2]。另有 60 多万人散居在阿富汗和伊拉克等国境内。波斯人属欧罗巴人种南支地中海类型，使用波斯语，属印欧语系伊朗语族，信仰伊斯兰教，多属什叶派，极少数人信仰拜火教（琐罗亚斯德教）。波斯人分布于伊朗全国各地，是伊朗团结和统一的最基本力量，主要分布在伊朗中部和高原大部的城市地区，如德黑兰、克尔曼、设拉子、亚兹德、伊斯法罕、卡尚等。波斯人的文化水平和科技水平在伊朗各民族中最高。波斯人从事农、工、商等各种职业。伊朗军队、国家、宗教的高级职务

---

① 陈万里：《关于阿拉伯人与阿拉伯语的历史探析》，《回族研究》2013 年第 4 期。
② 来自世界银行数据库。

大多由波斯人担任，他们在全国政治、经济、文化各个方面占有重要地位。①

土耳其民族是土耳其国家的主体民族，绝大多数信奉伊斯兰教，源自奥斯曼帝国时期。使用的语言为土耳其语。土耳其人中只有很少突厥人的血统，多数是安纳托利亚人、希腊人、高加索人、库尔德人、阿拉伯人与波斯人，以及古代的赫梯、吕底亚人与后来巴尔干半岛的居民的血统。"土耳其"这个名字，可归属于两个不同的西亚伊斯兰教民族：早先的塞尔柱人和后来的奥斯曼人。塞尔柱人是来自里海附近草原的土克曼人牧民，约在公元 10 世纪皈依伊斯兰教。在 14 世纪初期，来自安纳托利亚（今土耳其小亚细亚）的穆斯林民众，在苏丹奥斯曼一世的统治下团结起来，以荣誉之名自称为"土耳其人"或"奥斯曼人"。土耳其人粉碎拜占庭帝国，并在环绕君士坦丁堡的巴尔干半岛与希腊等地兴起战事。奥斯曼帝国是 15～19 世纪唯一能挑战崛起的欧洲国家的势力，但奥斯曼帝国终不能抵挡近代化欧洲国家的冲击，于 19 世纪初趋于没落，最终在第一次世界大战败于协约国，奥斯曼帝国因而分裂。之后，凯末尔领导起义，击退欧洲列强势力，建立土耳其共和国，奥斯曼帝国至此灭亡。在夺取君士坦丁堡并击退十字军后，将该城改名为"伊斯坦布尔"。奥斯曼帝国继续进军欧洲，但在 1456 年于贝尔格勒遭匈牙利军队阻挡，1529 年和 1683 年两次对维也纳的进攻也被击退。16 世纪是奥斯曼帝国的巅峰时期，其版图进入到欧洲的布达佩斯和敖德萨，占有整个希腊和巴尔干半岛，环绕黑海、小亚细亚、地中海东部的沿岸地区、阿拉伯和大部分的北非地区。20 世纪第一次世界大战发生前，奥斯曼帝国一直是重要的世界强国。

犹太人，属闪米特人，广泛分布于世界各国。根据犹太教律法《哈拉卡》定义，一切皈依犹太教的人（宗教意义）以及由犹太母亲所生的

---

① 冀开远：《伊朗民族关系格局的形成》，《世界民族》2008 年第 1 期。

人（民族意义）都属于犹太人。犹太人发源于西亚的以色列地或希伯来地。犹太人在世界各地经过近 2000 年的流浪，有的和当地人通婚，有白种犹太人、黄种犹太人、黑种犹太人，以及印度和拉美的亚肤色的犹太人。犹太民族具有较强的灵活性，善于保护自己，以求生存。犹太人在漂泊过程中，多次被强迫改变自己的宗教信仰，许多犹太人宁死不屈，显示了其坚强的一面。许多犹太人被迫受洗，只是表面上改信基督教，暗地里却十分顽强地保留祖祖辈辈信仰的犹太教。其灵活策略在很长时间内保存了自己，成为继承犹太民族精神的纽带，保证了犹太民族共同体的延续。

库尔德人是西亚地区的游牧民族，属欧罗巴人种地中海类型。主要分布在扎格罗斯山脉和托罗斯山脉地区，东起伊朗的克尔曼沙阿，西抵土耳其的幼发拉底河，北至亚美尼亚的埃里温，南达伊拉克的基尔库克，远及叙利亚的阿勒颇。库尔德人是当前世界上最大的跨国民族之一，人口 2800 万 ~ 3500 万。从 2010 年底开始的西亚剧变中，库尔德问题一度被普遍忽视，但在"阿拉伯之春"进入尾声之际，特别是"伊斯兰国"组织出现，并和伊拉克库尔德自治区发生大规模武装冲突时，库尔德问题在西亚地区社会转型中的发展，引起了西亚地区乃至国际社会的广泛关注。

宗教在西亚社会中占有重要位置。西亚地区的 20 个国家中，除了以色列、塞浦路斯外，都是伊斯兰教国家。根据宗教和教派情况的不同，可分为以下四种类型：其一，逊尼派占人口多数的国家，包括沙特阿拉伯、卡塔尔、阿联酋、科威特、也门、叙利亚、约旦、巴勒斯坦、土耳其和阿富汗。其二，什叶派占人口多数的国家，包括伊朗、伊拉克和巴林。其三，阿曼是伊巴德派占人口多数的国家。该派为哈瓦利吉派的一个支派，哈瓦利吉派是伊斯兰教中独立于逊尼派和什叶派之外的一个教派，产生于公元 7 世纪中叶。其四，黎巴嫩的情况比较复杂。黎巴嫩人口中穆斯林约占 60%，基督教徒约占 40%。但穆斯林分属什叶派、逊尼派、德鲁兹派等不同教派；基督教徒分属天主教马龙派、天主教麦勒卡派、罗马天主教、希腊正教和新教等不同教派。由于任何一个教派在总人口中都不占绝对优势，因此黎巴嫩根据各教派的人口比例分配国家权力。

第二章

中国与西亚的交往历程

一 中国－西亚交往历程

中国西亚交往源远流长，早在两千多年前，通过"丝绸之路"，中国西亚的先民们就开始了友好的交往。跨越先秦、汉唐、宋元、明清四个历史时期，包括陆上丝绸之路与海上丝绸之路。交往不仅推动了双方在经济、政治方面的和谐共进，而且促成了中华文化和西亚文化的交融与繁荣，对世界文明的发展产生了重要的影响。

（一）汉唐时期

1. 汉代

公元前 11 世纪，西周的丝绸就已经传播到西亚。至西汉汉武帝时期，《前汉书·张骞传》载"因益发使抵安息（今伊朗）等国"，此为中国与西亚国家友好往来见诸史籍的最早记录。公元 97 年，班超派甘英出使大秦（罗马），到达泰西封东南的波斯湾，将丝绸之路延长到西亚至欧洲（罗马）。

陆上丝路贸易中，中国丝绸运抵塞琉西亚和泰西封（今巴格达东南 30 公里的迈达因）后，一部分经美索不达米亚北部至安条克（今叙利亚的安提俄克），再从安条克运往意大利等地；另一部分经帕尔米拉运到大马士革，为提尔、西顿（又译赛达）和加沙等城市的纺织业提供原料。叙利亚帕尔米拉是中国与西亚国家商品贸易的交通枢纽，是中国丝绸在西亚最重要的集散地之一，也是运销地中海地区的必经之路。

海上丝路贸易中，中国丝绸从广州、泉州、明州、扬州等地南航，穿过马六甲海峡，运抵斯里兰卡，然后由西亚和波斯等地的商人转运至波斯湾和红海。美索不达米亚商品历来经由波斯湾通往印度和中国港口，其中，也门的由达蒙（今亚丁）、俄赛里斯、莫扎（今木哈）都是重要港口。中国商品到达也门后，沿阿拉伯半岛的西海岸北上，再经麦加运至当时的罗马属地——巴勒斯坦和叙利亚，或用以满足当地需要。公元5世纪，幼发拉底河畔的希拉港已有中国商船卸运货物。

2. 唐代

唐代，中国与西亚的帝国（大食国）直接接壤，双方经济、文化共同繁荣，彼此执行友好的对外开放政策，积极强烈的经贸合作愿望为双方交往提供了良好的基础。唐代和西亚帝国间建立的200多年的政治经济关系，对双方社会经济发展起到了良好的促进作用。

唐高宗李治永徽二年（651），阿拉伯帝国第三任哈里发奥斯曼·本·阿凡派使节访问唐朝都城长安，建立正式的官方外交关系并进行国家间的商品贸易，开启了中阿经贸往来与文化交流。据新旧《唐书》统计，公元651年至唐德宗贞元十四年（798）的148年间，阿拉伯帝国派遣使节和商团前往长安进行访问和贸易即达37批次，唐亦遣使回访。唐代时期，中阿商贸线路在前唐有了延展，即横穿中亚大陆的"陆上丝绸之路"和"广州通海夷道"（南海—印度洋航线）的"海上丝绸之路"。中阿贸易跨海越洲，促进彼此经济发展与文化繁荣。阿拉伯帝国运往中国的主要商品以大宗香料、孟加拉湾犀牛角、象牙（非洲）和珠宝为主，使中国认识欧非等远洋地区，开阔视野。

唐朝尊重西亚外商的民族习惯和宗教信仰，在广州造怀圣寺、建"蕃塔"、置"蕃学"等，且"蕃坊"允许设置"蕃长"，按伊斯兰教习俗处理日常事务。西亚外商"住唐"生活安定，合法权益得以保障，遂安于"住唐"以经商为业。与此同时，也有唐人迁居西亚帝国的末罗城（巴士拉）和缚达城（巴格达）从事商贸活动。巴士拉和巴格达既有中国的商船来往，必有中国侨民，因为当时按照《广州通海夷道》的航程，往返经年，侨居一时是经常之事。唐人去往西亚，主要原因有二：其一，原住中亚的中国人因大食帝国的征伐战争而流落彼处；其二，赴大食帝国从事贸易活动。

唐朝政府在葱岭以西建置了安西都护府，许多唐人移居中亚。公元8世纪中叶，大食向中亚扩张，许多中国人流落到大食境内，其中主要有"绫绢机杼、金银匠、汉匠起作，画者京兆人樊淑，织络者河东人乐擐、吕礼"等人。流落的唐人向西亚人传授了绫绢机杼、织络工艺等中国的生产技艺，颇受西亚人的欢迎。中国的造纸术传到西亚，对西亚文化的发展也起到了有力的促进作用，因而在公元8世纪中末叶，西亚的巴格达出现了造纸工场。

（二）宋元时期

1. 宋代

宋代，中国与西亚阿巴斯王朝维持并发展中阿双边贸易及文化交流。宋朝重视对阿贸易，采取一系列鼓励措施吸引大批西亚外商来华。据《宋史》载，宋太祖开宝元年（968）到宋孝宗乾道四年（1168），阿拉伯帝国或地方政权，如层擅、俞卢和地、勿巡（今阿曼苏哈尔），派遣使节来宋朝达49次。同期，中国商船也经常行至幼发拉底河河口、亚丁及索马里等地开展贸易，商品涉及瓷器、丝绸、金银铜币、铁、刀剑、鲛革及天鹅绒纺织品等。西亚商船多从亚丁或阿曼苏哈尔起航至广州，运来乳香、龙涎香、龙脑、蔷薇水、象牙、犀角、玻璃器皿、珍珠玛瑙等商品。据神宗熙宁十年（1077）外贸统计，广州一处所收乳香就有34万多斤。与唐代相比，宋代对西亚国家的贸易往来不仅进出口额上升，而且商品结构也有较大差异。唐代多为大宗出口丝绸制品，宋代瓷器出口量已超过丝绸，宋代缗钱也在西亚定居地广为流通。对西亚国家的使节，宋朝政府待以客礼，以等于或优于"贡物"价值的贵重物品回赠；对互市有功的大食商人，宋朝政府则授予官爵，以资鼓励。

宋朝中国与西亚贸易关系主要呈现出如下特点。其一，宋代国势不及唐代，辽国切断了宋朝与河西走廊的通道，陆上丝绸之路复闭。宋朝与西亚国家的贸易全赖海道，因此，宋代中国－西亚的海上贸易较唐代更为发达。其二，宋代中国与西亚地区贸易的港口有广州、泉州等。北宋时广州是中阿贸易的主要港口，但南宋时期泉州港的地位上升，成为第一贸易港。其三，西亚商人因贸易有功而授职受勋者增多。大食商人蒲罗辛进口乳香30万缗，授职为补承信郎，以资荣耀；巨商蒲寿庚当了"提举泉州舶司，擅蕃舶利者三十年"，成为华籍阿人的中国对外贸易重要官员。其四，宋代国势弱，尤其是南宋偏安时期，朝廷支出仰赖外贸收入甚重，宋代与西亚国家的贸易较唐代更为发达，进出口总额、商品结构皆有所增加。宋代与西亚国家的贸易平衡不仅靠丝绸和陶瓷出口，且宋代的缗钱也为许多西亚商人所接受，流入海外。

2. 元代

元代东西陆海交通臻于极盛。"适千里者，如在户庭；之万里者，如出邻家。"从中国直到西亚，商使往来不绝。西亚外商聚集和林、大都，西亚商船穿梭来往泉州、广州。西亚外商有不少富商巨贾活跃于中国各大城市。西亚外商及迁回的西亚居民已在中国定居安家，成为后来回族的重要来源之一。

元世祖以"宣慰海外、通商互市"为外交核心，承袭宋代对外贸易政策，在泉州、广州、杭州、上海、澉浦（浙江属地）、温州、庆元（今宁波）设置市舶司，并规定相关通商法规。元世祖重用南宋掌管市舶司达 30 年的西亚商人蒲寿庚，以利用其在海外商人中的影响，发展对西亚地区的经贸往来。此外，元蒙帝国的大一统使连接西亚的陆上丝路贸易畅通无阻，中国－西亚商贸往来空前鼎盛。

（三）明清时期

明代，中国西亚海陆交往频繁。但明末至清代，因闭关锁国政策，中国西亚海上丝路贸易基本陷入停滞，只有零星的民间贸易还在持续来往。

1. 明代

明代初期，中国和西亚之间的海陆交往都很频繁。西亚向明朝派遣使节多达 40 余次，包括麦加、麦地那和亚丁等西亚地区。

明成祖朱棣派遣郑和下西洋。郑和下西洋不仅打通了中国与西亚各国的海上"丝绸之路"，发展海外贸易，而且促进了中国与西亚各国人民间的相互了解，增进了友谊。郑和七次下西洋，经过 36 个国家和地区，其中西亚地区有祖法尔（今佐法尔）、阿丹（今亚丁）、天方（今麦加）、蓦底纳（今麦地那）。西亚国家的礼品包括玉石、骆驼、毛织品、珊瑚、鱼牙刀和西亚名马。中国回赠的礼物，有蟒龙金织衣、麝香及金银器等。

郑和下西洋船队中，穆斯林对推动中国－西亚国家关系的发展做出了重大贡献。例如，费信编写的《星槎胜览》将郑和下西洋中所遇山关、人物、物候、风俗及光怪奇诡之事记录下来，具有一定的文献价值；蒲日和随郑和参加了永乐十五年的第五次出访，先后访问波斯湾、阿拉伯半岛的国家、地区，行前在泉州灵山圣墓前为郑和记立碑文，为后人研究郑和下西洋及中国－西亚国家交往历史留下了珍贵的第一手资料。郑和船队停航以后，明代开始采取"海禁"政策，中国对西亚的贸易受到巨大冲击。公元 16 世纪，葡萄牙在印度洋上洗劫西亚商船，占领红海入口索科特拉岛和波斯湾入口的忽鲁谟斯（今霍尔木兹），西亚和中国的海上贸易通道从此中断。

2. 清代

16 世纪以后，中国与西亚国家来往明显减少，主要原因：一是明末至清，中国政府一直实行"海禁"和"闭关锁国"政策，既不与外建立官方外交，也不允许民间同外贸易；二是欧洲国家开始海外殖民扩张，葡萄牙、荷兰、英国先后控制连通中国－西亚国家经贸往来的印度洋航线，同时采取海盗行径，破坏中国－西亚国家的贸易商船，严重阻碍了中国与西亚国家之间的正常交往；三是欧洲列强开辟绕过非洲直达亚洲的新航路，使欧亚贸易不需经过西亚地区，一定程度上削减了中国与西亚国家之间的经贸联系。

19 世纪末到 20 世纪初，大部分西亚国家沦为西方殖民地，中国也被迫接受不平等条约，割让领土沦为半殖民地。中国与西亚国家都在沉重的内外忧患中，丧失了独立对外交往的能力。清王朝在公元 1911 年被推翻，西亚国家中的奥斯曼帝国也于公元 1919 年彻底崩溃。此后，中国和西亚国家都在奋力抗争，争取国家独立和民族解放。至 20 世纪后半期，中国和西亚国家才能够真正独立自主地开展双边交往，双边经贸关系开始缓慢发展。

（四）近代交往

1949 年以来，中国与西亚国家独立自主重新展开相互交往；受各种因素影响，双方外交关系发展曲折，1955 年万隆会议后，中国在西亚的政治影响增强，中国与西亚的经贸文化迅猛发展，进入全新发展时期。改革开放以来，双边经贸增速超越历史，中国与西亚主要国家间的贸易额成倍增加，彼此已经成为对方重要的贸易对象，双方经济发展需要相互支持、互补优势，发展潜力巨大。"一带一路"倡议提出以来，双边贸易、投资合作等上了新台阶，具体可以分为以下 5 个阶段。

1. 彼此孤立时期（1949～1955）

新中国成立初期，由于中国采取"一边倒"外交政策以及西亚国家基本上受控于西方阵营，中国与西亚国家的外交关系基本上处于空白状况，双方互不承认国家政权，经贸关系基本中断，西亚多国不承认新中国。受阿富汗与苏联友好的影响，中国与阿富汗于1955年1月正式建立外交关系，为该阶段中国西亚外交取得的主要成就。

2. 第一次建交高潮（1955～1959）

1955年万隆会议后，随着对西亚地区形势了解的深入，中国政府开始调整对西亚地区的政策，决定在阿以冲突中选择支持阿方，支持阿拉伯国家的民族独立运动，迎来了中国与中东国家建交的第一次高潮。1956年，中国与埃及建立外交关系；同年，中国与阿拉伯国家联盟建立联系；1959年，也门、伊拉克同中国建立外交关系。在西亚国家如土耳其与叙利亚、伊朗与伊拉克的领土争端问题上，中国保持了中立。中国与亲西方的土耳其、伊朗、沙特、约旦、黎巴嫩等国家的关系依旧处于冷冻状态。对此，西方学者指出，"20世纪50～60年代的中国西亚地区外交主要是对该地区反对殖民主义运动的支持"，"中国与西亚的关系植根于冷战时期对反对殖民主义斗争的支持"。

3. 停滞时期（1959～1969）

由于受中国外交强调世界革命以及具体的外交政策脱离实际的影响，中国与西亚国家关系出现曲折动荡乃至停滞不前。整个十年间，只有新独立的民主也门（南也门）于1968年2月与中国建交。从广义的西亚国家的角度看，这个时期没有一个西亚国家与中国建交；另外两个取得独立的西亚国家塞浦路斯（1960年）和科威特（1961年）都没有与中国建交。在已建交的国家中，中国与也门、伊拉克等国家的关系都因出现矛盾摩擦而发生起伏波动，直至1963年周恩来总理访问西亚国家，提出中国处理同西亚各国关系的五项原则，情况才有所好转。中国继续支持阿拉伯国家的民族解放斗争，重点支持南也门以及巴勒斯坦的民族解放斗争。1966～1967 年，在"文革"的冲击下，中国陆续召回驻西亚各国的使节，中国与西亚国家关系严重受挫。

4. 第二次建交高潮（1970～1978）

中国调整外交政策，1970 年中国驻西亚各国的大使复任后，中国与西亚国家关系得以改善。1971 年 3 月，中国和科威特实现建交。1971 年 10 月，中国在第 26 届联大合法席位的恢复，既得益于西亚国家的支持，同时也推动了中国与西亚国家关系的发展，黎巴嫩、约旦、阿曼 3 个西亚国家先后与中国建交。20 世纪 70 年代，反对苏联的霸权扩张构成了中国西亚政策的重点，中国与亲西方的非阿拉伯国家土耳其、伊朗、塞浦路斯先后建立外交关系。中国与以色列的关系出现了积极迹象，以色列在联大主动投票支持恢复中国在联合国的席位，中国"对以色列批评的调子已较过去有所缓和"。

5. 关系迅速发展（1979 年以后）

改革开放以来，中国在客观认识时代特征的基础上，冲破过去以意识形态，以美、苏阵营画线的传统外交理念的束缚，扩展了外交空间。在 20 世纪 80～90 年代初，中国先后和阿联酋、卡塔尔、巴勒斯坦、巴林、沙特阿拉伯等 5 个西亚国家建交。至 1990 年，中国与阿盟 22 个国家全部建立了外交关系。1993 年阿盟在华设立代表处，1999 年，中国外交部与阿盟秘书处签署政治磋商谅解备忘录，2005 年中国驻埃及大使兼任驻阿盟全权代表。中国还逐渐改善了与以色列的关系，1992 年 1 月 24 日，中以两国终于正式建交，标志着中国实现了与西亚国家的全面建交。至此，"中国的中东外交取得了巨大成就，中国与美国的盟友（如以色列、沙特阿拉伯、土耳其）和美国竞争国家（伊朗、伊拉克）均保持着友好的关系"①。

---

① 《一文读懂习近平主席出访中东三国》，《中东通讯社》公众号，2016 年 1 月。

二　中国－西亚交往现状及特点

（一）21世纪中国－西亚关系

近年来，西亚国家"向东看"、中国"向西看"、"一带一路"倡议等思想交汇，中阿合作论坛、中非合作论坛、中阿博览会等一系列平台相继铺开，中海自贸区谈判加快推进，中阿经贸关系发展面临前所未有的机遇，中国－西亚关系得以稳步推进和深入发展。

1. 中国与西亚的友好交往

近年来，中国与西亚国家的政治交往甚密，双方高层互访、会谈等次数较多，签署了涉及政治、经济、能源、金融、旅游、教育等众多协定和声明，具体情况如表2－1所示。

表2－1　21世纪中国与西亚国家政治往来的重要事件

国家	往来事件
阿富汗	2012年，中国和阿富汗建立战略合作伙伴关系；2014年10月，两国发表《中阿关于深化战略合作伙伴关系的联合声明》；2012～2016年，中阿两国部级以上国事访问和会议达到了16次
亚美尼亚	中国和亚美尼亚已签署包括《两国政府联合公报》在内的30多项涉及双边关系的合作文件；2015年3月，亚美尼亚总统萨尔基访华，双方签署并发表《中华人民共和国与亚美尼亚共和国关于进一步发展和深化友好合作关系的联合声明》
阿塞拜疆	2015年6月，阿塞拜疆正式成为亚投行创始成员国；2015年7月成为上合组织对话伙伴国；2015年12月，两国签署《中阿关于进一步深化和发展友好合作关系的联合声明》和《中阿关于共同推进丝绸之路经济带建设的谅解备忘录》
巴林	巴林积极参与"中阿博览会"，先后承办第三届部长级会议、"中阿新闻合作论坛"、"中国－海湾国家经贸合作论坛"等。2015年，中国副部级以上官员访问巴林2次；2016年4月，巴林外交部副大臣来华出席亚信外长会议
塞浦路斯	2015年9月，科技部部长万钢应邀访塞，双方签署《中华人民共和国政府与塞浦路斯共和国政府科技创新合作协定》；2015年10月，塞浦路斯总统阿娜斯塔西亚迪斯访华，12月，外交部部长王毅访塞

续表

国家	往来事件
格鲁吉亚	2015 年 3 月，中国与格鲁吉亚签署《中格两国共建丝绸之路经济带合作备忘录》，共同宣布开启两国自由贸易谈判可行性研究；2015～2016 年，中国与格鲁吉亚副部级以上官员互访达 7 次
伊朗	2014～2016 年，中伊两国副部级以上官员互访 8 次；2016 年 1 月 22～23 日，习近平主席访伊，双方一致同意建立"中伊全面战略伙伴关系"
伊拉克	2015 年 12 月，中伊两国发表《中华人民共和国和伊拉克共和国关于建立战略伙伴关系的联合声明》
以色列	中以双方已签署贸易协定、文化交流协定、民用航空协定、劳务输出协议、教育合作协议、旅游合作协定、邮电通信合作协议、工业技术研发框架协议和关于加强经济贸易合作的备忘录等；以色列总统佩雷斯多次对中国进行国事访问
约旦	2013 年，约旦国王阿卜杜拉二世参加中阿博览会并对中国进行国事访问；2015 年 9 月，中国国家主席习近平会见约旦国王阿卜杜拉二世，两国共同签署《中华人民共和国和约旦哈希姆王国关于建立战略伙伴关系的联合声明》
科威特	2009 年 5 月，科威特埃米尔萨巴赫访华，两国签署能源、教育、交通、体育和财政等领域的合作文件；2014 年 6 月，科威特首相贾比尔访华，两国签署涉及外交、金融、投资、能源、航空、财政、文化等领域共 10 项合作文件
黎巴嫩	2013 年 4 月，中国国家新闻出版广电总局副局长李伟访黎，与黎新闻部部长进行会谈并签署新闻合作协议；2015 年 5 月，中国政协副主席王正伟访问黎，会见总理、议长，并出席中阿合作论坛第六届企业家大会企业家高级别座谈会
阿曼	2016 年 5 月 22～23 日，国务委员访问阿曼，中阿双方就深化中阿友谊、推动两国"一带一路"建设达成新共识，项目包括中阿杜尔姆产业园
巴勒斯坦	2016 年 9 月 21 日，全国人大常委会委员长张德江对巴勒斯坦进行了正式友好访问，出席巴勒斯坦总理哈姆达拉举行的欢迎仪式，并与哈姆达拉举行会谈
卡塔尔	2014 年 11 月，卡塔尔埃米尔塔米姆对中国进行国事访问，两国元首共同宣布中卡建立战略合作伙伴关系；2016 年 5 月，王毅访问卡塔尔，并与卡塔尔外交部大臣穆罕默德、阿盟秘书长阿拉比共同出席中国－阿拉伯国家合作论坛第七届部长级会议
沙特	2014 年 3 月，沙特王储萨勒曼访华，与国家主席习近平等领导人分别会面，双方签署质检、航天、投资等领域 4 项合作文件，并发表《中华人民共和国和沙特阿拉伯王国联合公报》；2016 年 1 月，习近平主席访沙，签署涉及共建"一带一路"及产能、能源、通信、环境、文化、航天、科技等领域 14 项合作文件
叙利亚	2010 年 10 月，中国人民政治协商会议主席贾庆林访叙；2011 年叙利亚发生内乱以来，中国政府代表多次赴叙利亚进行访问、斡旋，并出席联合国主持召开的叙利亚问题磋商。2017 年 7 月叙利亚总理阿卜杜拉·达尔达理访华
土耳其	2013 年，土耳其在中国举办土耳其文化年；2015 年 11 月习近平主席在二十国集团领导人第十次峰会召开期间同土耳其总统埃尔多安举行了双边会谈，共同见证关于将"一带一路"倡议与"中间走廊"倡议相衔接的谅解备忘录以及基础设施、进出口检验检疫等领域合作协议的签署

续表

国家	往来事件
阿联酋	2012 年 1 月，国务院总理温家宝对阿联酋进行正式访问，中阿建立战略伙伴关系；2012 年 3 月，阿联酋阿布扎比王储穆罕默德访华；2015 年 1 月，王毅访阿；2015 年 12 月阿布扎比王储穆罕默德访华；2018 年 7 月，习近平主席访阿
也门	2013 年 11 月，也门总统哈迪访华，访华期间两国政府签署了数个经济技术合作协定；2016 年 5 月，外交部部长王毅在多哈主持中阿合作论坛第七届部长级会议前会见也门副总理兼外长马赫拉菲

资料来源：据中国外交部官网整理。

2. 中国 - 西亚交往的新平台、新进展

目前，中国与西亚交往平台主要有：中阿合作论坛、中阿博览会、中海自贸区谈判①、"一带一路"倡议等。

（1）中阿合作论坛

2004 年 1 月，中国国家主席胡锦涛在埃及访问时正式提出成立"中阿合作论坛"，中国 - 阿拉伯国家合作论坛于 2004 年 1 月成立，同年 9 月，中阿合作论坛首届部长级会议在开罗举行。十多年来已建立起涵盖政治、经济、文化等诸领域的多项合作机制，成为中国同阿拉伯国家开展集体对话与务实合作的重要平台。其中涉及的西亚国家包括约旦、阿联酋、巴林、沙特、伊拉克、阿曼、巴勒斯坦、卡塔尔、科威特、黎巴嫩、也门、叙利亚等。作为国家间的高端对话平台，中阿合作论坛对推动中国和西亚国家的关系，以及推动中国 - 中亚 - 西亚经济走廊奠定了良好的政治对话基础。历届中阿合作论坛的发展情况和主要成果如表 2 - 2 所示。

表 2 - 2　历届中阿合作论坛主要情况

名称	时间	地点	主要内容和成果
首届中阿合作论坛	2004 年 9 月 14 日	开罗	双方签署《中国 - 阿拉伯国家合作论坛宣言》和《中国 - 阿拉伯国家合作论坛行动计划》等，标志着中阿合作论坛正式启动

① 中海指中国 - 海湾阿拉伯国家合作委员会。

续表

名称	时间	地点	主要内容和成果
第二届中阿合作论坛	2006 年 5 月 31 日至 6 月 1 日	北京	会议主题是建立中阿新型伙伴关系。会议签署四个合作文件，同意推动建立政治磋商、能源、人力资源开发和环保等领域的合作机制
第三届中阿合作论坛	2008 年	巴林	主题是"面向实现和平与可持续发展的中阿新型伙伴关系"，投资是会议的主要议题
第四届中阿合作论坛	2010 年 5 月 13～14 日	天津	会议签署《关于中阿双方建立战略合作关系的宣言》、《中国－阿拉伯国家合作论坛第四届部长级会议公报》和《中国－阿拉伯国家合作论坛 2010 年至 2012 年行动执行计划》
第五届中阿合作论坛	2012 年 5 月 31 日	突尼斯哈马迈特	签署《中国－阿拉伯国家合作论坛第五届部长级会议公报》《中国－阿拉伯国家合作论坛 2012 年至 2014 年行动执行计划》《中华人民共和国国家质量监督检验检疫总局与阿拉伯工矿发展组织谅解备忘录》《中华人民共和国工业和信息化部与阿拉伯工矿发展组织谅解备忘录》《中华人民共和国卫生部与阿拉伯国家联盟卫生合作机制谅解备忘录》等
第六届中阿合作论坛	2014 年 6 月 5 日	北京	签署《中国－阿拉伯国家合作论坛第六届部长级会议北京宣言》《中国－阿拉伯国家合作论坛 2014 年至 2016 年行动执行计划》《中国－阿拉伯国家合作论坛 2014 年至 2024 年发展规划》《2014 年至 2015 年中阿卫生合作执行计划》《中阿荒漠化检测和防治合作备忘录》等
第七届中阿合作论坛	2016 年 5 月 12 日	卡塔尔多哈	会议围绕"共建'一带一路'，深化中阿战略合作"的议题，就中阿关系发展和中阿合作论坛建设达成广泛共识，会议签署了《多哈宣言》和《论坛 2016 年至 2018 年行动执行计划》，规划了中阿双方 18 大类 36 个领域的合作
第八届中阿合作论坛	2018 年 7 月 10 日	中国北京	会议确定中阿战略伙伴关系，发布《中阿共建"一带一路"行动宣言》等内容。会议签署了《论坛 2018 年至 2020 年行动执行计划》

资料来源：中阿合作论坛官方网站，http://www.chinaarabcf.org/chn/。

中阿合作论坛的机制包括部长级会议、高官会、战略政治对话机制及其他各领域现有合作机制和日常联络机制。[①] 部长级会议由各国外长和阿盟秘书长组成，每两年在中国或阿拉伯国家轮流举行一次部长级例

---

① 《中国－阿拉伯国家合作论坛 2016 年至 2018 年行动执行计划》，中阿合作论坛官方网站，http://www.fmprc.gov.cn/zalt/chn/dqjbzjhy/t1374586.htm，2016 年 6 月 3 日。

会，必要时可以召开非常会议。会议主要讨论加强中国和阿拉伯国家在政治、经济、安全等领域的合作，就共同关心的地区和国际问题、联合国会议讨论的热点问题交换意见；回顾论坛行动计划执行情况；讨论双方共同关心的其他事务。高官会每年召开例会，由中阿双方轮流承办，必要时经双方同意也可随时开会。负责筹备部长级会议，落实部长级会议的决议和决定，并举行中阿集体政治磋商。其他合作机制：包括中阿企业家大会、中阿关系暨中阿文明对话研讨会、中阿友好大会、中阿能源合作大会和中阿新闻合作论坛、中阿互办文化节等机制。日常联络机制：中国驻埃及大使馆为中方联络组，阿拉伯驻华使节委员会和阿盟驻华代表处为阿方联络方，负责双方的联络并落实部长会和高官会的决议和决定。论坛中方事务秘书处设在中国外交部西亚北非司。①

中阿合作论坛设立以来，中阿高层交往日益频繁，战略互信不断增强，经贸合作日益密切，社会发展领域合作不断扩展，和平与安全合作日益深化，人文交流多元多彩，民间交流日渐活跃，论坛框架下各项机制性活动有序开展，形成了常态化的中阿互动局面。

（2）中阿博览会

中国－阿拉伯国家博览会经国务院批准，由商务部、贸促会、宁夏回族自治区人民政府共同主办的国家级、国际性经贸会展活动，是推进中阿务实合作、丰富中阿关系战略内涵的重要平台。其前身是中国（宁夏）国际投资贸易洽谈会暨中国－阿拉伯国家经贸论坛，简称宁洽会暨中阿经贸论坛。自 2010 年起已成功举办三届中阿经贸论坛，2013 年升格为中国－阿拉伯国家博览会，2015 年起每两年一届。

2013 中阿博览会于 2013 年 9 月 15～19 日在宁夏银川举办，主题为"中阿携手，面向全球"，注重推动中阿间的经贸务实合作。博览会期间，国家有关部委围绕贸易、文教、旅游、出版、广播电视等领域，与

---

① 中阿合作论坛官方网站，http://www.chinaarabcf.org/chn/。

阿拉伯国家签署了多项中阿合作。签约项目中，合同项目54个，总投资1058.83亿元；协议项目95个，总投资730.18亿元；框架协议、涉外合作合同、合作备忘录及意向性项目8个，涉及销售合作金额600亿元，涉外合作合同金额210亿元；友好城市协议1个，各论坛、推介会洽谈签约项目60个，签约金额935.53亿元。博览会取得的成果显著。①

2015中阿博览会于2015年9月10~13日在宁夏银川举办，以"弘扬丝路精神，深化中阿合作"为主题，推动互联互通，实现合作共赢。博览会期间，中国－阿曼（杜库姆）产业园、毛里塔尼亚海洋经济综合产业园等项目签约，实现了中阿共建产业园区"零"的突破。在科技部、农业部、国家卫计委、中国贸促会等国家部委支持下，中阿技术转移中心、中阿商事调解中心、中阿联合商会联络办公室、中阿农业技术转移中心、中阿医疗健康合作发展联盟等一批中阿多双边合作机构落地宁夏。此次中国－阿拉伯国家博览会采用了展览展示和会议活动两种表现形式，以建设中阿网上丝绸之路为突破口，促进中阿政府、企业、民间三个层面的互动交流，搭建商品贸易、服务贸易、技术合作、投资金融、文教旅游五大合作平台，提升中阿务实合作水平。博览会期间签约了合同项目38个，投资金额269.9亿元；协议项目171个，投资金额1442.1亿元；合作备忘录6个；友好城市协议2个。国（境）外项目86个，投资金额1065.06亿元。签约项目中，"走出去"项目16个，投资金额766.4亿元；"引进来"项目106个，投资金额944.49亿元；援助项目1个；备忘录、框架协议等非投资类项目40个，投资金额1.11亿元。②

2017中阿博览会以"传承友谊、深化合作、共同发展"为宗旨，以"务实、创新、联动、共赢"为主题，举办了开幕大会、主宾国系列活动、主题省系列活动、中阿合作论坛第七届企业家大会暨2017中阿工商峰会、中阿农业合作论坛暨现代农业展、中阿国际物流合作洽谈会、中

---

① 数据来自中阿博览会秘书处。
② 数据来自中阿博览会秘书处。

阿技术转移与创新合作大会暨高新技术与装备展、中阿高铁分会、网上丝绸之路大会暨云计算和大数据应用展、中阿国际产能合作论坛暨基础设施及产能合作展、中阿旅行商大会等 13 项会议论坛和 10 项展览展示活动。中共中央总书记、国家主席习近平向大会致贺信，全国人大常委会副委员长张平出席开幕大会并发表主旨演讲，几内亚总统阿尔法·孔戴、阿富汗第一副首席执行官穆罕默德·汗、毛里塔尼亚国民议会第一副议长穆罕默德·哈尔希、埃及贸工部部长塔里克·卡比勒、阿拉伯国家联盟助理秘书长卡马勒·巴比克出席开幕大会并分别致辞。78 位中外部长级嘉宾，29 位外国驻华使节，60 个国家，117 家中外大型商协会，1232 家大型企业代表，共计 9797 名国内外嘉宾参会参展。此届博览会共签约项目 253 个，金额 1860.5 亿元人民币，在推动与各国政策沟通、设施联通、贸易畅通、资金融通、民心相通方面发挥了重要平台作用，取得了务实合作成果。①

（3）中海自贸区谈判

中海自贸区谈判涉及中国与海合会国家的能源、金融、服务业、邮电通信等诸多领域的协商，对双方具有重要意义，一旦达成，双方的贸易投资都会走上新台阶。自从 2004 年 7 月，中海自贸区谈判正式启动以来，双方已经在原产地规则、经济技术合作和服务贸易等多个内容方面取得了积极进展，并达成了一定的共识，但是在开放石化产品市场等方面进展十分艰难，加上政治因素的干扰，导致 2009 年 6 月第五次谈判以后陷入停滞。随着双方经贸关系的日趋紧密，在各自领导人的直接关心下，谈判终于在 2016 年 2 月重启，再次回归快速轨道。中海自贸区的谈判历程可谓一波三折，具体包括如下几个阶段。

① 准备阶段

2004 年 7 月，由海合会成员国财政大臣等组成的代表团对北京进行

---

① 数据来自中阿博览会秘书处。

了正式访问。在此期间，中海双方签署《中华人民共和国与海湾阿拉伯国家合作委员会成员国经济、贸易、投资和技术合作框架协议》，协议旨在推动双方相互之间的经贸合作与技术交流，促进双边贸易活动，通过各种有效措施促进中海双方的相互投资。为尽快实现货物贸易及服务贸易便利化，双方对外正式宣布开启中海自贸区谈判。

② 起步阶段

中海自由贸易区第一轮谈判于 2005 年 4 月在沙特首都利雅得举行，时任中国商务部部长助理易小准率中国代表团与海合会代表团举行第一次正式谈判。双方对建立中海自贸区所需要的工作大纲达成一致，同时对未来谈判中包含的主要议题（货物贸易服务贸易、投资等）初步交流了想法。首轮谈判进展较为顺利，是成功的良好开端，双方将全力以赴尽快签署建立中海自由贸易区的协定。相信中海自贸区成功建立以后，将进一步刺激贸易发展，促进双方各个领域的全方位合作。第二轮谈判于 2005 年 6 月在北京举行，由魏建国（中国代表团）和己扎伊（海合会代表团）参与了此轮谈判，中方成员来自外交部等多个职能部门。双方代表团就中海自贸区未来将涉及的市场准入等问题进行了深入交流和讨论，并在关税减让模式方面达成了共识。中国和海合会还共同签署《经济贸易协定》和《投资保护协定》两份重要协议，同时和除沙特外其他 5 个成员国分别签署《避免双重征税协定》。第三轮谈判于 2006 年 1 月在北京举行，易小准率领的中国代表团参与了新一轮谈判，代表团成员分别来自外交部等多个职能部门。在这一轮谈判中，中海双方一共成立了 4 个工作小组，分别就海关核查程序及具体的协定文本等方面展开深入磋商，并在多项重要条款上取得明显的突破，进展较为顺利。第四轮谈判于 2006 年 7 月在嘉兴举行，易小准率领中国代表团参与了此轮谈判，代表团成员分别来自外交部等多个职能部门。在会议期间，双方就中海自贸区建设中未来将涉及的货物贸易市场准入和协定文本等方面展开了紧锣密鼓的协商，进一步缩小了彼此之间存在的分歧，同时两个代表团第一次就服务贸易要价交流了想法。

③困难阶段

在中海双方顺利开展四轮磋商后，双方继续深入开展对话探讨相关议题，其中谈判技术组多次就货物贸易中存在的分歧进行互动沟通与交流，但是总体上谈判进入困难时期。一直到2009年6月，中海双方第五轮磋商才在沙特首都利雅得重新启动。中国与海合会代表团就货物贸易方面的重大议题、各自服务贸易方面的出价都进行了深入的交流和探讨，在原产地规则等方面展开了充分磋商和互动。但是在取得积极进展的同时，双方在部分海合会石化类产品关税减免问题上分歧严重，未能达成共识。

④停滞阶段

在第五轮谈判结束后不久，海合会单方面宣布搁置所有与17个国家和地区组织的自由贸易谈判。同时，海合会成立内部谈判评估团队，与专业经济评估机构一起对自由贸易区谈判的成效进行全面分析与反思。海合会负责人解释中止谈判的原因包括：一方面是正在进行的自贸区谈判遇到了很多新问题，海合会未能做好充分准备，难以深入研讨下去；另一方面，在已经建成的自贸区内，由于管理机制存在不足导致实际效果未能达到预期目标，海合会需要重新审视协议内容，并着手应对运行过程中出现的各类问题。中海自贸区的谈判进入无限期停摆。中海自贸区未能取得最终突破的另一个重要原因是石化产品的关税问题悬而未决。海合会设想在正式签订中海自贸区协议以后，立即取消双方所有产品的进口关税，而中国则从产业安全角度出发希望对海合会出口中国的石化产品预设保护性关税，这直接导致谈判陷入僵局。

⑤重启酝酿阶段

随着中国海合会经贸关系越来越紧密，2009年2月，时任国家主席胡锦涛出访中东打破谈判僵局，双方决定尽快重启中海FTA谈判。在2011年5月举行的中海战略对话上，中国与海合会一致认为应该尽快制定更加具体的行动计划，提高自贸协定谈判力度，争取尽早达成协议。2013 年习近平在会见沙特、阿曼等国高层领导人时多次谈及中海自贸区，希望尽早重启谈判，达成一份双赢协定。

2014 年 1 月，中海在第六次战略对话后表示，中海双方经济结构的互补性比较强，通过中海自贸区的建设将给彼此带来共赢，双方一致同意尽快推动谈判重回正轨。同年 3 月，海合会在利雅得举行的第 130 届外长会议上，各个成员国代表都表态全力支持重启自贸区谈判，提高海合会经济发展综合水平，为各个成员国人民创造更多利益。同时，在海合会外长理事会发表的 2013 年《对外自贸区谈判评估报告》中，中国被列为海合会的自贸区优先谈判对象。随后，国务院总理李克强在会见来访的沙特萨勒曼王储时，表达了重新开始中海自贸区谈判的愿望，共同致力于达成一份互利共赢的高水平协定，促进中海经贸领域合作更进一步，萨勒曼给予积极响应，自贸区谈判在经历多年波折以后重现曙光。2015 年 3 月，商务部部长高虎城访问沙特阿拉伯，同时与沙特财政大臣阿萨夫一起主持了中国沙特阿拉伯第五届经贸联委会。与会期间，双方专门就中海自贸区重启事宜进行了协调与沟通，共同寻找机会推动自贸区下一阶段谈判。

2016 年 1 月，国家主席习近平在利雅得同沙特阿拉伯国王萨勒曼举行会谈。双方高度评价并欢迎重启中海自贸区谈判，并对谈判取得实质性进展感到高兴，同意尽早建成中海自贸区。与此同时，中国商务部和海湾阿拉伯国家合作委员会秘书处共同宣布，双方已经正式恢复自由贸易协定谈判，并原则上结束货物贸易谈判，后续将加快谈判节奏，尽早达成一份全面的自由贸易协定。

⑥冲刺阶段

2016 年 2 月，为继续加快进程，第六轮磋商在利雅得顺利举行。在停滞多年后，商务部副部长王受文与海合会自贸区谈判总协调人巴兹分别率领中国与海合会双方代表团参加了此轮谈判，节奏明显加快。在总

共为期 4 天的这一轮谈判中，双方对于中海自由贸易协议中的货物贸易
遗留问题等具体内容进行了深入交流和探讨。第六轮也是中海自贸区遭
遇阻力，中断 6 年以后重新开始的新一轮谈判。此轮谈判顺利举行的前
提是 2016 年 1 月习主席对沙特阿拉伯进行国事访问期间，由双方共同发
布的《关于中海自贸区谈判的联合声明》作为依据。2016 年 5 月，第七
轮磋商就在广州再次进行。商务部副部长王受文与海合会自贸区谈判总
协调人巴兹分别率领中国与海合会代表团参加了此轮谈判，谈判全面进
入冲刺阶段。这一轮谈判也是中国和海合会对外联合宣布恢复自贸协定
磋商后的第二轮谈判。在总共为期 3 天的谈判中，中国与海合会双方继
续就服务贸易和货物贸易遗留问题等具体条款内容展开充分的沟通与交
流，谈判达到了预期效果，进展较为顺利。

　　2016 年 10 月 25 日，经过双方代表团与各自相关职能部门的积极
沟通以后，中海自贸区第八轮谈判在北京举行。商务部副部长王受文
与海合会自贸协定谈判总协调人巴兹分别率领中国与海合会双方代表
团参加了此轮谈判，双方对尽早结束谈判的意愿都十分强烈。在总共
为期 3 天的这一轮谈判中，中海双方对服务贸易和电子商务等具体条
款内容进行了深入沟通和磋商，谈判进展较为顺利，再次向前迈出一
大步。同年 12 月 19～21 日，与上一轮谈判仅仅间隔两个月时间，第
九轮谈判在利雅得再次进行。商务部副部长王受文与海合会自贸谈判
总协调人巴兹分别率领中国与海合会双方代表团参加了此轮谈判，可
看到双方对于谈判的推进力度正在持续加大。在总共 3 天的时间内，
中国与海合会就服务贸易和电子商务等具体条款内容进行了深入沟通
和磋商，谈判取得一系列重要成果。其中，中海双方已经就经济技术
合作等多项协议文本内容达成一致意见。截止到此轮谈判结束，中国
和海合会已经在自由贸易协议总共 15 个谈判议题中，就其中的 9 个议题
顺利达成共识。同时，在另外 3 个技术性贸易壁垒（TBT）、法律条款、
电子商务等文本条款方面也取得了重大突破，分歧已经越来越小，有望

短期内结束磋商。此外，在备受关注的货物、服务等协议内容方面的沟通也在稳步推进，进展较为顺利。两个代表团已经确定在 2017 年 3 月底之前尽快开展第十轮磋商。

（二）中国－西亚交往特点

中国－西亚友好往来，互通有无，互相促进；形成了根植传统、利益相关、官方交往带动民间商贸，相互尊重、相互理解及平等交往无侵占掠夺等特征。

1. 植根传统，基于利益

延续两千多年，中国－西亚通过"丝绸之路"联系在一起，相互影响、相互借鉴，结成了深厚的友谊，也为人类文明的发展做出了重要贡献。近代以来，中国和西亚人民在反帝、反殖，争取民族解放和国家独立中始终相互支持，犹如亲密战友；在维护主权和谋求经济发展中，相互同情、相互支援，胜似兄弟；在国际事务中密切配合，建立了真诚友好的合作关系，宛若朋友。进入 21 世纪，中国始终把发展与西亚的阿拉伯国家关系作为自己外交的优先方向和重点，阿拉伯国家也视中国为其可靠的战略合作伙伴。

2. 官方交往带动民间商贸

历史上中国－西亚交往，大多是以官方交往为主，民间交往规模甚小。中国与西亚国家双方政府间的外交关系频繁，主要采取"互赠互送，将政治与经济合二为一"的贸易形式。商贸商品虽献呈于宫廷，但回赐往往丰厚，"优给其值"。在宋代，中国与西亚国家贸易较之唐代更趋繁荣。西亚国家（主要是阿拉伯帝国）不断派遣使节来宋，一些舶主、地方首领纷纷与宋朝修好。公元 968～1168 年，西亚阿拉伯帝国遣使 49 次。明朝继续推行"经济服从政治、外贸服从外交"的传统贸易政策。派郑和船队到达西亚诸国后，先示政治通好之意，后开展贸易。郑和船队代表明朝官方贸易，其贸易对象不仅限于朝廷，也包括民间。

但为尊重西亚各国政府，船队程序上先进行官方易货，常以互赠方式进行，而后与民间互市。郑和船队出口的中国货物主要是瓷器和丝绸类商品，其中瓷器的出口以青花瓷为主。天方（今麦加）也曾派遣使者随郑和船队来华，并受到明朝盛情款待。郑和船队七下西洋，扩大了中国威望，加强了与西亚国家的外交关系和经贸往来。

3. 经贸往来互通有无

西亚国家中大部分信奉伊斯兰教（同时大部分是阿拉伯国家）。随着伊斯兰教传入中国，西亚地区生产工艺，如建筑、服饰、绘画等，一直在影响着中国穆斯林聚居区和教众。中国各地所建清真寺或多或少地带有西亚的建筑风格和元素。中阿物质文化交流是相互的，且伴随彼此贸易的逐步发展而不断深入，如阿拉伯医药学的传入对中医产生深远影响。另外，宋朝皇室宴会常需制作大量的阿拉伯香剂食品，而且陈列阿拉伯香药蔚然成风。阿拉伯制糖技术也提升了中国的原有工艺。

中国对西亚国家出口商品中，丝绸、陶瓷备受西亚人民青睐，1000多年来，中国对阿出口的商品呈现出丝瓷并重的局面。西亚对中国出口的商品主要是香料、药材和珠宝。双方通过易货贸易，均达到了"互通有无，促进经济发展，丰富人民社会物质文化生活"的目的。阿拉伯商人擅长经营香料、药材和珠宝。香料受到中国历朝宫廷、官僚和士大夫阶层喜欢，不仅用于庆典，就连日常生活也离不开香料及其制品。在唐代，阿拉伯商人带来的香料和珠宝种类异常繁多，如辟寒香、辟邪香、瑞麟香、金凤香、芸辉、沉檀、沉香、龙脑、郁金香等都在此时大量涌入中国市场；五代时，又增加了蔷薇水、苏合油、丁香、蕃陆、黄紫檀、降真等，这些都是西亚地区的名产。[①]宋代时，阿拉伯商人新增的品种有乳香、龙涎香、苏合香油、金香木、没药、金颜香、安息香、肉豆蔻、檀香等，多达50余种，此外还大量出售药材、犀角、象牙、珍珠、珊

---

① 林红：《丝绸之路上的香料》，《中国西北边疆》2005 年第 1 期。

瑚、玻璃、琉璃等商品，因这些商品主要来自海上，故称海路为"香料之路"。此外，中国－西亚国家还从对方引进了各自所需的植物、矿物和药物。西亚商人引进了桃、杏、肉桂、姜、"中国玫瑰"、治头痛的药物"沙赫·锡尼"、"中国土"（即烧制瓷器的高岭土，可作药用）、"中国根"（土茯苓）等。中国则引进了枣椰树、刺桐（又名油橄榄）、茉莉等多种植物。这些植物大多见于唐宋时期的史籍、诗文中，唐代著名诗人杜甫于公元762年所写的《海棕行》一诗，也记述了他在四川绵阳涪江畔看到枣椰树的情形，表明这种富有西亚特征的树木在唐朝中期就已移入中国。

4. 相互尊重贯穿始终

唐代设置市舶制度，即专管外贸事务的职能机构，历经宋、元、明、清等朝代。市舶司最早设立于广州，后又推广至扬州、泉州、明州等地，其职责是"掌蕃货、海舶、征榷、贸易之事，以徕远人，通远物"。此外相当数量的、来自西亚国家的阿拉伯外商留居中国，成为"蕃客"，逐渐形成了特定的聚集区——蕃坊。为尊重穆斯林习惯，朝廷任命外商为蕃长，管理蕃坊辖区，宣传对阿贸易意愿，招徕其国人通商互市。

由于中国与西亚国家（主要信奉伊斯兰教）在宗教、文化和习惯上存在差异，历代朝廷还在蕃坊内推行惠及伊斯兰信众的特殊民族政策，如允许建立礼拜寺（怀圣寺、泉州清真寺），尊重禁食猪肉。而且，宋朝侨居蕃坊的西亚国家富商巨贾修建宏宅豪屋、穿戴精美服饰、配置王侯车马等，虽逾越品秩，但朝廷均不多加干涉。此外，各朝代还制定了保护西亚国家外商合法权益的相关规定，允许其自由处理合法所得，或由其子嗣合法继承等。

5. 平等交往无侵占掠夺

两千多年的中国－西亚交往，双方互通有无，公平贸易，和平相处。即使在各自鼎盛时期，也未发生侵害和掠夺。例如，郑和下西洋就是中国与西亚国家交往的和平之旅。郑和下西洋恢复和建立了明朝与西亚国家的外交关系，宣扬大明国威。以通商贸易为目的，先后出使七次，200余艘船舶远航至印度半岛、佐法尔、亚丁、麦加、索马里等地。对加深中国人民与西亚国家人民之间的相互了解，增进经济、文化交流方面发挥了积极作用，并未对所到区域进行殖民侵略。因中国对西亚国家一直实行和平友好政策，使其纷纷来华回访示好。中国使节所到之处，均受到阿拉伯人民的隆重欢迎，西亚国家使节（主要是阿拉伯国家）在华也是礼遇有加。在唐代，阿拉伯外商因香料贸易而积累大量闲资。同时，泉州、扬州等地工商业、运输业和外贸日趋发达，使市场上流通着大量货币。在华传统商业资本亟待集中蓄积，进行生产性再投资。于是，产生了一种由阿拉伯中间商人经营的、资本雄厚且能从事大宗贸易的金融组织，称为"邸店"。广州、扬州阿拉伯外商积累的大量钱财，还捐助于中国国库，帮助解决财政困难。唐朝曾多次征用"邸店"资金，"安史之乱"时尤其如此。

第三章

中国-中亚-西亚经济
走廊推进背景

　　"一带一路"倡议中"六大经济走廊"[①] 之一的中国－中亚－西亚经济走廊[②]，与新亚欧大陆桥经济走廊重叠，在新亚欧大陆桥从阿拉山口－霍尔果斯港口出中国后，一条新经济走廊连接哈萨克斯坦、乌兹别克斯坦、吉尔吉斯斯坦、塔吉克斯坦、土库曼斯坦、伊朗、伊拉克、土耳其。不同于亚欧大陆桥突出铁路交通优势，中国－中亚－西亚经济走廊既是连接沿线国家的经济走廊，同时是一条能源大通道，是中国－中亚石油管道和天然气管道的必经之地。中国－中亚天然气管道起于阿姆河右岸的土库曼斯坦和乌兹别克斯坦边境，经乌兹别克斯坦中部和哈萨克斯坦南部，从霍尔果斯进入中国，这是目前世界上最长的天然气管道。

　　目前，中国同塔吉克斯坦、哈萨克斯坦、吉尔吉斯斯坦先后签署共建丝绸之路经济带双边合作协议。哈萨克斯坦"光明之路"、塔吉克斯坦"能源交通粮食"三大兴国战略、土库曼斯坦"强盛幸福时代"等国

---

① 读者可以通过以下链接查阅走廊图：六大经济走廊建设提速，大公网，http://news. takung-pao. com/paper/q/2016/0701/3340218. html，2016 年 7 月 1 日。
② "一带一路"的六大经济走廊为中蒙俄、新亚欧大陆桥、中国－中亚－西亚、中国－中南半岛、中巴、孟中印缅经济走廊。

家发展战略都与丝绸之路经济带建设有了契合点。① 随着合作的深入，一批物流合作基地、农产品快速通关通道、边境口岸相继启动或开通，沿线多方海关物流更加通畅，中国 - 中亚 - 西亚经济走廊正是在这样的大背景下推进。中国 - 中亚 - 西亚经济走廊将不断延伸到伊朗、伊拉克、沙特、土耳其等西亚北非地区众多国家，成为另一条打通欧亚非三大洲的经济走廊。

当下正处在世界多极化、经济全球化、文化多元化、社会信息化时期，起主导作用的主要是经济全球化。国际金融危机后，世界经济发展分化，国际高标准投资贸易格局和多边投资贸易规则酝酿深刻调整，区域经济形势和安全问题日益突出，波诡云谲的政治和经济环境"倒逼"中国深化改革和全方位开放，构建符合中国发展的战略高地。而"一带一路"倡议便是构筑战略高地的重要举措，尤其是"六大经济走廊"建设具有重大的战略意义和经济价值。中国 - 中亚 - 西亚经济走廊作为沟通中国与中亚和西亚的重要经济区域，具有其特定的背景。

一　国际背景

中国 - 中亚 - 西亚经济走廊是中国应对世界经济和国际贸易投资形势变化的务实举措，是积极应对全球产业布局调整、国际贸易投资规则的重构以及能源安全的"马六甲之困"的建设性措施。

（一）经济全球化与经济发展分化同在

2008 年全球金融危机以来，世界经济进行了深度的调整。美国经济增长强劲，欧盟、日本增长乏力，新兴经济体的传统发展模式的绩效正在递减。世界经济全球化、区域经济一体化加快推进，全球经济增长和

---

① 《详解"一带一路"的六条经济走廊》，中国民营经济国际协会，http://www.ciccps.org/News/Shownews.asp? id = 940，2017 年 3 月 16 日。

贸易、投资格局正在发生深刻调整，世界经济到了转型升级的关键阶段，需要进一步激发区域内的发展活力与合作潜力。

发达经济体与发展中经济体的合作关系正在发生变化，传统世界贸易投资格局正在发生巨大变化，此外，互联网以及"互联网＋"（互联网应用）加速了经济全球化以及全球经济发展分化，重视并很好抓住互联网技术的经济体普遍获得了竞争优势和发展优势。得益于用户数量的规模效应和中国政府的重视，中国在互联网应用方面走在世界前列，获得了巨大的技术福利和相对的竞争优势。

（二）世界贸易投资结构变化与重构

世界金融危机之后，尤其是 2012 年奥巴马第二任，响应和推动了很多新的全球贸易投资规则。使得传统的世界贸易构架——WTO 的唯一性冲淡，随之而来的是国际贸易"铁三角"，即跨太平洋伙伴关系协定（Trans-Pacific Partnership，TPP）、跨大西洋贸易与投资伙伴协议（Transatlantic Trade and Investment Partnership，TTIP）、诸（多）边服务业协议（Plurilateral Service Agreement，PSA）。国际贸易"铁三角"的共同特点是零关税、企业主导谈判、就业环保约束、不欢迎计划经济体加入，具体如下。

1. 跨太平洋伙伴关系协定（Trans - Pacific Partnership，TPP），主管东半球，2002 年由新西兰、新加坡、智利和文莱四国发起，2015 年 10 月 5 日，美国、日本、澳大利亚等 12 个国家成功结束 TPP 谈判，达成 TPP 贸易协定，并于 2016 年 2 月 4 日正式签署。2016 年，日本通过 TPP 协议。TPP 涵盖关税、投资、竞争政策、技术贸易壁垒、食品安全、知识产权、政府采购以及绿色增长和劳工保护等多领域，其协议内容和标准均显著超过现有 FTA 水平。2017 年 11 月 9 日，TPP 的 11 个参加国在越南达成框架性协议，并将 TPP 的名字改为"全面且先进的 TPP"（CPTTP，Comprehensive Progressive Trans-Pacific Partnership，CPTPP）。

尽管最后时刻传出加拿大代表拒绝承认此原则性协议的消息，但越南和日本最终仍宣布TPP框架协议达成——这也标志着在没有美国参加的情况下，TPP协议已经接近于完成。CPTPP占世界GDP的份额从40%骤减到15%，但仍是一个贸易和投资自由化程度高的协定。日本共同社表示，日本主导了这次大型贸易谈判，明确了与全球贸易保护主义对抗的姿态。尽管特朗普上台后暂时退出了TPP，但是刚刚闭幕的2018年达沃斯世界经济论坛上，特朗普又表示，如果部分条款修改，不排除美国加入TPP。

2. 跨大西洋贸易与投资伙伴协议（Transatlantic Trade and Investment Partnership，TTIP），即美欧双边自由贸易协定，又称"经济北约"，指美国和欧盟双方通过削减关税、消除双方贸易壁垒等来发展经济、应对金融危机的贸易协议。2013年启动，已经过五轮谈判，未取得实质性进展。TTIP议题涉及服务贸易、政府采购、原产地规则、技术性贸易壁垒、农业、海关和贸易便利化等，一旦实现，会建起世界最大的自贸区，涵盖全球经济总量1/2和全球贸易额1/3，每年将分别为欧盟和美国经济创造1190亿欧元和950亿欧元产值，同时对国际经贸规则的制定产生深远影响。①

3. 诸（多）边服务业协议（Plurilateral Service Agreement，PSA），指由全球第一大经济体美国提议组织、全球第二大经济体欧盟连手、全球第三大经济国（日本）参与制定的全球首个"服务业游戏规则"。2013年，美日欧等21国组成"真正之友"（Really Good Friends，RGF），共同推动PSA谈判，希望加速21世纪的全球服务业市场深入自由化脚步。PSA的目标是"在符合《服务贸易总协议》（GATS）的基础上谈判达成更高水平的协议，覆盖服务贸易的所有领域和模式，并在成员之间形成新的更好的规则"。

---

① Tradegood全球市场部：《跨大西洋自由贸易协定研究报告》，2013。

上述三类新全球贸易规则标准高、覆盖国家和范围广阔，涉及国家政治制度，利用一国政治环境、市场竞争原则、产业扶持政策、环境影响、用工规制、知识产权保护、数据流动自由等高标准投资贸易规则，将 WTO 规则完全架空。另外，特朗普上台以来，奉行"美国优先"战略，2018 年 7 月 6 日，伴随着美国政府对进口自中国 340 亿美元商品加征 25% 的关税，中美贸易战正式开始，同时，2018 年 7 月，日欧、美欧自由贸易区落成，美日欧自贸区占世界 GDP 的 55%（2017 年），将深刻影响世界经济版图。中国国际贸易竞争面临新挑战。

（三）全球产业结构持续调整

新技术发展和产业化进程加快，大数据、云计算、移动互联网、智慧城市等信息技术快速发展。一方面，在金融、商贸、制造、教育、医疗等更多领域普及应用和融合发展将不断催生新业态、新模式和新产业，传统产业将全面转型升级。在全球产业加快重组的同时，依托信息化、全球化、智能化、分散化、个性化的新型生产组织方式将逐渐取代传统的生产集中、程序严格的标准化大工厂生产组织方式，全球产业分工方式面临变革。另一方面，以跨太平洋伙伴协定（TPP）和跨大西洋贸易投资伙伴协定（TTIP）为代表的新标准投资贸易协定，以准入前国民待遇和负面清单管理为基础全面扩大市场准入，将劳工标准、环保标准、知识产权、企业主体、政府采购、竞争中立等新议题纳入谈判范围，不仅为国际经贸规则标准提高设立了新标杆，抬高了发展中国家参与经济全球化门槛，而且会逐步改变全球产业链布局，十分不利于其他经济体产生贸易投资和产业转移。发展中国家如果不能积极应对，将在全球产业链布局中和分工中处于劣势和被动地位。

（四）世界多极化酝酿新机遇

世界多极化趋势进一步确认美国是超级大国，但特朗普上台以来，提出的"美国优先"系列政策，如歧视性的移民政策、退出《巴黎协定》、暂停实施TPP、贸易保护、承认耶路撒冷是以色列首都等政策，使得美国的传统优势和传统大国地位受到严重挑战，尤其是在欧洲盟友中的地位有所下降，美国领导世界的绝对权威受到影响。同时，俄罗斯受奥巴马能源战略的打击，以能源财政和能源GDP为支撑的俄罗斯经济受到严重影响，外加卢布贬值和物价暴涨，民生问题、经济问题、社会问题等严重削弱了俄罗斯曾有的大国地位。这为新兴国家，如中国参与全球治理带来千载难逢的好机会，中共十八届三中全会提出要积极参与全球经济治理。参与全球经济治理，需要一个广泛共识性的平台和机制，无疑，"一带一路"是一个较优选择。

（五）世界能源供求变化

原油领域的竞争已经超过了纯商业范畴，甚至成了世界大国经济、军事、政治斗争的重要武器。自1996年以来，中国原油进口量快速增长，原油进口依存度飙升，进口主要来源地却愈趋集中。据海关统计，2003~2013年，中国原油进口量从9100万吨逐年增加，到2009年突破两亿吨大关，2013年达到2.82亿吨。原油进口来源主要集中在中东国家，原油进口量的80%需要经过马六甲海峡，原油对外依存度高达58%。[①] 作为国家重要的战略物资，原油安全保障对国家经济发展和国家安全都有十分重要的意义。中国原油进口过度依赖中东地区和马六甲海峡，在中东局势动荡、美国插手南海的情况下，中国的能源安全受到严重挑战，潜在威胁加剧。开辟新的原油供应国或地区，开通新的安全输送管道，实现原油进口的多元化，已经是中国亟待解决的重大战略问题。而中国－中亚－西亚经济走廊是一个能源大通道，能够实现中国能源多元化的进口通道。

---

① 陈彬：《"一带一路"的历史传承与时代意义》，《中国科技投资》2016年第12期。

基于以上所述的国际背景，中国要积极调整国家战略和发展方向，有效应对地缘政治等非经济类因素。而伴随经济全球化步伐，区域经济一体化进程加快，中国周边的东盟、中亚、西亚等发展中国家和地区资源丰富，潜力巨大，亟须通过合作活力激活发展动力，中国－中亚－西亚经济走廊建设便是较优的策略选择。

二　区域背景

当下，全球政治经济深刻调整，国际力量在博弈中显著变化，区域一体化意愿趋强，世界多极化更趋明朗，全球治理体系和结构持续发生改变。中国－中亚－西亚经济走廊正是在这一区域背景下提出和推进。

（一）亚太地区：美国"亚太合围"与中国破局

面对新兴大国的加速崛起，美国等发达国家竭力维护其全球主导地位和既有利益，各国都在调整发展战略和对外关系，各种矛盾凸显，竞争摩擦加剧。

美国推行"重返亚洲"再平衡策略，意图围堵中国的发展空间，遏制中国的发展势头，在外交、军事、安全、经贸等领域实行了一系列新举措。如推行"巧实力外交"，强化"美日安保"，企图拉拢日、韩、菲、澳等国缔结"小北约"，与印度达成"印太战略"，打造环绕中国东部的"三条岛链"，构建从日本东京到阿富汗首都喀布尔的"新月形"包围圈，明里暗里插手东海、南海问题，驻军澳大利亚、重返菲律宾，炒作海空一体战、离岸作战，意欲继续主导亚太政经格局，遏制中国发展。

与此同时，经历40多年改革开放的发展成就和累积综合实力，中国积极参与建构国际新秩序，提出了一系列新思路、新战略、新机制，倡导成立了许多新的地区或国际组织。在坚持和平共处五项原则、提倡国际关系民主化、促进世界多极化、倡导多边安全机制等前提下，新一届中国领导人提出了"亲诚惠容"的睦邻政策、全新的亚洲安全观和亚洲梦，并首倡"和平合作、开放包容、互学互鉴、互利共赢"的"丝路精神"。同时，中国逐步构建全方位、多层次国际对话渠道和合作机制，积极参与联合国维和、G20、APEC 等国际事务，参与协调地区事务如东盟 10＋3、中日韩领导人峰会、16＋1、中非合作论坛等机制，树立负责任大国形象；发起并主导上海合作组织、博鳌亚洲论坛、中欧论坛、中东欧合作论坛、中非合作论坛、中阿合作论坛、中国东盟 10＋1、亚信峰会、金砖国家峰会、中－南美、加勒比海国家、中－南太平洋岛国等对话平台；推行中孟印缅、中巴经济走廊、大湄公河次区域经济区等区域合作建设项目，倡设亚洲基础设施投资开发银行、金砖国家投资开发银行、中国－东盟海上合作基金和丝路建设基金；加快自贸区建设和谈判进程，倡导缔结"亚太自贸区（FTAAP）"。

然而，由于世界经济仍处在危机后的深度调整期和缓慢复苏期，地缘政治关系复杂变化带来不稳定不确定因素增多，全球经济贸易增长乏力的状况短期依然存在，中国的外部发展环境依然复杂多变，外部挑战也将长期存在。中国迫切需要更加有力的国际合作平台和机制。

（二）西亚地区：政局动荡与大国角逐

由于西亚国家政治、经济、宗教、军事以及外部势力的多重因素作用，"阿拉伯之春"、"沙伊断交"、"俄土恩怨"和 IS 兴起等事件接连发生，西亚地区矛盾丛生，总体表现为政局动荡和大国角逐。

1. 政局动荡

西亚地区矛盾错综复杂，有民众对现状不满、要求变革，与当权派的矛盾激化；有以色列强占阿拉伯国家领土，阿拉伯国家和人民要求收复失地的斗争；有伊斯兰势力崛起与世俗派、自由派间的博弈；有伊斯兰教内部逊尼派与什叶派间的矛盾；有美国推行"新干涉主义"与中东国家和人民要独立自主、反对外来干涉的斗争。上述矛盾决定了西亚地区动荡不安以及不时爆发局部暴力冲突成为常态。而西亚地区四大国沙特、土耳其、以色列和伊朗的博弈将是影响地区格局的主要因素。

沙特凭借其雄厚财力，以海合会为依托，一度把持阿盟。沙特等海湾国家对以什叶派穆斯林为主体的伊朗影响扩大并发展核技术深感不安，对美国打压伊朗持支持态度，从自身利益出发，全面配合美国等西方大国"新干涉主义"的实施，参与西方军事干预利比亚和推翻巴沙尔政权行动。萨勒曼国王执政以来与美国的关系更加紧密，沙特的所作所为引起一些民族主义者对阿拉伯国家的强烈不满。

土耳其借阿拉伯世界大动荡之机，积极介入西亚事务。对西方大国直接军事干预利比亚，土耳其起初持反对态度，后转而配合。在叙利亚危机上，土成为推翻巴沙尔的急先锋。土耳其还极力向西亚国家推介"土耳其模式"。由于奥斯曼帝国曾长期统治阿拉伯地区，土耳其又是北约成员国，阿拉伯国家对其存有戒心。土耳其在西亚北非的过分行为，在国内也遭到批评。

美国发动阿富汗战争和伊拉克战争，推翻了伊朗的两大敌人——塔利班和萨达姆政权，使伊朗的地区影响力放大。伊朗发展核技术并组建伊朗－叙利亚－伊拉克什叶派－黎巴嫩真主党的什叶派"新月轴心"，引发美国等西方大国及一些阿拉伯国家，尤其是海合会国家的疑虑，最终特朗普政府单方面退出伊核协议，重新开始制裁伊朗。

以色列是美国维持其在西亚主导地位的重要支柱。保持以色列的强大，确保以色列的安全是美国西亚政策的重要内容。以色列虽对阿拉伯世界大动荡致使巴勒斯坦问题被边缘化而欣慰，却对伊斯兰势力崛起而深感不安。对阿拉伯世界大动荡局势，以色列总体上谨言慎行，密切关注埃及、叙利亚国内局势的演变。

综上，四大国均在该地区拥有较大影响力，它们之间既有配合与合作，也有矛盾和对抗，它们自身力量的消长和博弈将继续影响该地区政治格局。①

2. 大国角逐

西亚处于欧洲、亚洲、非洲三大洲交汇处，是全球交通枢纽，又有丰富的油气资源，战略地位十分重要，且西亚长期紧张动荡，为大国干预地区事务提供了机会，而大国的介入又会增加地区局势的复杂性，加剧西亚地区的紧张和动荡。西亚地区的大国势力主要包括美国、俄罗斯、法国、英国等。

西亚的战略地位、石油资源方面的重要价值是美国历届政府插手乃至控制西亚的根本原因，控制住西亚，便可东遏中国、西遏欧洲、北遏俄罗斯，更可保证美国经济航道的安全和石油安全。作为当今世界唯一的超级大国，美国在二战前与英国抢夺石油资源，二战后与苏联角逐，在西亚为所欲为：支持六次中东战争、援助阿富汗抗击苏联、挑拨两伊战争、怂恿海湾战争等，2010 年的"阿拉伯之春"也同样离不开美国"大手"的支持。然而，随着"亚太再平衡"战略的出笼，美国的战略重心有所东移，但其称霸全球的战略不变，因此，顾此失彼、捉襟见肘的尴尬在所难免。为此，美国提出"新干涉主义"，并有所得手：对穆巴拉克先"力保"，后改为"压他下台"，迫使他将权力交给与美关系密切的军方；默许沙特和阿联酋联手出兵平息巴林什叶派民众的游行抗议，以确保海湾君主国的稳定和美国在海湾的军事存在；联手沙特逼也门总统萨利赫向其副总统让权，并吸收反对派参政，以防止国家分裂及"基地"组织在南部地区扩大势力；让法国、英国等北约国家打头阵，自己作为幕后主导，对利比亚的乱局实行军事干预，实现政权更迭；联合欧洲盟国和沙特、卡塔尔、土耳其等地区国家扶植叙利亚反对派，施压巴沙尔下台。事实证明，美国的"新干涉主义"既不得人心，又力不从心，美国在西亚的主导地位正在不断被

---

① 安惠侯：《西亚北非政治格局变化及其走向》，《阿拉伯世界研究》2013 年第 2 期。

削弱，但其主导能力尚未根本动摇。

俄罗斯凭借其丰富的资源和强大的军事实力，积极重返中东，反对美国的"新干涉主义"。西亚地区拥有重要的地缘战略价值，叙利亚更是位于地中海的东岸，靠近俄罗斯从黑海进入地中海的出海口。若叙利亚完全被美国及其盟国控制，将使俄罗斯的战略空间进一步受到压制。基于地缘政治考虑，俄罗斯在西亚问题上与西方国家发生分歧。阿拉伯大变局后，俄罗斯公开指责西方国家，反对西方国家干预中东各国的政权。中俄两国在利比亚问题上的态度基本相同，2012 年 2 月 4 日在联合国安理会决定军事打击利比亚的第 1973 号决议表决上，俄罗斯和中国投了弃权票。2012 年 2 月 24 日，一场名为"叙利亚之友"的会议在突尼斯举办，中国、俄罗斯都没有参加此次会议。由此可见，俄美的西亚博弈正在加剧。

由于地缘政治，欧洲与西亚国家间存在特殊关系，西欧各国在西亚有着特殊的利益和政策。在近代和现代史上，英、法、德三国是角逐西亚的主要力量。但二战结束至 20 世纪六七十年代，西亚国家纷纷摆脱殖民统治，取得国家独立，欧洲人在西亚地区的势力逐渐消退，双边关系发生了重大变化，呈不稳定状态。冷战结束以来，欧洲安全政策中的一个重点就是积极推行南下战略，通过与西亚国家建立广泛的经济合作，使欧盟得以更多地参与西亚地区事务，争取在海湾战争后西亚新秩序的建立过程中拥有更多的发言权。欧盟国家领导人多次出访西亚，向西亚地区派出自己的特使，带去不同于美国的和平方案，以显示其在西亚地区的存在及影响。进入 21 世纪，随着国际政治形势和地区形势的发展变化，欧洲更加重视地中海、阿拉伯世界及整个西亚地区的稳定、安全、开放和发展。

作为和平崛起的大国，中国尊重西亚渴望发展、改善民生的强烈诉求，尊重西亚地区各国人民的选择，坚持不干涉内政原则，主张政治解决分歧，反对诉诸武力，得到了西亚国家的一致认可。因而，中国与西亚地区国家发展友好合作的空间很大，前景广阔。西亚地区国家"向东看"的倾向继续加强，中国"一带一路"倡议和"向西看"也在逐步升温，中国 – 中亚 – 西亚经济走廊便是双方合作发展的重要平台。推进与西亚地区国家的双边关系，下一步应加大政治、经济和文化方面的投入，增进了解和互信，弥补过去工作的不足，妥善应对热点问题，服务于国家整体外交全局，准确把握地区发展趋势，确保中国的能源供应安全。

三 国内背景

中国经济进入"新常态"，正在由高速增长向高质量发展转变，正在进行质量变革、动力变革、效率变革，以及供给侧结构性改革。经济全球化趋势下，世界各国积极调整发展战略，以 TPP 为代表的世界贸易格局正在发生变化，发展中国家对接世界、融入全球、发展开放型经济的需求持续增加。"一带一路"倡议及其重要支撑中国 – 中亚 – 西亚经济走廊的建设正是在这一大背景下提出和推进的。

（一）中国经济"新常态"

2002 年国际主流媒体上频繁出现"新常态"一词，2008 年全球经济出现深度调整，2010 年第 40 届达沃斯论坛上，以美国前太平洋投资管理公司总裁穆罕默德·埃里安（Mohamed El – Erian）为代表的许多人把这种全球经济增长的长期低迷（Secular Stagnation）称为全球经济"新常态"，后来美国政府接受了这一概念。与国际上近年常用的新常态（New Normal）相比，中国领导人用"新常态"来概括我国当前经济的新阶段，内涵丰富，符合我国经济发展实际。

"新常态"（New Normal）是指"反常的现实正逐步变为常态"。2014 年 12 月中央经济工作会议确定我国进入经济新常态，新常态下，中国经济出现速度变化、结构优化、动力转化三大特点。经济新常态是我国经济向形态更高级、分工更优化、结构更合理阶段演进的必经过程。

中国经济新常态的特征是：经济增速放缓、增长动力转换、产业结构调整、效率驱动的金融市场化、宏观经济政策变化、国际贸易结构变化等。经济新常态面临诸多挑战，包括由地方融资平台和影子银行引发的金融风险、行业垄断、资源配置效率低下、生产成本增加、宏观市场供求失衡。应对经济新常态，"战略上要用平常心面对"，战术上以改革为中心，改革政府效率，提高市场的主体作用，深化对外开放，扩大内陆开放，加快产业升级和产业转型，推进金融创新，持续实施精准的宏观政策；实施去产能、去库存、去杠杆、降成本、补短板的供给侧结构性改革。认识新常态、适应新常态、把握新常态、引领新常态，事关"四个全面"战略布局，事关贯通"五大发展理念"。

"新常态"以来，中国经济出现了一些新变化和新特点。其一，经济增长速度从高速增长转为中高速增长。中国经济增长速度放缓，保持在6%～8%的区间运行。与中国改革开放后的前35年年均增长9.8%的高速增长阶段相比，年均增长速度大约回落2～3个百分点。与世界其他国家或全球经济增长速度相比，仍处于领跑状态。其二，经济结构不断优化升级，追求短期、数量的粗放型模式逐步转变。吃资源饭、环境饭、子孙饭的旧发展方式正在逐步让位于以转型升级、生产率提高、创新驱动为主要内容的科学、可持续、包容性发展方式。经济发展方式的转变已经被迫展开，告别漠视资源短缺、竭泽而渔、破坏性开采的粗放型发展，忽视环境保护的污染性发展，透支人口红利、社会保障体系建设滞后的不均衡性发展，正在逐步转入遵循经济规律的科学发展，遵循自然规律的可持续发展，遵循社会规律的包容性发展。发展的主要动力正在逐步转向依靠转型升级、生产率提升和开拓创新。其三，动力从要素驱动、投资驱动转向服务业发展及创新驱动。生产结构中的农业和制造业比重明显下降，服务业比重明显上升。2013 年，中国第三产业（服务业）增加值首次超过第二产业，占 GDP 比重达 46.1%。需求结构中的投资率明显下降，消费率明显上升，消费成为需求增长的主体；内需与外需结构发生变化，内需占比增加。2012 年，消费对经济增长贡献率自2006 年以来首次超过投资。

（二）供给侧结构性改革

中国经济新常态是表征，新常态下挑战与机遇兼具，应对新常态，2016 年中国政府提出深化供给侧结构性改革的举措。

1. 实施供给侧结构性改革的原因

改革开放以来，中国已实现了连续三十余年的高速增长，被西方媒体冠以"中国模式"或"中国道路"，但是中国经济发展中的体制和机制性障碍、结构性和周期性问题日益凸显，尤其是长期粗放型的增长方式，使得中国经济的结构性矛盾异常突出，低端产能过剩、区域与城乡差距拉大、产业升级缓慢、自主创新能力不足、资源环境承载压力逼近临界阈值等。具体而言，包括以下几方面。

（1）粗放型经济发展方式难以为继

改革开放以来，中国推行以经济建设为中心的发展战略，经济取得了很大的发展，但因缺乏相应体制、机制配套，出现环境严重退化和资源消耗增加。长期以来，由于中国的经济增长主要是依靠高能耗的第二产业推动的粗放型发展支撑。企业片面追求高速增长，高强度投入、粗放式生产的经营模式，使得能源与资源的利用效率与发达国家存在较大差异。从投入产出技术角度来讲，高能耗与高排放相伴而生，加之近年来工业化、城镇化的快速发展，目前部分地区的环境承载能力已临近阈值。环境问题不仅影响经济的可持续发展，还给人们追求健康和福祉带来很高的成本。如果高能耗、高污染的粗放型发展方式持续下去，那么增长的收益就根本无法弥补社会福利的损失。

（2）资源供需结构不平衡

中国所面临的"产能过剩"问题，实质上是投资与消费比例不合理导致的供需结构性错配问题。中国的投资目前占 GDP 的比重高达 45% 以上，在总需求中所占的比重接近一半，对经济增长的贡献在过去 10 年中达到 80%。然而，我国的大量投资集中在资本密集型产业，资本－劳动比随着投资越来越高，持续的资本积累对经济的贡献率却越来越低。同时，国内高端产品有效供给严重不足。随着我国居民收入水平的上升，居民改善消费品质的空间有了很大提升，对产品品牌、安全、高质的要求不断强化。特别是中等收入群体比例逐渐提高，成为消费市场的主力。然而，我国的产品和服务供给却不能满足消费者的高端消费需求和标准，造成了大量内需外流。我国的经济增长多是依靠粗放的"血拼式"投资拉动，过分重视数量而忽视了质量，造成了低端产能严重过剩与高端质量供给不足并存的失衡现状。[①]

（3）生态环境持续恶化

长期以来，中国传统的经济发展方式一直是"三高"（高投资、高消耗、高污染）、"两低"（低质量、低效益）、"一依赖"（能源与矿产资源依赖于国外）。世界银行报告显示，中国每年由于环境污染和恶化造成的损失相当于国民生产总值的 8% ~ 12%。出口方面，中国的出口产品多是一些高耗能高污染的资源型产品。虽然我国自然资源储量丰富，但是人均占有量很低，在整个世界的排名处于下游。我国煤炭的人均可开采量仅为世界平均水平的 53%，石油为 15%，天然气为 10%。加上一直以来的高消耗的发展模式，导致中国的资源对外依赖度大，而且依存度随着经济的发展在迅速上升。目前中国的石油进口占消耗的比率为 50% 以上，预计到 2020 年这一数据会上升到 60%，中国石油进口第一大国。这一系列数据表明，目前我国传统的经济发展模式对走可持续的发

---

① 吴福象：《论供给侧结构性改革与中国经济转型》，《社会主义经济理论与实践（人大复印资料）》2017 年第 5 期。

展道路是极为不利的，经济能否持续快速增长和长期繁荣是值得我们深思的问题。

2. 供给侧结构性改革的内容

2015 年 12 月，中央经济工作会议上正式提出供给侧结构性改革，2017 年李克强总理在《政府工作报告》中明确供给侧结构性改革的主线，其主要内容是去产能、去库存、去杠杆、降成本、补短板（简称"三去一降一补"）。2018 年 3 月 5 日，李克强总理在《政府工作报告》中将"发展壮大新动能"和"加快制造强国建设"列为供给侧改革任务前两位，加快制造业升级，培育经济新动能。

供给侧结构性改革，就是用增量改革促存量调整，在增加投资过程中优化投资结构、产业结构开源疏流，在经济可持续高速增长的基础上实现经济可持续发展与人民生活水平不断提高；就是优化产权结构，国进民进、政府宏观调控与民间活力相互促进；就是优化投融资结构，促进资源整合，实现资源优化配置与优化再生；就是优化产业结构、提高产业质量，优化产品结构、提升产品质量；就是优化分配结构，实现公平分配，使消费成为生产力；就是优化流通结构，节省交易成本，提高有效经济总量；就是优化消费结构，实现消费品不断升级，不断提高人民生活品质，实现创新—协调—绿色—开放—共享的发展。"一带一路"及中国－中亚－西亚经济走廊是开放发展的重要体现，也是实现"三去一降一补"的有益举措之一。

（三）建设现代化经济体系

中共十九大报告指出："我国经济已由高速增长阶段转向高质量发展阶段，正处在转变发展方式、优化经济结构、转换增长动力的攻关期，建设现代化经济体系是跨越关口的迫切要求和我国发展的战略目标。"尽管"现代化"已被多次提出，但"现代化经济体系"这一概念是首次提到。2018 年 2 月，中共中央政治局就建设现代化经济体系进行第三次集体学习。

　　建设现代化经济体系是紧扣新时代我国社会主要矛盾转化、落实中国特色社会主义经济建设布局的内在要求，是决胜全面建成小康社会、开启全面建设社会主义现代化国家新征程的基本途径，也是适应我国经济由高速增长阶段转向高质量发展阶段，转变经济发展方式、转换发展动能和全面均衡发展的迫切需要，意义深远而重大。

　　经过改革开放40年的发展，中国经济社会发展取得了举世瞩目的成就。中国社会的主要矛盾已经由人民日益增长的物质文化需要同落后的社会生产之间的矛盾转化为人民日益增长的美好生活需要和不平衡不充分的发展之间的矛盾。中国社会主要矛盾的变化，是中国特色社会主义进入新时代的一个重要标志，但中国仍处于并将长期处于社会主义初级阶段的基本国情没有变，建设现代化经济体系是跨越关口的迫切要求和中国发展的战略目标，要破解这一矛盾，就必须更高水平发展生产力、更大力度调整和完善生产关系、积极推进现代化经济——这是中国共产党提出建设现代化经济体系战略目标最主要的原因。

　　现代化经济体系必然是市场经济，必然是法治经济，必然是协调发展的经济，必然是创新驱动的经济，必然是开放的经济。建设更高水平的开放型经济是现代化经济体系主要内容和主要举措之一。推进中国－中亚－西亚经济走廊建设，即是最好的发展开放性经济的决策之一，能够助推现代化经济体系的建设。

第四章 中国-中亚-西亚经济走廊建设的重要意义

中国－中亚－西亚经济走廊是"一带一路"倡议的重要内容，在全球贸易规则重构、地缘政治急剧变动、能源安全需要等重要的国际国内环境下，"中国－中亚－西亚经济走廊"建设的意义涉及地缘、政治、经济、国家安全及全球治理等方面。

一 地缘意义

基于地缘政治的视角，国际政治、经济、安全格局皆受地理位置的制约，在某种程度上也决定一国的国际国内战略布局，大国所关注的地缘核心有两点：一为战略要地，二为海上通道。中国－中亚－西亚经济走廊全球战略位置重要，既是战略要地，又是海上要道，战略意义重大。

（一）参与全球治理的重要支点

中国－中亚－西亚经济走廊沿线的西亚，资源丰富，战略位置重要。西亚是"三洲五海两大洋"之地，连接亚欧非三洲、沟通印度洋与大西洋，为里海、黑海、地中海、红海、阿拉伯海所环绕，是欧洲到非洲、亚洲等地的捷径所经之地。西亚是世界上石油储量最丰富、石油产量和输出量最多的地区。石油储量约占世界的1/2，产量占世界总产量的1/4，所产石油的90%都用以出口。其中西亚的石油资源主要分布在波斯湾及其沿岸地区，波斯湾的唯一出口是霍尔木兹海峡，霍尔木兹海峡是世界上石油运输最繁忙的海峡，地缘意义重大。

西亚战略位置重要，土耳其地跨欧亚两洲，自然资源较为丰富，地形东高西低，大部分为高原和山地，仅沿海有狭长平原。幼发拉底河和底格里斯河发源于此，土耳其是西亚地区少有的水资源丰富国家。千百年来，土耳其是人员、思想、商品流动线路的交叉点和中转站，在地缘格局中具有十分重要的战略要冲意义。土耳其在西亚地区怀有大国抱负，尤其是现任总统——埃尔多安刚健有为、雄心勃勃。埃尔多安政府"重视经济发展和开展对外贸易，最大限度地开展国家间交往，积极推动土耳其地区能源枢纽的建设"，调整土耳其外交思路由"西向"转为"东进"。土耳其积极参与西亚地区事务，努力提高自身在地区事务中的话语权，推动土耳其中心强国目标的实现。虽然土耳其的实力没有达到完全主导西亚地区的地步，但是土耳其在西亚地区的地位和重要性是不可或缺的。土耳其想要在西亚地区发挥更大的建设性作用，面临着伊朗、沙特等国的竞争。土耳其与美国、俄罗斯、欧盟及中国等大国和地区对于西亚地区问题的解决有不少分歧。土美关系走向既和土耳其的外交路线有关，也和伊核问题、伊朗与阿拉伯领国关系问题等一系列地区问题有关。土耳其一直在努力加入欧盟，土欧关系稳中存变，取得经济上的一体化容易，政治上的认可较难。中土关系总体良好，土耳其积极响应中国－中亚－西亚经济走廊的理念，这是中土关系发展的新机遇。伊朗是地区大国，对地区事务积极强势参与，外部制裁使得伊朗百废待兴，特朗普政府又退出伊核协议，伊朗发展需求巨大，石油资源丰富且成本低，与中国进行全面战略合作的现实空间巨大。

西亚是世界大国角逐的重要区域，也是融入全球，参与全球治理的重要支点。中亚地域广阔，资源丰富，人口相对稀少，经济发展相对滞后，紧邻中国，对于中国实现高质量发展意义重大。

（二）国家安全的重要通道

中国地处亚洲东部、连接亚太，是亚欧大陆道路连通的核心。理论上，中国东部沿海可借"海上丝绸之路"与北美诸国、东北亚诸国、南亚和大洋洲以及西亚非洲诸国交往，西部内陆可借"陆上丝绸之路"与中亚、西亚、南亚、东北亚等进行友好往来。从东方的角度来看，中国对外开放四面开花，东西南北各个方向均取得喜人成果。不过，欧美政治家及学者都将欧亚大陆认为是世界的中心，无形之中就将中国推向了风口浪尖，世界几大强国将中国视为最大的威胁，进而导致中国的地缘政治关系复杂甚至险恶。一方面，奥巴马政府时期强调"重返亚太"战略，提出"新丝绸之路"战略（2011），欲将已控制的阿富汗地区纳入丝绸之路亚太经济地区中收获渔人之利，目的是以阿富汗为交通中转站，使中亚和西亚地区经济政治一体化，加紧各地区的经济贸易，形成由美国控制的亚洲经济资源通道，进而控制亚洲经济。此外，奥巴马的"重返亚太"战略，利用日本、菲律宾等国挑起与中国的岛屿争端，不仅在高政治领域挑战中国，还利用 TPP（Trans Pacific Partnership Agreement）和 TTIP（Transatlantic Trade and Investment Partnership）等大型制度化区域经济合作在经贸领域挑战中国。2017 年 12 月白宫公布特朗普任内的首份《国家安全战略报告》，将中国等列为"竞争者"，极力渲染大国竞争和中国威胁。此外特朗普当选后的"亚洲五国之行"进一步表明其对日本、韩国、越南和菲律宾等国关系的重视，2018 年发起的中美贸易战，均可以佐证美国对中国的警惕以及对中国周边国家的拉拢，以形成美国在亚太的地缘优势。另一方面，中国四面邻国众多，东有日韩，北有俄罗斯、蒙古国，南亚有印度和巴基斯坦等。日韩发展迅速，与美国关系密切，俄罗斯虽不如前，但实力和雄心也不容小视，东南亚个别国家因南海问题也与中国有不同程度的摩擦。此外，中国更是面临严重的"马六甲之困"，马六甲海峡是连接亚、非、欧三大洲的海上重要通道，历来是兵家必争之地。对中国而言，马六甲海峡是中国海上石油生命线。中国进口原油主要来自中东、非洲和亚太地区。据测算，每天通过马六甲海峡的船只近六成是驶往中国的船只，其中绝大部分是油轮。马六甲海峡是世界军事要道、世界能源通道，同时也是中国传统上的重要能源通道。

中国－中亚－西亚经济走廊连接中国与西亚，构建了一条横跨亚洲大陆的地缘政治大通道、经贸合作大通道、能源大通道；通道建设有助于沿线国家经贸发展，实现世界能源通道多元化，利好沿线各国。对中国来说，中国－中亚－西亚经济走廊可以冲破大国围堵，提升区域影响力，同时保障经贸能源通道安全，降低能源运输成本，有助于国家整体安全。

二 政治意义

中国与西亚国家同属发展中国家，有着共同的历史经历，面临共同的发展任务，在国际上处境相同，没有根本的利害冲突。倡和平、求发展、促合作是双方的共同愿望。西亚国家多次帮助中国挫败西方国家利用人权等问题对我发起的攻击，中国对有困难的西亚国家一直给予无私的援助。中国积极实行"向西开放"，建设中国－中亚－西亚经济走廊，与西亚国家积极实行的"东向发展"不谋而合。

（一）政治互信的平台

伴随国际政治格局的调整，西亚国家的对外政策悄然发生变化，其重要方面便是积极推行"东向发展"战略。"东向发展"战略主要包括：对于西亚国家而言，中国作为一个新兴的世界性大国，不仅具有经济发展的市场优势，是可靠的能源合作伙伴，还具有联合国安理会常任理事国的政治优势，在国际事务中是可以寻求合作的政治力量。西亚国家积极推行"东向发展"战略，也是由其特殊的地缘属性决定的。西亚国家可以借助中国的力量，平衡大国在中东的角逐，缓解自己的战略压力。中国与西亚国家之间既无历史纠葛，也无现实利益冲突，中国长期奉行对西亚友好的政策，这使中国成为西亚国家积极争取的重要国际政治力量。①

中国全方位、多层次、宽领域的对外开放格局基本形成，是对世界所有国家地区的开放，包括对西亚国家。过去40年，中国东部沿海开放走在前面，中国与美国、日本、韩国、澳大利亚及东盟国家在经贸等领域的合作越来越成熟。当前，扩大内陆开放、向西（亚）开放，与西亚国家加强合作、扩大相互开放，成为中国的必然选择。相应的，向西看、向西开放，正成为中国对外合作的新重点和新亮点。作为"向西开放"重要载体，中国-中亚-西亚经济走廊的推进加深了中国西亚国家的政治互信，为中国和西亚国家的政治交往提供了有效的平台，经济走廊可以从经济入手助力政治影响力，试验大国外交战略，实现中国的和平崛起，成为一个有能力并有责任心的大国。

（二）大国外交的平台

中国-中亚-西亚经济走廊建设，中国坚定地采取自愿和互惠原则，从古丝绸之路沿线各国共同的文化入手，高举和平发展的大旗，与西方大国名为"援助"实为剥削的手法相比，中国贯彻的平等互利、开放共享原则更有市场。中国-中亚-西亚经济走廊树立了中国负责任的大国形象。由于中国是中国-中亚-西亚经济走廊的起点和发起国，相应的就必须在其实施过程中承担更多的国际责任，中国乐意担责也有能力担责。由中国主导的"亚投行""丝路基金""金砖国家开发银行""上合组织开发银行"成为支撑中国-中亚-西亚经济走廊发展的有力资金保

① 张建：《国际政治视角下中阿博览会》，《江南社会科学》2013 年第 4 期。

障，并且中国从不高高在上，对沿廊国家给予相应的经济援助和技术援助，帮助其克服经济上和技术上的重大难题，使其在经济走廊建设中共享发展机遇。中国－中亚－西亚经济走廊是和平走廊、共赢走廊、发展走廊，而非霸权走廊。经济走廊并没有一味诉诸以西方为中心的国际体系或国际法体系中的常用概念，也没有完全借用中国传统儒家的对外关系思想。而是从文化出发落地到经济，是区域经济合作发展的正常交流，不带有任何政治倾向性、针对性或政治诉求，客观上有助于提升中国在西亚的影响力，是新时代中国大国外交的重要平台和重要试验区。

三　经济意义

中国与西亚的经济贸易是互补性关系，中国－中亚－西亚经济走廊是中国主动应对全球形势深刻变化，深度参与世界经济格局变动，赢得发展战略机遇，争取主动，统筹国际国内两个大局做出的"一带一路"重大决策的支撑，经济走廊的深入推进必将助推"一带一路"倡议的实施，同时也是帮助中国和西亚地区打破经济发展瓶颈的关键，实现共享发展。

（一）助力中国－西亚共享发展

经过 40 多年的改革开放，中国获得了空前的经济社会发展，在区域内、在世界范围内的影响日益提升；中国是发展中国家中经济飞速发展的成功案例，对其他发展中国家具有现实的借鉴意义，尤其对于中亚来说，在经济、政治、社会文化发展阶段等方面和中国具有很多的相似性。中国的发展模式、改革举措、政党治理、社会治理、科学技术等对西亚地区有参考价值，同时，中国制造、中国创造对西亚国家的经济社会发展，尤其是基础设施有促进作用。西亚资源丰富，能源优势明显，中国又是世界上最大的能源消费国，总体来说，中国－西亚需求互补，合作利好双方，经济合作成为中国与西亚国家的共识。中国－西亚国家经济互补性明显，合作潜能巨大。中国经济转型、升级，将使处在工业化转型中的西亚国家成为最大受益者。中国正在由"全球工厂"转变为"全球市场"，势必带来进口需求的加大。中国逐步由制造业大国向消费大国转型，不仅能带动西亚国家的出口，而且可在产业分工中腾挪出更加多元化的合作空间，还能对西亚国家的工业化转型产生促进作用。中国是世界上最大的发展中国家，西亚国家也是发展中国家的独特板块。面对国际经济新发展和经济大国政策多变的冲击，中国－西亚国家只有加强团结合作，携手应对考验，才能促进双方经济持续健康发展。

建设中国－中亚－西亚经济走廊，加强与周边沿线国家的深度合作，使中国从国际市场、资源配置、产业转移等方面更深入地融入全球经济，尤其是那些经济欠发达地区，中国对这些地方进行投资既有利于东道国的经济发展，同时也能实现本国产业的外部延伸，促进本国产业的结构调整和升级，达到共赢目的。中国－中亚－西亚经济走廊是中国与西亚经济合作发展的平台。作为"一带一路"沿线的"经济塌陷区"，西亚地区以发展中国家和新兴经济体为主，部分西亚地区国家经济发展较好，大多数西亚国家发展基础薄弱，发展内生动力不足，发展要求十分迫切，其国际贸易、投资、劳务合作等潜力巨大。中国－中亚－西亚经济走廊通过基础设施、资源能源、投资贸易等方面的深度融合，促进沿线国家经济发展、产业结构调整，加快构建利益共享的区域资源保障体系和产业分工体系，其涵盖了能源、金融、铁路、电力、港口等多行业、宽领域的合作，将进一步巩固沿线国家的合作基础，促进彼此的相互支持与扶持，建设经济共同体。因而，经济走廊的建设是"一带一路"倡议的重点之一，促进了中国与西亚经济的深度融合，实现共享发展。

（二）助推中国区域经济协调发展

中国沿海地区的经济飞速发展，而内陆地区经济增长缓慢，东中西极度不平衡，区域经济增长的"马太效应"极为明显。历史经验证明，当区域经济之间出现发展不平衡势态，或以收敛发达地区经济增率来缩小差距，或借助某些重大发展机遇促使落后地区实现快速追赶。而"一带一路"正是西部地区百年一遇的重大机遇，"一带一路"国内布局涵盖了"两个核心、两个枢纽、7 个高地、15 个港口和 18 个省份"①，东西部各个地区、省份都有不同的定位和任务。整体规划真正体现了统筹利用国内国外两个市场、两种资源的战略思路，以开放战略为先导，调动整合国内资源，优化开放整体布局，不但能激活西部地区的发展潜力，使西部地区经济走在"一带一路"的前端，优化国内经济发展布局，平衡各地区的经济发展，还能提升开放型经济的整体水平。

中国 - 中亚 - 西亚经济走廊则刚好串联起中国西部地区和国外的联系，变开放腹地为开放前沿，建设起一条能源大通道和经济发展带，促进双边人流、物流、贸易流、资金流密切往来，为内陆和沿边地区打开国际市场通道，培育国际市场空间，完善国际市场规则，为西部地区和西亚地区要素和产业转移提供了新的成长空间，促进国内区域均衡、协调发展。

（三）助于中国应对国际贸易变化

美欧日三大经济体正是力图通过跨大西洋贸易与投资伙伴协议（TTIP）、诸（多）边服务业协议（PSA）等形成新一代高规格的全球贸易和投资规则，借助于新的规则体系在全球新经济格局中继续占据优势地位。面对国际规则体系重构，"一带一路"倡议正是中国与新兴经济体和发展中国家深化合作、主动作为的最直接行动。"一带一路"倡议涉及 RCEP 等多个贸易规则安排，中国 - 东盟 10 + 1、上海合作组织、亚太经合组织等多个区域合作机制安排，而其中中国 - 中亚 - 西亚经济走

---

① 国务院授权三部委《推动共建丝绸之路经济带和 21 世纪海上丝绸之路的愿景与行动》，2015 年 3 月 28 日。

廊则是中国连接中亚、西亚国家的重要纽带，沿线的 20 个西亚国家主要是欠发达国家，贸易和投资需求大，且与中国互补性强，双边开展深入的贸易投资合作将有力提升中国的对外贸易和投资水平，是有效弥补中美贸易摩擦带来缺口的措施之一。同时，其建设和推进更能够汇集发展诉求，总结发展经验，树立发展模式，也能够增大国际经济规则中的"发展成分"和"非西方因素"，真正促进中国参与和引领国际规则的重构。

四　国家安全意义

中国的综合国力取得巨大提升，同时仍面临着国家安全压力。国际上，主要存在国家被侵略或被分裂、中国特色社会主义进程被打断、改革发展稳定大局被破坏等涉及国防安全、政治安全、经济安全、社会安全等方面的危险。如东海、南海争端同步升温，美国打压中国力度加大，"西化"中国仍在继续等。国内看，"台独"势力分裂祖国的图谋十分顽固，西藏、新疆的局部地区社会治理有待提升、经济有待发展。内忧外患，目前中国周边政治军事环境相当复杂，不可预测性因素明显增加，中国需要多方措施积极应对多种可能性。

（一）国防安全

中国国土辽阔，西部与多国接壤，同时，西部经济发展滞后，基础设施落后，局部地区社会局势尚不稳定，给国防安全带来挑战。借助中国－中亚－西亚经济走廊的建设和推进，中国可秉承和平、包容、共赢的发展理念，加强与沿廊西亚国家间的政治经济和文化交流，不搞政治联盟，不进行政治扩张，不划定势力范围，不谋求地区事务主导权，强调政治上平等信任尊重，经济上合作互利共赢。通过稳固中国与西亚国家的关系，推动中国经济转型，增加经济实力，提升军事和国防实力，又可以形成中国与沿廊西亚国家和地区经济相依、科技相联、民心相通、文化相融的格局，你中有我，我中有你，营造一个和平、安全、稳定的周边环境，最终达到以发展解决安全困境的目的。尤其是中国 - 中亚 - 西亚经济走廊在推动中华文明在欧亚大陆传播的同时，会促进世界多文明的交流互融共生，会使彼此之间的交往超越简单的经贸往来，提升到心理认同和接纳的高度，从而增加共识、减少冲突。[①] 走廊的推进可以扩大中国的发展空间，有助于中国西部的国防安全。

（二）能源安全

中国 - 中亚 - 西亚经济走廊对于中国的能源安全意义重大。全球天然气市场走出疲软，气价触底反弹；全球油气并购明显回暖，国际大石油公司参与程度提高，储量交易价格同比上升。中国随着经济企稳向好，能源消费增速回升，2017 年中国能源消费总量达到 45.1 亿吨标准煤[②]，增速为 3.5%。其中，煤炭消费 39.7 亿吨，增速 2.3%；石油消费量 5.9 亿吨，增长 5.9%；天然气消费 2352 亿立方米，增长 17%；非化石能源发电量 1.64 万亿千瓦时，增长 6%。然而中国的能源却严重依赖进口，以石油为例，2017 年国内原油产量连续第二年下滑，降至 1.92 亿吨/年，而石油进口与对外依存度双双创下历史新高，依然为全球最大原油进口国，其中石油进口量增长至 3.96 亿吨/年，增长 10.8%，对外依存度达到 67.4%，增长 3 个百分点。[③] 巨大的能源需求和对外依赖使得中国必须重视对外能源通道的建设，向南出海会受制于"马六甲之困"，向西发展重点发展与西亚产油国的能源合作则是打开能源困局的突破口。

---

① 张希梅：《从"三个世界划分"理论看"一带一路"战略的意义》，《赤峰学院学报》（哲学社会科学版）2016 年第 10 期。

② 标准煤亦称煤当量，具有统一热值标准的能源计量单位。我国规定每千克标准煤的热值为 7000 千卡。将不同品种、不同含量的能源按各自不同的热值换算成每千克热值为 7000 千卡的标准煤。

③ 数据源于《2017 年国内外油气行业发展报告》。

中国－中亚－西亚经济走廊建设涉及西亚众多产油国，且与中国在能源结构及能源需求上存在互补的可能，经济走廊同时也是能源大通道。经济走廊的建设和推进为中国和西亚的能源合作提供了巨大可能，为中国打通能源封锁，为能源突围战略提供基础支撑。

五　全球经济治理的意义

（一）助推世界多极化、经济全球化

世界多极化、经济全球化趋势不可阻挡。世界多极化背景下，美国"一超"地位削弱，中、俄、英、德等"多强"地位加强，众多新兴经济体也强势崛起，任何国家都难以奉行霸权主义；经济全球化背景下，商品在全世界范围内销售，劳动力、资本跨国界流动，信息跨国界共享，科学技术跨国界利用，各国的经济运行你中有我，我中有你；经济一体化是在经济全球化基础上国家间合作的进一步升级，政府间通过协商缔结条约，建立多国的经济联盟（北美自由贸易区、欧盟等），多国经济联盟的区域内，商品、资本和劳务不仅能够自由流动，而且不存在任何贸易壁垒，并成立一个统一的机构来实施共同的政策及措施和监督条约的执行。如欧盟，经济一体化程度越来越高。

顺应世界多极化、经济全球化的需求，中国提出"一带一路"倡议，对此进行了顶层设计，而中国－中亚－西亚经济走廊作为"向西"的重要环节，经济走廊建设对于加强与沿廊国家和地区的经济合作交流有重要意义，对于助推政治多极化、经济全球化作用明显。它能够有效推动中国与西亚国家的交通、能源、通信等基础设施的互联互通，逐步形成连接东欧、东南亚和西亚的交通运输、信息传输网络，为相关国家人员往来和经济交往提供便利；同时，能够通过政策沟通、贸易畅通、资金融通为沿廊国家的经济合作提供政策支持、消除投资和贸易壁垒、

深化金融合作，进一步推动与西亚国家甚至与世界更大范围、更深程度的合作。

（二）提供中国智慧的国际经济新秩序

二战之后形成的一系列国际资本体系，对于世界经济发展具有极大的促进作用，不过 2008 年金融危机也显示其发展疲软、问题众多、风险和运行机制难以应对。例如，债务危机难以解决之时，希腊一方面威胁退出欧盟，另一方面又不愿承担责任和风险；恐怖主义横行，西亚局势跌宕起伏等均是当下新生力量与陈旧秩序矛盾的结果。国际亟须塑造安全文明、和平和谐的经济新秩序。

中国－中亚－西亚经济走廊涉及国家众多，大部分是热点和敏感地区，通过经济走廊建设，从利益绑定促进共同发展，为和平、稳定、安全、和谐提供了很好的基础。中国－中亚－西亚经济走廊强调各方寻找发展战略的契合点，将中国与西亚各国发展思路和发展需求"对接"起来，而不是用一种强制性的、硬约束的统一安排去要求其他参与方，它致力于打通亚洲大陆内部各种物质层面的和精神层面的"中梗阻"，可以有效推动共同发展、要素自由流动、文明互学互鉴，有助于更务实、更灵活、更可持续地推进全球互联互通新进程，推动人类互联互通迈向新高度。

中国－中亚－西亚经济走廊致力于通过消除供应链壁垒、挖掘各方比较优势、鼓励各方创新合作模式等，努力为世界经济发展打造新引擎。其一，中国－中亚－西亚经济走廊致力于通过提高有效供给来催生新的需求。在国际经济合作陷入困境的背景下，各方为"破局"提出了不同解决思路。美国奥巴马政府提供的思路是进一步削减贸易壁垒，力求进一步提高经贸合作门槛，通过制定"高水平国际经济规则"，建设高规格的"超级自由贸易区"；特朗普推出的是"美国优先"的贸易保护主义。与之相比，中国－中亚－西亚经济走廊的思路是努力减少供应链壁垒，通过改善基础设施、行业标准、政策和服务等方面的不足，推动跨境商品自由流动，推动国际经济合作发展。世界经济论坛研究显示，在当前全球平均关税壁垒已经下降到 5% 左右的情况下，减少供应链壁垒对全球贸易的促进作用是降低关税壁垒的 6 倍;[1] 与 TTIP 等相比，中国－中亚－西亚经济走廊的切入点更务实有效，也更能促进贸易便利化和经济发展。其二，中国－中亚－西亚经济走廊有利于各方充分发挥比较优势。经济走廊地区人口众多，而经济总量很少。如此"错位"凸显了沿廊国家发展的相对落后和世界经济发展的严重失衡，但同时也意味着沿线地区经济发展存在巨大潜力和空间。中国－中亚－西亚经济走廊强调沿线国家发展战略对接，有助于将中国在基础设施建设能力、资金实力等方面的优势与沿线国家在能源、劳动力等方面的优势结合起来，相互借力、相互给力，共同提升在全球产业链中的位置。与此同时，中国－中亚－西亚经济走廊打破了以往注重引进和出口的开放模式，强调与相关国家共同打造开放发展的经济区和经济带，以共同发展来拓展发展空间，实现共同繁荣。其三，中国－中亚－西亚经济走廊引领国际经济合作模式创新。经济走廊建设在尊重现有国际经济合作机制的基础上进行创新超越，鼓励合作模式创新和合作经验推广，鼓励沿线国家因地制宜、量体裁衣，根据各自经济结构、资源禀赋、发展潜力等探索专属性合作方案。

（三）夯实中国参与全球经济治理的基础

市场是最好的效率与福利解决途径，但市场不是无限灵验的，有效的市场需要一定的规则；伴随半个世纪的经济全球化，经济全球化现实中需要全球经济治理。过去的半个世纪，迫于国内现状、国际地位以及经济影响力，中国在全球经济治理中始终处在被动或被治理的

---

[1]　林永亮：《"一带一路"建设的世界意义》，《当代世界》2017 年第 1 期。

地位，这对中国的国际贸易、经济发展、大国作用不利。伴随中国经济的快速发展，中国已经初步具备了参与全球经济治理的基础，而中国－中亚－西亚经济走廊是中国参与全球经济治理的重要抓手之一。通过中国－中亚－西亚经济走廊以及其他经济走廊的建设，既可以实现资源更大范围的配置，实现包括中国在内的走廊沿线国家地区经济的发展，同时可以提升中国影响力，客观上能够夯实中国参与全球经济治理的基础。

（四）构建世界文明新秩序

中国－中亚－西亚经济走廊成为经贸能源通道的同时，也是伊斯兰文明与中华文明交流的纽带，伊斯兰文明和中华文明在世界上都是博大精深、影响深远的世界文明，二者间的对话和交往有助于解决当今世界面临的一系列全球性问题，如生态环境问题、世界和平问题、新疾病（如艾滋病）蔓延、跨国犯罪问题等。当今世界面临的全球性问题，需要世界各国政府和包括民间组织在内的全社会力量，超越民族主义的立场，从人类主体的高度和人类价值的视野，通力合作，密切配合，共同应对。两大文明通过对话、交往、整合，可以为治理全球问题提供某些哲学智慧和精神文化资源，如伊斯兰文明关于人与自然和谐相处、相依为命的理念和中华文明"天人合一"的思想等。两大文明交往有利于维护世界和平。[1]

当代世界，"文明冲突论""文明优越论"依然盛行，而中国与西亚国家都愿积极致力于以文明交流超越文明隔阂、以文明互鉴超越文明冲突、以文明共存超越文明优越，为人类不同文明间的交往交流、和合共生树立榜样。这对拥有13亿多人口的中国和西亚国家，对维护世界和平和安全，都具有积极的时代意义。求安宁、促和平、谋发展是全世界人

---

① 马明良：《当今中国同伊斯兰国家的文化交流和文明对话》，《西亚非洲》2016年第10期。

民的普遍愿望和共同诉求，伊斯兰文明内在的和平精神与中华文明"和为贵"的思想相互交融、相得益彰，它们一旦为更多的人所领悟、所接受，将会成为维护世界和平的巨大精神动力和价值支撑。两大文明交往有助于构建多元共存、"和而不同"的世界文明新秩序。

第五章

走廊（西亚段）推进基础与进展

2015 年 3 月 28 日，中国国务院三部委发布《推动共建丝绸之路经济带和 21 世纪海上丝绸之路的愿景与行动》（以下简称《愿景与行动》）指出，要"共同打造中国 – 中亚 – 西亚国际经济合作走廊"。中国 – 中亚 – 西亚经济走廊东起中国，由新疆出发，抵达波斯湾、地中海沿岸和阿拉伯半岛，主要涉及中亚五国（哈萨克斯坦、吉尔吉斯斯坦、塔吉克斯坦、乌兹别克斯坦、土库曼斯坦）、西亚二十国（土耳其、以色列、沙特、伊拉克、伊朗、阿富汗、塞浦路斯、黎巴嫩、叙利亚、约旦、巴勒斯坦、阿曼、也门、科威特、巴林、卡塔尔、阿联酋、格鲁吉亚、亚美尼亚、阿塞拜疆），是丝绸之路经济带的重要组成部分。

中国 – 中亚 – 西亚经济走廊通过开展更大范围、更高水平、更深层次的区域合作，形成区域经济一体化新格局，进而把中国 – 中亚 – 西亚打造为政治互信、经济融合、文化包容的利益共同体、命运共同体和责任共同体。中国 – 中亚 – 西亚经济走廊的建设和推进并非空中楼阁，已经具有一定的政治、经济和人文基础，且自"一带一路"倡议提出以来，中国与中亚、西亚国家在政策沟通、设施联通、贸易畅通、资金融通和民心相通等方面都取得了积极进展。

一　走廊（西亚段）推进基础

中国一向坚持和平发展道路，奉行独立自主的和平外交政策，积极加强同第三世界国家的合作，不断加强同发展中国家的双边合作，不断丰富同发展中国家合作的形式和内容，构筑长期稳定、平等互利、全面合作新型伙伴关系。而中国－中亚－西亚经济走廊作为中国"一带一路"倡议的重要内容和中国与西亚国家关系的重要纽带，其有序推进离不开中国与西亚国家之间坚实的政治基础、经济基础和人文基础。

（一）政治基础

1. 经济走廊与西亚相关国家的政策契合

"丝绸之路经济带"的建设倡导不搞封闭排外机制，不以改变他国政治制度为目的，高度契合了沿廊国家加快发展经济的战略利益诉求。与此同时，中国－中亚－西亚经济走廊沿线各国属于典型的以资源型产业为主导的产业结构，易受经济周期的影响，各国政府均致力于经济发展的转型与升级，各国的战略和政策与中国的倡议不谋而合、互惠互补。

沿线国家中，中国与土耳其地处丝绸之路经济带的东西两端，都怀有复兴丝绸之路的强烈愿望，中国"西进"，土耳其"向东看"，两者相向而行。未来10年，"中国制造2025"第一阶段行动纲领由愿景走向落实，"新土耳其契约2023"则绘制了建国百年的宏伟蓝图，其成败得失，也与双方或多方的战略互动和战略合作相关。阿拉伯国家积极响应建设经济走廊，位于西端交汇点的约旦，希望在铁路网络的完善等基础设施建设方面搭乘"一带一路"倡议的快车。沙特提出"2030愿景"，并希望借助于"一带一路"和"产能合作"在低能源价格时代实现其经济转型和多元化的改革目标。伊朗作为中东地区大国，迫切需要提升基础设施短板，2016年1月中伊双方签署了共同推进"一带一路"建设谅解备忘录。曾是"古丝绸之路"南线重要驿站的阿塞拜疆地处欧亚之间，其"复兴古丝绸之路"战略与中方提出的"一带一路"倡议不谋而合。格鲁吉亚地处欧亚的"十字路口"，其政府制定的"国际大通道"国家发展战略亦与中方提出的"一带一路"倡议高度契合。

2. 中国与西亚国家外交关系总体良好

中国与沿廊的西亚国家历来关系较好，双方互动频繁，战略合作日渐深入，政治互信逐步增强。中国与沿廊西亚 20 国中的 9 个以上国家分别建立了战略伙伴关系、战略合作伙伴关系、友好合作关系、全面战略合作伙伴关系（如表 5-1 所示）。此外，中国与沿廊国家也签署了众多覆盖广泛的经贸合作协定和投资保护协定，各个合作平台运行通过磨合也已渐趋稳定，成为推动走廊建设的重要基础和有益动力。

表 5-1 中国与沿廊西亚国家的政治关系情况

国家	时间	往来事件
阿富汗	2012 年、2014 年 10 月	中国和阿富汗建立战略合作伙伴关系；两国发表《中阿关于深化战略合作伙伴关系的联合声明》
阿联酋	2012 年 1 月 2018 年 7 月	中国总理温家宝对阿联酋进行正式访问，中阿建立战略伙伴关系；中国国家主席习近平访问阿联酋期间，中阿建立全面战略伙伴关系
卡塔尔	2014 年 11 月	卡塔尔埃米尔塔米姆对中国进行国事访问，两国元首共同宣布中卡建立战略合作伙伴关系
阿塞拜疆	2015 年 12 月	两国签署《中阿关于进一步深化和发展友好合作关系的联合声明》和《中阿关于共同推进丝绸之路经济带建设的谅解备忘录》
格鲁吉亚	2015 年 12 月	中格政府签署《中华人民共和国商务部和格鲁吉亚经济与可持续发展部关于启动中格自由贸易协定谈判的谅解备忘录》，正式启动中格自贸协定谈判
约旦	2015 年 9 月	中国国家主席习近平会见约旦国王阿卜杜拉二世，两国共同签署《中华人民共和国和约旦哈希姆王国关于建立战略伙伴关系的联合声明》
伊拉克	2015 年 12 月	中伊两国发表《中华人民共和国和伊拉克共和国关于建立战略伙伴关系的联合声明》
沙特阿拉伯	2016 年 1 月 20 日	两国共同发表了《中华人民共和国和沙特阿拉伯王国关于建立全面战略伙伴关系的联合声明》

续表

国家	时间	往来事件
伊朗	2016 年 1 月 22～23 日	习近平主席访伊，双方一致同意建立"中伊全面战略伙伴关系"
科威特	2018 年 7 月 9 日	科威特国埃米尔萨巴赫访华期间，共同发表《中华人民共和国和科威特国关于建立战略伙伴关系的联合声明》

资料来源：据外交部官方网站整理。

3. 西亚主要国家对"一带一路"倡议的政治认同

"一带一路"倡议在西亚国家的政治认同程度是推进经济走廊建设的重要基础。"一带一路"坚持开放合作、和谐包容、市场运作与互利共赢，顺应世界多极化、经济全球化、文化多样化、社会信息多样化的潮流，有利于维护全球自由贸易体系和开放型世界经济，得到了诸多西亚国家的认可。截至目前，西亚多国与中国签署了"一带一路"合作谅解备忘录（见表 5 - 2），占"一带一路"谅解备忘录总数的 1/3 多。

表 5 - 2 "一带一路"合作谅解备忘录

国家	时间	备忘录
科威特	2014 年 6 月 4 日	《科中关于丝绸之路经济带和科威特丝绸城建结合作谅解备忘录》
格鲁吉亚	2015 年 3 月 9 日	《中国和格鲁吉亚关于加强共建丝绸之路经济带合作备忘录》
土耳其	2015 年 11 月	关于共推"一带一路"建设的谅解备忘录
阿塞拜疆	2015 年 12 月	《中阿关于共同推进丝绸之路经济带建设的谅解备忘录》
沙特阿拉伯	2016 年 1 月 19 日	《中华人民共和国政府和沙特阿拉伯王国政府关于共同推进丝绸之路经济带和 21 世纪海上丝绸之路建设的谅解备忘录》
伊朗	2016 年 1 月	《中华人民共和国政府和伊朗伊斯兰共和国政府关于共同推进丝绸之路经济带和 21 世纪海上丝绸之路建设的谅解备忘录》
阿曼	2018 年 5 月 15 日	《中华人民共和国政府与阿曼苏丹国政府关于共同推进丝绸之路经济带与 21 世纪海上丝绸之路建设的谅解备忘录》
巴林	2018 年 7 月 9 日	中国与巴林签署共同推进"一带一路"建设的谅解备忘录

资料来源：据"一带一路"官网、中国外交部网站整理。

西亚地区的海合会六国尤其相应"一带一路"倡议。沙特作为古代海上丝绸之路途经的重要国家，表示"一带一路"会给沿线国家人民带来实实在在的好处，推动贸易往来。阿联酋自 2012 年与中国建立战略伙伴关系以来，两国关系日益密切。2015 年 4 月初，阿联酋正式成为亚洲基础设施投资银行意向创始成员国。作为中东地区的重要枢纽，以及古代海上丝绸之路上的重要一站，阿联酋参与"一带一路"建设前景广阔。阿联酋表示愿为"一带一路"贯通东西出力，建设"一带一路"上的重要枢纽——迪拜。科威特是最早支持"一带一路"建设的国家之一。科威特表示，"一带一路"体现了中国的战略性眼光，科威特将积极参与"一带一路"倡议的实施，促进各参与国之间实现共赢。科威特愿与中国开展政治、经济和文化等各领域的建设性合作，积极推动中海自贸区谈判，共同构建两国的伙伴关系。科威特已计划用 1300 亿美元在科威特北部沿海索非亚地区建立一个新城，2035 年建成后将成为连接中国与欧洲的丝绸之路重要战略枢纽。① 阿曼素有"世界石油输出咽喉"之称的霍尔木兹海峡沿岸国家。中国提出"一带一路"倡议之后，阿曼予以积极响应，并作为第一批意向创始成员国加入亚投行，成为同中国共建"一带一路"的重要伙伴，双方的合作也扩展到更为广阔的空间。阿曼在其中部省份杜古姆同中方合作建设经济特区——中国阿曼杜古姆产业园。卡塔尔表示愿就"一带一路"倡议继续同中方共同努力，不断推进两国在各个领域的友好交往与合作，加强两国战略伙伴关系。目前，中国与卡塔尔签署了共建"一带一路"合作备忘录。卡塔尔是中东地区存在重大基础设施建设机遇的国家，卡塔尔确定近千亿美元的基础设施项目的投资，涉及电力及供水、多哈新港建设、信息及科技产业等领域。中卡两国已达成共识，双方将扩大在基础设施建设、工业和高科技领域，特别是交通、路桥、铁路、电信、国有企业、先进技术转移便利化等方面多种形式的互利合作。巴林支持"一带一路"倡议，并表示巴林不仅是丝绸之路沿线活跃的贸易枢纽，也是西亚领先的金融中心，能在"一带一路"中发挥独特作用，巴林已做好准备，为中国企业进军快速增长

---

① 《中国 - 中东："一带一路"进展可观》，http://www.sohu.com/a/51676708_117619，搜狐网，2015 年 12 月 31 日。

的海湾市场提供帮助。

4. 中阿合作论坛稳步发展

作为中国－西亚国家高端对话平台，"中国－阿拉伯国家合作论坛"（以下简称"中阿合作论坛"）于 2004 年 1 月成立，十多年来已建立起涵盖政治、经济、文化等诸领域的多项合作机制，成为中国同阿拉伯国家开展集体对话与务实合作的重要平台。其中涉及的西亚国家包括约旦、阿联酋、巴林、沙特、伊拉克、阿曼、巴勒斯坦、卡塔尔、科威特、黎巴嫩、也门、叙利亚等。作为国家间的高端对话平台，中阿合作论坛为推动中国和西亚国家的关系，以及推动中国－中亚－西亚经济走廊奠定了良好的政治对话基础。中阿合作论坛第八届部长级会议于 2018 年 7 月 10 日在中国北京召开，会议通过了《中阿合作论坛第八届部长级会议北京宣言》《中阿合作论坛 2018 年至 2020 年行动执行计划》《中阿共建"一带一路"行动宣言》，中阿战略合作伙伴关系等重大战略合作文件，同时落地了一批具体项目，如成立中阿媒体中心等事项。

（二）经济基础

1. 中国与西亚经济具备成长性

得益于改革开放国策的成功推行，作为最大的发展中国家，中国经济发展的韧性、体量等在发展中国家是独一无二的，2017 年中国 GDP 总量为 82 万亿元，同比增长 6.9%。第一产业增加值占国内生产总值的比重为 7.9%，第二产业增加值比重为 40.5%，第三产业增加值比重为 51.6%。全年最终消费支出对国内生产总值增长的贡献率为 58.8%，资本形成总额贡献率为 32.1%，货物和服务净出口贡献率为 9.1%。全年人均国内生产总值 59660 元，比上年增长 6.3%。全年国民总收入 825016 亿元，比上年增长 7.0%。① 总量约占世界 GDP 的 15%，

---

① 中华人民共和国国家统计局：《中华人民共和国 2017 年国民经济和社会发展统计公报》，2018 年 2 月 28 日。

增速在世界主要经济体中排名第一，是当今世界首屈一指的制造业大国、消费大国、外汇储备大国。这是中国积极参与世界经济治理，提出系列世界性、国际性、区域性带有中国特色的方案的坚实基础，其中包括"一带一路"倡议，也是中国－中亚－西亚经济走廊推进和获得的最大基础。

"一带一路"倡议提出以来，中国的对外交往和投资的方向更加明确，中国－中亚－西亚经济走廊（西亚段）涉及 20 个西亚国家（地区），地域面积约 700 万平方公里，总人口超过 3.43 亿（2014），其经济总量连年攀升，发展趋势较为平稳，其中又以沙特、阿联酋、以色列和卡塔尔的发展较为突出。据世界银行数据，2017 年，土耳其是西亚地区 GDP 最高的国家，达到了 7912.39 亿美元，GDP 增长率为 3.43%，人均 GDP 为 20201.68 美元；阿联酋的 GDP 为 3866.73 亿美元，GDP 增长率为 2.62%，人均 GDP 为 35236.21 美元；以色列 GDP 为 3167.7 亿美元，GDP 增长率为 3.01%，人均 GDP 为 36524.01 美元；卡塔尔 GDP 为 1812.55 亿美元，GDP 增长率为 3.43%，人均 GDP 为 67269.86 美元，是西亚地区人均 GDP 最高的国家，也是 2017 年西亚地区经济增速最快的国家。

总体而言，从总量、增速、产业结构、市场化程度等指标来看，中国－中亚－西亚经济走廊发展的空间巨大。西亚国家经济发展的良好趋势对于对接"一带一路"倡议具有重要意义，为双方开展政治经济合作和中国－中亚－西亚经济走廊建设提供了坚实的经济基础和合作空间。

2. 中国与西亚投资合作不断深化

中国与沿廊西亚国家存在技术上的优势互补和错位竞争。2016 年，中国对"一带一路"相关国家投资额达 78.7 亿美元，是六大经济走廊中投资额最大的经济走廊。2014 年，中国企业在西亚国家的能源和基建方面的投资金额在 240.47 亿美元以上，中石油、中国建筑等大型国企是投资主体。[①] 中国与西亚国家的投资合作主要体现在能源和基建上，该合作的不断深化为经济走廊建设提供了重要的基础设施和能源合作基础。

（1）中国与阿富汗。2008 年 5 月，中国冶金科工集团公司和江西铜业公司组成的投资联合体，与阿方签订采矿合同，开发艾娜克（Aynak）铜矿（世界第二大未开发铜矿），中方 30 年内拥有 100% 矿权，计划投资 42 亿美元；2009 年 7 月 9 日，阿富汗艾娜克铜矿在卢格尔省项目营地举行开工仪式，项目生产规模为年产精炼铜 22 万吨，项目建设期 5 年，2014 年建成投产，开采期限 30 年，配套设施包括一个 40 万千瓦的火电厂、一个水源地泵站和一个磷肥厂，以及学校、医院、清真寺等公共服务设施，还计划修建钢厂和铁路等，总投资将超过 100 亿美元，但由于阿富汗国内政治动荡，艾娜克铜矿的开采也被迫延后。2011 年，中石油又拿下阿富汗的三个石油区块，为塔利班政权垮台后第一个进军阿富汗油气开发领域的外国企业。

（2）中国与阿塞拜疆。中石油通过其海外公司与阿塞拜疆国家石油公司合作投资阿塞拜疆陆上油田 "SALIYAN"，投资总额 6 亿多美元，目前收益较好。此外，香港北方亨泰石油开发公司也在阿塞拜疆投资开采距巴库 40 公里处一个 38 平方公里的陆地油田 "PIRSAAT"。

（3）中国与格鲁吉亚。2010 年 6 月 15 日，中铁二十三局集团投资的格鲁吉亚第比利斯绕城铁路建设项目，项目合同额约 2.67 亿瑞士法郎（21.92 亿元），成为中国公司在格获得的合同额最大的工程承包项目；2012 年 10 月 27 日，中铁二十三局三公司格鲁吉亚第比利斯绕城铁路项目最后一座隧道——23#隧道胜利贯通，标志着格鲁吉亚第比利斯绕城铁路建设项目 5 座隧道全部贯通。2012 年，中水电十六局中标科布来提（KOBULETI）绕城公路二标段，项目投资额为 1.29 亿美元；2017 年 11

[①] 管清友、张媛、伍艳艳、田铭：《中亚－西亚经济走廊投资风险评价：阿联酋风险最低，伊朗风险最高》，《中国经济周刊》2015 年第 23 期。

月16日，格鲁吉亚绕城公路第二标段终点段顺利实现与当地道路的衔接贯通，进一步提升了工程整体形象，为项目的顺利竣工打下了坚实的基础。

（4）中国与阿联酋。中国对阿联酋的投资主要领域为钢铁、建材、建筑机械、五金、化工等。2012年5月8日，中国建筑股份有限公司与阿联酋AABAR公司①、中国工商银行共同签署了EPC总承包合作项目备忘录。此项目是AABAR公司在阿布扎比中心区域的地产投资项目，包括逾30个五星级酒店、写字楼、高级公寓等类型的单体项目。此次签署的合作备忘录为一期项目，总投资金额为20亿美元。中国建筑将作为项目的EPC总承包商，中国工商银行将为AABAR公司提供融资支持，后者以其原油及成品油贸易收入作为还款来源。②

（5）中国与沙特。中国在沙特的投资主要集中在建筑和基础设施领域，未来两国在原油储存、矿业、可再生能源和工业开发中将共享利益。2012年1月14日，中国在沙特最大项目"延沙石化"启动投产，项目投资额约100亿美元，"延沙石化"由沙特阿美（占股62.5%）与中国石油化工集团公司（占股37.5%）合资建设，实现两公司在油气全产业链上推动下游业务增长的发展战略。2016年1月20日，国家主席习近平与沙特国王萨勒曼共同为延布沙特阿美中国石化（600028）炼化公司（延沙石化）落成揭幕。

（6）中国与卡塔尔。截至2015年，中国企业在卡签订承包工程合同额11.2亿美元，完成营业额13.6亿美元，涉及市政、路桥、港口、水电、电信等多个领域。中国港湾、中交四航局第二工程共同投资的卡塔尔多哈新港项目合同开工日期为2011年1月24日，竣工日期为2015年

① AABAR是阿布扎比最大的主权基金投资公司，其母公司为阿布扎比石油投资公司（IPIC，International Petroleum Investment Company）。

② 《中国建筑股份有限公司签署阿联酋EPC总承包合作项目备忘录公告》，《中国证券报》2012年5月9日。

6月28日，投资额约为8.8亿美元，项目包括综合集装箱码头、杂货码头、海事码头等11个码头，项目于2015年6月28日顺利竣工。

（7）中国与阿曼。2014年4月30日，中国武夷实业股份有限公司与阿曼阿拉伯海洋发展有限责任公司就水产养殖场修建工程项目签订工程施工承包合同，合同金额为2671.0684万阿曼里亚尔，折合人民币4.34亿元。2016年5月中国阿曼签署了中阿杜姑姆产业园，主要由宁夏的公司主导，项目一期预计投资100亿元。

（8）中国与土耳其。截至2015年底，中国与土耳其累计合同额173.65亿美元，工程承包合同额达到142亿美元，累计营业额104.73亿美元。中资企业数量超过600家，主要投资领域为电信、高铁等交通运输业、能源和装配业。2005年，由中国铁道建筑总公司和中国机械进出口（集团）有限公司牵头组成的合包集团成功中标安卡拉－伊斯坦布尔高铁二期工程项目，中标路段全长158公里，合同金额12.7亿美元[1]，设计时速250公里；2014年7月25日，项目顺利实现通车，土耳其总理埃尔多安等高官出席通车仪式并试乘了首趟高铁。2012年4月，由上海大西洋投资有限公司与土耳其华商会强强联手，共同投资的工业园项目正式投入基础设施建设，项目总投资1.5亿美元，占地10平方公里，其中包括工业区及住宅服务区。

（9）中国与以色列。2014年起，中国企业赴以色列的直接投资，中国港湾工程有限公司的子公司泛地中海工程公司成功中标以色列阿什杜德（Ashdod）港口建设项目，中标价格为33.5亿谢克尔（约9.8万美元），项目施工周期为2014年6月至2020年。

（10）中国与伊朗。截至2015年10月底，中国对伊朗投资存量达到38.5亿美元，中国企业在伊承包工程的签约金额8.8亿美元[2]，完成营

---

①　贾泽辉：《"一带一路"的工程机械新机遇》，《建筑机械化》2017年第6期。
②　郭丁源：《伊朗解除制裁后"一带一路"的中国机遇》，《中国经济导报》2016年2月3日第B03版。

业额 11.7 亿美元。2005 年，北方工业公司、长春客车厂开工建设德黑兰城乡铁路公司合资组装地铁客车项目，目前地铁客车已正式运营，得到一致好评。

（11）中国与科威特。2015 年，中科两国新签合同额超过 10 亿美元，比 2014 年增长 1 倍，中国企业在科参与建设的项目达 69 个。华为公司于 2015 年 3 月 30 日获得在科威特建立 100% 外资控股的分公司的许可。2012 年 3 月 12 日，中国水电国际公司与科威特阿尔哈尼公司组成的联营体以 1.436 亿科威特第纳尔（约合 5.18 亿美元）中标"萨巴阿尔萨林大学城商学院和女子学院项目"（COLLEGE OF BUSINESS & COLLEGE FOR WOMEN，SABAH AL SALEM UNIVERSITY CITY，KUWAIT UNIVERSITY），国际公司在联营体中所占份额为 75%（1.077 亿科威特第纳尔，约合 3.88 亿美元）。

3. 中国和西亚地区的金融合作稳步推进

中国和西亚地区的金融合作稳步推进，双方国家的金融机构间已经采取推进货币稳定体系、投融资体系和信用体系建设等多种方式加强合作。双方借助亚投行、丝路基金等平台和机制，扩大了双方金融合作的深度和广度，签署了多项双边本币互换协议和双边本币结算与支付协议，进行了多项双边金融创新试点，搭建了重要的金融论坛平台和基于上合组织的银行联合体。

沿廊西亚国家中，阿联酋和卡塔尔是中国金融合作的支点国。2012 年，中国人民银行与阿联酋中央银行签署规模为 350 亿元人民币（200 亿元迪拉姆）的双边本币互换协议；2014 年 11 月，中国人民银行与卡塔尔中央银行签署了规模为 350 亿元人民币（208 亿元里亚尔）的双边本币互换协议，同时签署了在多哈建立人民币清算安排的合作备忘录。阿联酋和卡塔尔是西亚地区经济最发达的两个国家，同时也是地区的金融中心，双边的货币合作能够促进中国对西亚地区的金融影响。

此外，人民币的区域影响力扩大。2016 年，IMF 正式启用新的特别提款权（Special Drawing Right），人民币被纳入该货币篮子，成为融入国际货币体系、实现国际化的重要开端。2015 年 4 月，中东和非洲地区的首个人民币清算中心在卡塔尔多哈成立，极大推进了中国和海湾国家之间的贸易和投资。2015 年 12 月，中国人民银行与阿联酋签订了建立人民币清算安排的合作备忘录，并同意将 RQFII 试点地区扩大到阿联酋，投资额度为 500 亿元人民币，为释放沿廊西亚国家同中国进一步推动经济走廊的潜能构筑了必要基础。

（三）人文基础

中国与西亚国家的交往源远流长，从古丝绸之路延续到"一带一路"倡议提出，尤其是"一带一路"倡议以来，两个地区人文文化交流不断深入，既可以增强两个地区的文化认同感，又为中国与西亚国家的经济交流奠定了强有力的人文基础，客观上助推中国 – 中亚 – 西亚经济走廊的建设。

中国与西亚的人文交流形式多样、内容丰富。除了文化年、教育合作、文艺论坛等之外，中国与西亚国家的友好城市关系建设则是双方人文基础的缩影。目前，中国与西亚 20 国共建立友好城市关系 69 对，极大促进了双方政治经济文化的全面发展，对推动经济走廊建设意义重大，其主要情况如表 5 – 3 所示。

表 5 – 3　中国与西亚国家友好城市结好情况

友好省份	友好城市	友好国家	友好外方城市	结好时间
辽宁省	—	叙利亚	阿勒颇省	1995 年 4 月 27 日
辽宁省	盘锦市	土耳其	亚洛瓦市	1993 年 7 月 24 日
青海省	格尔木市	以色列	卡尔雅特市	1997 年 6 月 25 日
安徽省	—	也门	哈德拉毛省	1998 年 2 月 17 日
西藏	拉萨市	以色列	贝特谢梅什市	2009 年 5 月 24 日
上海市	上海市	土耳其	伊斯坦布尔市	1989 年 10 月 23 日
上海市	上海市	以色列	海法市	1993 年 6 月 21 日

友好省份	友好城市	友好国家	友好外方城市	结好时间
上海市	上海市	也门	亚丁省	1995 年 9 月 14 日
上海市	上海市	阿联酋	迪拜市	2000 年 5 月 30 日
上海市	虹口区	以色列	海法市海姆区	2009 年 11 月 26 日
山东省	—	伊朗	胡泽斯坦省	2008 年 11 月 1 日
山东省	济南市	以色列	卡法萨巴市	2009 年 5 月 11 日
山东省	济南市	土耳其	马尔马里斯市	2011 年 10 月 21 日
山东省	青岛市	以色列	耐斯茨奥纳市	1997 年 12 月 2 日
山东省	莱芜市	格鲁吉亚	库塔伊西市	2016 年 5 月 20 日
山东省	日照市	土耳其	特拉布松市	1991 年 12 月 23 日
山东省	威海市	突尼斯	苏斯市	2007 年 8 月 24 日
山东省	淄博市	格鲁吉亚	巴统市	1997 年 2 月 14 日
山东省	胶南市	亚美尼亚	阿博维扬市	1993 年 8 月 30 日
四川省	遂宁市	土耳其	克尔克拉雷利市	2013 年 3 月 22 日
四川省	大英县	以色列	塔玛市	2016 年 4 月 11 日
湖南省	益阳市	以色列	佩塔蒂科瓦市	2011 年 9 月 10 日
北京市	北京市	土耳其	安卡拉市	1990 年 6 月 20 日
北京市	北京市	以色列	特拉维夫－雅法市	2006 年 11 月 21 日
北京市	北京市	卡塔尔	多哈市	2008 年 6 月 23 日
北京市	北京市	伊朗	德黑兰	2014 年 2 月 27 日
吉林省	—	土耳其	萨卡利亚省	2002 年 8 月 28 日
宁夏	—	伊朗	加兹温省	2012 年 6 月 24 日
宁夏	石嘴山市	约旦	亚喀巴经济特区	2013 年 9 月 26 日
宁夏	银川市	土耳其	伊尔卡丁市	2011 年 12 月 14 日
宁夏	银川市	以色列	埃拉特市	2012 年 7 月 26 日
陕西省	西安市	伊朗	伊斯法罕市	1989 年 5 月 6 日
陕西省	西安市	土耳其	科尼亚市	1996 年 9 月 8 日
天津市	天津市	土耳其	伊兹密尔市	1991 年 9 月 23 日
河南省	开封市	以色列	克扬特·莫茨金市	2014 年 10 月 16 日
河南省	南阳市	以色列	加特市	1995 年 11 月 1 日
河南省	信阳市浉河区	以色列	阿什凯隆市	1995 年 6 月 28 日
河南省	郑州市	约旦	伊尔比德市	2002 年 4 月 11 日

续表

友好省份	友好城市	友好国家	友好外方城市	结好时间
江苏省	—	土耳其	伊兹密尔省	2012 年 4 月 30 日
江苏省	南京市	塞浦路斯	利马索尔市	1992 年 9 月 23 日
江苏省	常州市	土耳其	埃斯基谢希尔市	2009 年 9 月 27 日
江苏省	扬州市	土耳其	孔亚市	2015 年 12 月 23 日
江苏省	镇江市	土耳其	伊兹米特市	1996 年 11 月 14 日
重庆市	—	伊朗	设拉子市	2005 年 10 月 19 日
福建省	泉州市	土耳其	梅尔辛伊尼赛市	2002 年 4 月 17 日
广东省	—	土耳其	伊斯坦布尔省	2001 年 6 月 18 日
广东省	广州市	土耳其	伊斯坦布尔市	2012 年 7 月 18 日
广东省	深圳市	以色列	海法市	2012 年 9 月 10 日
广东省	汕头市	以色列	海法市	2015 年 12 月 16 日
云南省	保山市	以色列	塔玛市	2012 年 9 月 13 日
云南省	楚雄彝族自治州	以色列	约阿夫地区	2015 年 11 月 16 日
云南省	昆明市	土耳其	安塔利亚市	2013 年 5 月 10 日
黑龙江省	—	以色列	希弗谷区	2012 年 5 月 28 日
黑龙江省	哈尔滨市	以色列	吉夫阿塔伊姆市	1999 年 9 月 23 日
黑龙江省	哈尔滨市	土耳其	埃尔祖鲁姆市	2010 年 4 月 2 日
新疆	—	伊朗	霍拉桑·拉扎维省	2008 年 10 月 27 日
新疆	—	格鲁吉亚	卡赫季州	2008 年 11 月 19 日
新疆	乌鲁木齐市	伊朗	马什哈德市	2012 年 11 月 15 日
新疆	乌鲁木齐市	格鲁吉亚	巴统市	2015 年 10 月 14 日
新疆	乌鲁木齐市	土耳其	加济安泰普市	2016 年 9 月 23 日
广西	桂林市	土耳其	穆拉特帕夏市	2013 年 10 月 23 日
甘肃省	—	伊朗	库姆省	2011 年 11 月 12 日
甘肃省	临夏回族自治州	伊朗	库姆市	2014 年 12 月 8 日
湖北省	—	伊朗	东阿塞拜疆省	2014 年 7 月 8 日
湖北省	武汉市	以色列	阿什杜德市	2011 年 11 月 8 日
湖北省	武汉市	土耳其	伊兹密尔市	2013 年 6 月 6 日
浙江省	杭州市	以色列	贝特谢梅什市	2000 年 3 月 12 日
浙江省	衢州市	阿塞拜疆	苏姆盖依特市	2002 年 11 月 8 日
浙江省	奉化市	以色列	塔玛市	2011 年 4 月 6 日

资料来源:国际友好城市联合会、中国对外友好协会。

二 走廊（西亚段）进展情况

《愿景与行动》提出"六大经济走廊"以来，中国－中亚－西亚经济走廊同其他五大走廊一起得以稳步推进，中国与西亚国家在"政策沟通、设施联通、贸易畅通、资金融通、民心相通"等领域都取得了积极进展。

（一）政策沟通进展情况

政策沟通是"一带一路"倡议成功推进的前提，也是中国－中亚－西亚经济走廊推进的运行前提和重要保障。"一带一路"倡议提出以来，中国与西亚国家之间高层互访频繁，合作机制日益完善，推进了中国－中亚－西亚经济走廊顶层设计方案及政策的协调对接。

1. 发布首份《中国对阿拉伯国家政策文件》

2016 年 1 月 13 日，中国政府发布首份《中国对阿拉伯国家政策文件》，倡议加强双方产能合作，"构建以能源合作为主轴，以基础设施建设和贸易投资便利化为两翼，以核能、航天卫星、新能源三大高新领域为突破口的'1＋2＋3'合作格局"。文件中提出在政治、投资贸易、社会发展、人文交流、和平与安全五大领域全面加强中阿务实合作。《中国对阿拉伯国家政策文件》直接涉及的沿廊西亚国家包括约旦、阿联酋、巴林、沙特、伊拉克、阿曼、巴勒斯坦、卡塔尔、科威特、黎巴嫩、也门、叙利亚等，文件的精神和要求亦可推广至其他沿廊西亚国家。主要包括如下几个方面。

（1）中阿共建"一带一路"。坚持共商、共建、共享原则，推进中阿共建"一带一路"，构建以能源合作为主轴，以基础设施建设和贸易投资便利化为两翼，以核能、航天卫星、新能源三大高新领域为突破口的"1＋2＋3"合作格局，推动务实合作升级换代。

（2）产能合作。坚持企业主体、市场主导、政府推动、商业运作的原则，对接中国产能优势和阿拉伯国家需求，与阿拉伯国家开展先进、适用、有效、有利于就业、绿色环保的产能合作，支持阿拉伯国家工业化进程。

（3）投资合作。在平等互利、合作共赢的基础之上，鼓励和支持双方企业扩大和优化相互投资，拓展合作领域，丰富合作方式，通过股权和债权的方式，利用贷款、夹层融资、直接投资和基金等多种手段，拓宽投融资渠道，加强双向投融资合作。中方愿继续向阿拉伯国家提供援外优惠贷款和出口信贷等资金，并提供出口信用和海外投资保险支持。推动中阿商签、避免双重征税和防止偷税漏税协定，营造良好的投资环境，为双方投资者提供便利条件并保护双方投资者合法权益。

（4）贸易。支持更多阿拉伯国家非石油产品进入中国市场，不断优化贸易结构，努力推进双边贸易持续稳定发展。加强中阿经贸部门的交流与磋商，尽早完成中国－海湾阿拉伯国家合作委员会自由贸易区谈判并签署自贸协定。反对贸易保护主义，积极消除非关税贸易壁垒，通过友好协商妥善解决贸易纠纷和摩擦，逐步建立双多边贸易争端预警和贸易救济合作机制。加大检验检疫合作，加快标准对接和人员交流培训，共同打击进出口假冒伪劣商品。

（5）能源合作。在互惠互利基础上开展合作，推动并支持中阿在石油、天然气领域，特别是石油勘探、开采、运输和炼化方面的投资合作，推动油田工程技术服务、设备贸易、行业标准对接。加强在太阳能、风能、水电等可再生能源领域的合作，共同建设中阿清洁能源培训中心，全面推动双方在相关领域的合作。

（6）基础设施建设。鼓励和支持中国企业和金融机构扩大参与同阿拉伯国家在铁路、公路、港口、航空、电力、通信、北斗卫星导航、卫星地面站等基础设施建设领域的合作，逐步扩大项目运营合作。根据阿拉伯国家发展的优先领域和需求，在阿拉伯国家积极开展重大项目合作，不断提高阿拉伯国家基础设施水平。

（7）航天合作。进一步发展中阿航天合作，积极探讨在空间技术、卫星及其应用、空间教育、培训等领域开展联合项目，加快推进北斗卫星导航系统落地阿拉伯国家，积极推动中阿载人航天领域交流与合作，提升双方航天合作水平。

（8）民用核领域合作。加强双方在核电站设计建造、核电技术培训等领域的合作。积极开展中阿核工业全产业链合作，推动双方在核基础科研、核燃料、研究堆、核技术应用、核安保、放射性废物处理处置、核应急、核安全等领域合作，加快共建阿拉伯和平利用核能培训中心，提升双方核领域合作水平。

（9）金融合作。支持中国和阿拉伯国家符合条件的金融机构互设分支机构和开展多领域业务合作，并进一步加强当局之间的交流与合作。加强双方央行间货币合作，商讨扩大跨境本币结算和互换安排，加大融资保险支持力度。加强在国际金融组织和机制中的协调配合，完善和改革国际金融体系，提高发展中国家的话语权和代表性。中方欢迎阿拉伯国家加入亚洲基础设施投资银行，并发挥积极作用。

（10）经贸合作机制和平台建设。积极发挥政府间经贸联委会、中国与阿拉伯国家联合商会等双多边机制作用，充分利用中阿博览会等会展活动平台，促进中阿双方政府和企业间的互访和交流。

2. 中国与西亚国家的对话机制持续深化

"中阿合作论坛"是中国同阿拉伯国家开展集体对话与务实合作的重要平台，至今已历八届，论坛在部长级会议、高管委员会、企业家大会、专题经贸研讨会、能源合作大会、中阿文明对话研讨会、高教与科研合作、新闻合作论坛、环境保护合作、人力资源培训等机制建设上已具备比较丰富的实践经验，对推动中国和西亚国家的关系，以及推动中国－中亚－西亚经济走廊建设意义重大。2016 年 5 月 12 日，第七届中阿合作论坛在卡塔尔多哈开启。会议围绕"共建'一带一路'，深化中阿战略合作"的议题，就中阿关系发展和中阿合作论坛建设达成广泛共识，就地区形势和热点问题深入交换意见。会议通过并签署了《多哈宣言》和《论坛 2016 年至 2018 年行动执行计划》，规划了中阿双方 18 大类 36 个领域的合作。

（1）《多哈宣言》。《多哈宣言》肯定了论坛第六届部长级会议《北京宣言》、《论坛 2014 年至 2024 年发展规划》和《论坛 2014 年至 2016 年行动执行计划》的内容，并达成政治领域、经贸与发展领域、促进人文、社会、新闻交流及文明对话领域等三个大块、42 个小项的共识。其中政治领域，涉及沿廊西亚国家的条款主要包括：强调坚持黎巴嫩共和国的民族团结、主权、独立和领土完整。呼吁全面执行安理会有关决议，要求以色列从剩余的黎被占领土上撤出，并立即停止对黎领土、领海和领空主权的侵犯。强调应支持黎巴嫩，特别是黎军对抗恐怖组织的袭击。强调尊重伊拉克的独立、主权、统一和领土完整，不干涉伊拉克内政。反对破坏上述原则，强烈谴责各类恐怖主义组织，特别是"伊斯兰国"恐怖组织对所有伊人民犯下的罪行，要求国际社会向伊政府进行的反恐战争提供一切形式的支持，执行为此做出的国际决议并保证将其落到实处。强调应切实坚持维护也门的统一和领土完整，尊重其主权和独立，反对干涉也门内政，支持也门人民对自由、民主和社会公正的期待。重申安理会相关决议，特别是第 2201（2015）号和第 2216（2015）号决议，后者特别强调支持以阿卜杜拉布·曼苏尔·哈迪总统为代表的也门合法政府，谴责胡塞组织破坏也门政治过渡进程的单方面行动。强调应落实海合会倡议及其执行机制和全国对话会议成果，欢迎于 2015 年 5 月 17 ~ 19 日应也门共和国总统阿卜杜拉布·曼迪尔·哈迪要求召开、由也门各派参与的利雅得会议成果，支持联合国所作努力及其也门问题特使所发挥的作用，欢迎也门各派参与第一次和第二次日内瓦谈判，赞赏科威特国接待也门冲突各方，强调全面支持正在进行的和谈，以达成和平解决，停止也门兄弟的流血。强调支持包括阿联酋倡议和努力在内的所有旨在根据国际法准则，通过双边谈判和平解决三岛（大通布、小通布、阿布穆萨）问题的和平努力，支持根据国际法理解决该问题。强调阿拉伯国家与伊朗伊斯兰共和国间的合作关系应遵循睦邻友好的原则，不干涉内政，尊重国家独立、主权和领土完整的原则，根据联合国宪章和国际法原则，通过和平方式解决分歧，不使用武力或以武力相威胁。以最强烈言辞对沙特王国在伊朗伊斯兰共和国境内的驻德黑兰使馆和驻马什哈德总领事馆遭受攻击予以谴责，袭击导致沙特外交、领事机构馆舍遭到侵犯和严重破坏。呼吁伊朗当局保护外交和领事机构馆舍的财产和人员，全面遵守其在这方面的国际义务。

（2）《中阿合作论坛 2016 年至 2018 年行动执行计划》

2016 年 5 月召开的第七届中阿合作论坛上，阿方欢迎习近平主席提出的通过在中国建立中阿改革与发展研究中心交流经验的倡议，赞赏"论坛"框架下各项合作机制及各项下第十二次高官会、首轮战略政治对话会、第六届中阿企业家大会暨第四届投资研讨会、第四届中阿能源合作大会和第六届中阿关系暨中阿文明对话研讨会，以及中国为阿拉伯各领域人才举办培训班等活动在推动中阿关系方面所取得的积极成果，强调应继续落实上述"宣言"、"执行计划"和"发展规划"的内容，并执行"论坛"第七届部长级会议通过的各项文件内容。

阿方强调，欢迎构建"丝绸之路经济带"和"21 世纪海上丝绸之路"的倡议，以促进在包括铁路在内的基础设施、物流服务、金融、工业及矿产合作、贸易和投资便利化等重要领域以及核能、航天、卫星和新能源等高新技术领域的合作，加强中阿产能合作。双方同意，为全面落实上述文件，进一步提升中阿"全面合作、共同发展"的战略合作关系水平，合作落实《2030 年可持续发展议程》，特制订《中阿合作论坛 2016 年至 2018 年行动执行计划》，此"执行计划"涵盖政治合作、经济合作、能源合作、环保合作、防治荒漠化合作等 17 个领域的全方位合作。其中，政治合作方面，《中阿合作论坛 2016 年至 2018 年行动执行计划》强调应在"论坛"框架下进一步深化"全面合作、共同发展"的战略合作关系，在各自关切的核心和重大利益问题上相互理解、相互支持，从而维护双方的利益，促进世界和平、稳定和发展。双方同意继续加强现有的磋商和联络机制，特别是在部长级会议、高官会和高官级战略政治对话框架下的政治磋商机制，以就国际和地区层面主要政治问题和突发危机交换意见，加强磋商与协调。

2018 年 7 月 10 日，中阿合作论坛第八届部长会议期间，确立了中阿战略伙伴关系，发布了《中阿合作论坛第八届部长级会议北京宣言》《中阿合作论坛 2018 年至 2020 年行动执行计划》《中阿共建"一带一路"行动宣言》，内容包括合作目标与原则、合作成就、合作重点与举措、合作保障、愿景展望。

（二）设施联通进展情况

中国 – 中亚 – 西亚经济走廊横跨整个亚洲大陆，如此广袤的地域范围内，基础设施网络承担着连接经济走廊沿线国家的纽带作用。基础设施互联互通，是中国 – 中亚 – 西亚经济走廊的现实物质保障，对带动整个丝绸之路经济带乃至全世界的经济增长都有重要意义。自提出至今，中国 – 中亚 – 西亚经济走廊的设施联通项目数量、项目额度位居"六大经济走廊"首位。

1. 能源基础设施

能源合作是"一带一路"建设的重要内容，是中国 – 中亚 – 西亚经济走廊建设重中之重。中亚、西亚均有丰富的能源储备，中国则有广阔且不断扩大的市场需求空间，加强中国 – 中亚 – 西亚能源基础设施建设，有助于将能源富集区域与能源需求市场紧密相连，实现优势互补、合作共赢。如上文所述，依托中国 – 阿联酋曼德油田 EPC 总承包项目、中国 – 沙特"延沙石化"项目和中国 – 沙特 MGS 项目等一系列重大项目，中国与西亚国家能源合作和基础设施的总体建设情况良好中国企业在叙利亚、伊拉克、伊朗、阿富汗均有能源项目，各项目稳步推进。

2. 交通基础设施

交通基础设施建设是经济发展的大动脉，中国 - 中亚 - 西亚经济走廊的交通基础设施主要是沿廊各国铁路、公路、航空的连通，包括已经运行的铁路项目和刚刚启动的铁路项目，其主要进展如下。

（1）"丝绸之风"项目

1993 年欧盟启动了"欧洲 - 高加索 - 亚洲运输走廊计划（TPACE-KA）"，路线图可参考链接[①]；有 13 个国家参与，包括哈、吉、塔、乌等中亚四国、南高加索三国、伊朗、蒙古等，该项目发起旨在减少新独立国家交通上对俄罗斯的依赖。"丝绸之风"项目的主要内容：改造和修建中国—哈萨克斯坦—吉尔吉斯斯坦—乌兹别克斯坦—土库曼斯坦—阿塞拜疆—格鲁吉亚—黑海—欧洲的铁路和公路；改造里海的阿克套、巴库、土库曼巴什和黑海的波季、巴统等港口；修建支线道路基础设施；培训高水平的国际运输业人才；制定统一的关税规则，促使项目参与国加入有关国际公约和协定。项目主要由欧盟资助实施，另外欧洲复兴与发展银行、世界银行、亚洲开发银行和伊斯兰开发银行辅助赞助。2010年因欧盟对伊朗实施制裁，停止了该项目对伊朗的技术和财政支持。

2012 年，在哈萨克斯坦的倡议下，土耳其、格鲁吉亚、阿塞拜疆、哈萨克斯坦达成一致，利用哈萨克斯坦东西铁路通道，来自中国的货物被运送到里海港口阿克套港后，通过大型轮渡穿越里海到达阿塞拜疆巴库，然后经过"巴库—第比利斯—卡尔斯铁路"到达土耳其，跨越博斯普鲁斯海峡输往欧洲，实现跨欧亚大陆的"中国—中亚—高加索—欧洲"运输，也即"丝绸之风"封闭集装箱多式联运列车项目。四个地区（国家）在联运中将实施统一的货运运费，简化海关和边境手续，提高商品的运输效率。由于该项目的内容与欧盟倡议相符，布鲁塞尔甚至协

---

① http://www. contact. az/docs/2014/Economics&Finance/081400087154ru. htm#. VoYthZAcQ3E.

助准备了该项目的技术文件。

"丝绸之风"项目于 2015 年 7 月进行了第一次试运行。名为"Nom-ad Express"的中国—哈萨克斯坦—阿塞拜疆集装箱列车从中国石河子出发，经过哈萨克斯坦多斯特克（Достык）—阿克套港，到达阿塞拜疆（Кишлы）。列车用 6 天 6 夜走了长达 4276 公里的距离。由于测试阶段"巴库—第比利斯—卡尔斯铁路"尚未建成，从格鲁吉亚开始，货物必须从黑海港口波季和巴统上船前往欧洲。2017 年 10 月 30 日，巴库—第比利斯—卡尔斯铁路建成通车，"巴库—第比利斯—卡尔斯跨国铁路是一个历史性工程，是亚欧之间最便捷、最安全的陆上通道，是亚欧大陆交通网的重要组成部分。"①巴库—第比利斯—卡尔斯铁路全长 850 公里，以巴库为起点，途经格鲁吉亚首都第比利斯，终点为土耳其东北部城市卡尔斯。工程 2007 年开工建设，主要包括对既有线路的现代化改造和 105 公里的新线施工，初期设计运载能力为每年 100 万人次旅客和 650 万吨货物。

（2）中吉乌铁路

中吉乌铁路（线路图链接②）1996 年提出，2013 年冻结。目前来看，项目重启的可能性在增大，中吉乌铁路参与方都在积极努力。2014年起，乌兹别克斯坦耗资 19 亿美元建设连接塔什干地区的安革连和纳曼干地区琶布两个城市的铁路，改段铁路属于中吉乌铁路的一段。中国中铁隧道集团作承建，于 2016 年 5 月实现通车。中吉乌铁路除了汇入现有的"乌兹别克斯坦—土库曼斯坦—伊朗铁路"外，还可以向南经过阿富汗通往伊朗。根据 2003 年 6 月达成的建设跨阿富汗走廊的多边协议，从乌兹别克斯坦铁尔梅兹，经过阿富汗将建设铁路与伊朗的港口相连。乌兹别克斯坦率先展开了通往阿富汗铁路的建设，2010 年竣工了从海拉通

---

① http://www.xinhuanet.com/world/2017 - 10/31/c_1121880072.htm，新华网，2017 年 10 月 31 日。

② 《胡锦涛主席呼吁加快中吉乌铁路通道建设》，《东方早报》2012 年 6 月 6 日。

到阿富汗境内马扎里沙里夫 75 公里长的铁路。工程造价 1.65 亿美元，由亚洲开发银行支持。2011 年底投入运营，2016 年 5 月 31 日至 6 月 1 日，中吉乌三方在京召开中吉乌铁路三方联合工作组第一次会议。三方共同就联合工作组工作范围、中吉乌铁路线路走向和轨距标准、下一步工作计划等深入交换了意见，并签署了会议纪要。

目前，铁路路线已基本得到确定，关于具体轨距的谈判仍在继续。新铁路将为货物从中国通过吉尔吉斯斯坦和乌兹别克斯坦运往东欧和中东国家提供机会，它将成为中国货物运往欧盟的最短路线之一。据该项目初步参数，从东亚到中东和南欧国家的运输路线将缩短近 900 公里，运输时间缩短 7~8 天。[①]

（3）中哈乌土伊铁路

"捷詹—萨拉赫斯—马什哈德（Теджен－Серахс－Мешхед）铁路"于 1992 年 5 月开始修建，捷萨马铁路将中亚铁路网与伊朗铁路网相连。1996 年 5 月，土库曼斯坦与伊朗的铁路实现对接，1997 年开始运行。乌鲁木齐—多斯特克—阿拉木图—齐姆肯特—塔什干—阿什哈巴德—德黑兰—伊斯坦布尔国际铁路联运项目费用便宜，运输能力较强。该路线的潜在运量为 30 万个集装箱，是同类运输中最强的项目。但此线路也存在着诸多问题，如设施老化、技术落后、效率缓慢等，特别是还存在着很难改善的体制机制问题，例如，哈萨克斯坦向伊朗出口轧钢和粮食，本可过境乌兹别克斯坦和土库曼斯坦直抵伊朗，但由于乌和土制定了高昂的过境费率，使哈望而却步，舍近求远绕道其他线路。由于各自的利益所致，中亚各国间的铁路运输很不顺畅。

（4）哈土伊铁路

2007 年土库曼斯坦、哈萨克斯坦与伊朗签署了建设乌津（哈萨克斯坦）—格济尔卡亚—别列克特（土库曼斯坦）—艾特列克—戈尔甘（伊

---

① 《路线基本确定，中吉乌三国就铁路建设参数达成一致》，乌国新观察，https://mp.weixin.qq.com/s/HxSk550nwgegqrADyqflyw，2017 年 6 月 23 日。

朗）铁路的政府间协议。随后三国各自展开本国境内铁路的建设工作。2014 年 12 月，哈土伊铁路全线投入运营，三国总统在德黑兰出席了开通仪式。哈土伊铁路项目使来自中国的货物只需经过哈萨克斯坦、土库曼斯坦就能到达伊朗，免除了很多过境环节。2016 年 1 月底，由浙江义乌开出的首班中国—哈萨克斯坦—土库曼斯坦—伊朗铁路集装箱货运试行专列从新疆阿拉山口出境，向西横穿哈萨克斯坦，然后向南沿哈土伊铁路开往伊朗德黑兰。该列车途中进行了两次换轨，用 2 周时间行驶了1 万公里，比海运节省一半时间，免除了多次转运等烦琐环节。

（5）中吉塔阿伊铁路

中吉塔阿伊铁路最早由伊朗于 2010 年提出，2012 年 3 月，伊朗、阿富汗和塔吉克斯坦三国总统在杜尚别一致同意将三国的铁路连接起来。三国专家就设计路线、金融、政策展开研究，决定吸引区域金融机构的参与。2014 年 12 月 11 日，伊朗、阿富汗、吉尔吉斯斯坦、塔吉克斯坦和中国代表在杜尚别首次签署了该跨国铁路的议定书。各方同意 6 个月后在比什凯克继续讨论项目融资问题，并明确投资总额。五国还商定于2016 年 4 月 1 日前完成该项目的可行性研究报告。在谈判中，塔吉克斯坦、阿富汗和伊朗代表的表现较为积极。在铁路轨距问题上，塔吉克斯坦和吉尔吉斯斯坦倾向于在本国境内延用宽轨。按照初步规划，中吉塔阿伊铁路最长的区段位于阿富汗境内。以阿富汗西部城市赫拉特为分界，向西到伊朗境内由伊朗负责建设，采用准轨，目前伊朗已经打通全线，但是后续要进行技术改造。在赫拉特以东，经过麦曼纳（Маймана）、时比尔干（Шибирган）、马扎里（Мазари）、坤杜（Кундуз）到谢尔汗－班大拉（Шерхан－Бандара），长度 1148 公里。为了推动该铁路建设，阿富汗政府在第一阶段的工作中拨款 300 万美元。该铁路对于塔吉克斯坦走出交通困境意义重大。2012 年 6 月 16 日，塔吉克斯坦总理阿基洛夫（Акил Акилов）视察了该区段，其造价估计在 1.3 亿美元，包括建造 18座大型和小型桥梁、一个 2340 米隧道。目前从杜尚别到瓦赫达特已经竣工，总长度为 40.7 公里的"瓦赫达特—亚万铁路计划"在 2016 年塔独立 25 周年时建成，而到达库尔干秋别则需要更长的时间。中吉塔阿伊铁路从塔吉克斯坦向北经过发扎博特（Файзобод）到达吉尔吉斯斯坦的吉尔卡塔尔（Джиргаталь），最后向东通往中国。①

目前，中吉塔阿伊铁路处在协商、谈判的早期阶段，由于阿富汗安全形势的变化对该项目的实施具有决定性影响，因此项目的启动存在不确定性。

总体来看，中国－中亚－西亚经济走廊下的铁路运输项目普遍存在成本较高、转运过程复杂、路线曲折、效率较低等弊端，与"一带一路"北线相比缺乏竞争力。"丝绸之风"项目有很多的货物转运环节，每次港口换装都会增加成本，线路要经过五次国界，有些环节缺乏足够的基础设施、人力资源和其他配套。里海的巴库、阿克套港口缺乏必要的组织处理集装箱货物的技术手段。若考虑到跨里海轮渡的运输困难，特别是在风暴期间，港口将出现挤压和拥堵，货物运输的成本和时间还要增加。即使在最乐观的情况下，"丝绸之风"运输交货期限也要大约两周。2016 年 1 月，首趟从乌克兰发车，绕开俄罗斯，经过黑海、格鲁吉亚、阿塞拜疆、里海、哈萨克斯坦前往中国的集装箱列车历时 14 天抵达中哈边境。此前阿塞拜疆、哈萨克斯坦、格鲁吉亚与乌克兰签署了有关跨里海国际货运路线运输优惠价格的协议。但是该路线的运费仍然较高，每集装箱运费约为 5500 美元，而传统的经俄罗斯路线只需 3920 美元，因此很多企业处于观望状态。"丝绸之风"在很大程度上只是后备项目。目前中国货物通过西伯利亚铁路到欧洲是最廉价和最成熟的陆上路线。哈土伊铁路项目、中哈乌土伊铁路在欧亚运输中发挥着自身的作用，未来它们将扩充运力，提高效率，但是也存在着挑战，沿线国家需要做出努力，以金融、经贸、关税优惠等方案支持局部及全局铁路网的

---

① 杨雷：《中国－中亚－西亚国际运输走廊建设的现状与挑战》，《新疆师范大学学报》（哲学社会科学版）2017 年第 1 期。

连接和畅通，以开辟更为便捷高效的中国–中亚–西亚新运输通道。

（三）贸易畅通进展情况

贸易畅通是中国–中亚–西亚经济走廊建设的重点内容。贸易投资便利化是由封闭经济向开放经济转变的过程，是经济全球化和区域经济一体化对贸易投资领域的必然要求。通过合作解决贸易投资便利化问题，有助于消除中国–中亚–西亚经济走廊相关国家的投资和贸易壁垒，构建良好的营商环境，提升中国同中亚、西亚国家的贸易投资合作水平。

从中国与西亚国家的贸易投资合作来看，石油贸易是双边贸易的主体，2015年5月17日，中国石油工程建设公司（CPECC）与阿布扎比陆上石油公司（ADCO）在阿联酋首都阿布扎比签约曼德油田EPC总承包项目。"曼德项目"是ADCO实现原油日产量从140万桶增至180万桶的重要战略工程项目之一，合同金额3.3亿美元，项目合同工期27个月。[①] 该项目是中国石油在中东高端市场上的又一重大突破，同时也标志着CPECC凭借综合实力，通过国际竞争再次获得ADCO认可。此外，2016年8月26日，迪拜机场自由贸易区（DAFZA）广东自贸实验区南沙片区签署了合作谅解备忘录。2014年11月20日，中国铁建公司收到沙特内政部签署的"安全总部发展项目"第五期工程的第1、3、5号包合同（主要工程包括办公楼、宿舍楼及附属建筑场所结构和装修等），合同金额共计74.23亿沙特里亚尔（约19.79亿美元，约合121.54亿元人民币）。[②] 2015年1月30日，收到沙特财政部批准的公司与沙特王国内政部签署的沙特内政部安全总部发展项目第五期工程第三包剩余36个地块的合同，合同金额共计23.28亿沙特里亚尔（约6.21亿美元，约合

---

① http://news.cnpc.com.cn/epaper/sysb/20150520/0105652004.htm，中国石油新闻中心，2015年5月20日。
② http://stock.stockstar.com/JC2014112300000512.shtml，证券之星，2014年11月24日。

38.1 亿元人民币）。[①] 2015 年 10 月 21 日，河南电建二公司承建的沙特 MGS 项目 3 号站和 5 号站变电站区域接地装置安装工程正式动工，标志着沙特 MGS 项目安装工程施工序幕正式拉开。

近年来，中国与西亚国家在其他领域的贸易投资合作也日渐增多。例如，在新材料领域，沙特基础工业公司与中国机构展开科研合作，并将合作成果向市场化方向转化；2014 年，中方对格鲁吉亚非金融类直接投资 5.3 亿美元，成为最大外资方。2016 年 10 月 5 日，中国与格鲁吉亚实质性结束自由贸易协定谈判。在信息通讯领域，2014 年华为与沙特劳工部下属培训机构签署战略合作协议，积极开展项目合作与联合创新。在产业园区领域，2015 年 9 月，银川市政府、广州市政府、沙特阿美公司共同签订中沙产业园项目，2016 年 5 月中国与阿曼签订了中阿杜谷姆产业园项目，该项目已进入了建设阶段；中国与西亚国家之间加快协商推进中国－海湾阿拉伯国家合作委员会自由贸易区谈判，这将对双边贸易投资合作产生积极影响。本书的后续章节将对此问题进行重点分析和阐述。

（四）资金融通进展情况

资金融通是中国－中亚－西亚经济走廊建设的重要支撑，通过相关国家央行、商业银行、政策性银行之间的互利合作，扩大双边本币在贸易和投资中的使用规模，引导各类资金参与丝绸之路经济带重点项目建设，有助于为丝绸之路经济带建设提供强有力的金融支持。"一带一路"倡议提出以来，中国与中亚、西亚国家积极为银行间合作提供便利条件，推动双边本币互换和贸易本币结算，人民币国际化水平日益提升。

[①] http://www.xinhuanet.com/world/2017－11/01/c_1121891749.htm，证券之星，2015 年 2 月 2 日。

1. 资金融通重要载体——亚投行和丝路基金

（1）亚投行

亚洲基础设施投资银行（Asian Infrastructure Investment Bank，简称亚投行，AIIB）是一个政府间性质的亚洲区域多边开发机构。重点支持基础设施建设，宗旨是促进亚洲区域的建设互联互通化和经济一体化的进程，并且加强中国及其他亚洲国家和地区的合作，是首个由中国倡议设立的多边金融机构。截至 2018 年 7 月 1 日，亚投行有 87 个正式成员国。西亚国家积极参与筹建中国倡议设立的亚洲基础设施投资银行，87个正式会员国包括 20 个西亚国家中的 17 个（见表 5 - 4）[①]，为中国同西亚国家在亚洲基础设施投资银行框架内加强金融合作提供了条件，在亚投行首批的四个项目（2016 年 6 月批准，共投资七亿美元），也包括了对巴基斯坦的投资，即 M - 4 高速公路项目（与亚洲开发银行和英国贸易发展部联合融资）。

表 5 - 4　中国 - 中亚 - 西亚经济走廊沿廊西亚国家参与亚投行的基本情况

国家	申请加入时间	批准加入时间	是否为意向创始成员国
约　旦	—	2015 年 2 月 7 日	是
科威特	2014 年 10 月 24 日	2014 年 10 月 24 日	是
阿　曼	2014 年 10 月 24 日	2014 年 10 月 24 日	是
巴基斯坦	2014 年 10 月 24 日	2014 年 10 月 24 日	是
卡塔尔	2014 年 10 月 24 日	2014 年 10 月 24 日	是
沙　特	—	2015 年 1 月 13 日	是
土耳其	2015 年 3 月 26 日	2015 年 4 月 10 日	是
以色列	2015 年 3 月 31 日	2015 年 4 月 15 日	是
格鲁吉亚	2015 年 3 月 28 日	2015 年 4 月 12 日	是
阿联酋	2015 年 3 月 20 日	2015 年 4 月 3 日	是
阿塞拜疆	2015 年 3 月 31 日	2015 年 4 月 15 日	是

---

① Asian Infrastructure Investment Bank（AIIB），https：//www. aiib. org/en/index. html，2018 年 6 月 2 日。

续表

国家	申请加入时间	批准加入时间	是否为意向创始成员国
伊 朗	不晚于 2015 年 3 月 21 日	2015 年 4 月 3 日	是
阿富汗	—	2017 年 10 月 13 日	否
亚美尼亚	—	2017 年 3 月 23 日	否
巴 林	—	2017 年 5 月 13 日	否
塞浦路斯	—	2017 年 5 月 13 日	否
黎巴嫩	—	2018 年 6 月 26 日	否

资料来源：据亚投行官网公开资料整理。

（2）丝路基金

丝路基金是由中国外汇储备、中国投资有限责任公司、中国进出口银行、国家开发银行共同出资，依照《中华人民共和国公司法》，按照市场化、国际化、专业化原则设立的中长期开发投资基金，重点是在"一带一路"发展进程中寻找投资机会并提供相应的投融资服务。

丝路基金成立以来，参与的项目主要涉及基础设施和产业并购领域，其中涉及西亚国家和中国－中亚－西亚经济走廊建设的包括：2015 年 4 月 20 日，丝路基金与三峡集团、巴基斯坦私营电力和基础设施委员会签署合作备忘录，启动首单对外投资；2016 年 1 月 19 日，与沙特国际电力和水务公司签署共同投资开发阿联酋及埃及电站谅解备忘录，开启中东投资合作首单。中国拥有 3 万亿多美元外汇储备，西亚阿拉伯国家则拥有近 2 万亿美元主权财富基金，双方在依托主权财富基金开展联合投资方面具备良好条件。"一带一路"提出以来，中国同阿联酋围绕成立联合投资基金开展合作，用以支持清洁能源发展。2015 年 1 月，中国－阿联酋共同投资基金项目获得国家发改委备案，并且中阿双方已签署初步合作协议，这对中国同西亚国家在主权财富基金领域的合作提供了示范。此外，上海合作组织银行联合体的业务范围也在不断拓展，加强了中国同中亚国家的金融合作。

2. 中国与西亚货币互换

中国与西亚国家的货币互换协议进展较快，比较有代表性的国家和协议如下。

（1）中国与阿联酋。2012 年 1 月 17 日，中国与阿联酋签署双边货币互换协议，规模为 350 亿元人民币（200 亿迪拉姆）①，有效期 3 年；2015 年 12 月 24 日，两国续签货币互换协议，互换规模保持不变，有效期 3 年，并规定经双方同意，可以展期。中国人民银行批准阿联酋成为人民币合格境外机构投资者（RQFII）试点国家，投资额度为 500 亿人民币；2015 年 12 月 14 日，中国和阿联酋签署了关于设立中国－阿联酋共同投资基金的备忘录，标志着中阿基金正式设立。中阿基金总规模 100 亿美元，一期规模 40 亿美元，双方各出资 50%。② 基金按照商业原则运作，投资方向为传统能源、基础设施建设和高端制造业、清洁能源及其他高增长行业。投资地域以中国、阿联酋以及其他高增长国家和地区为主。设立中阿基金是中阿双方在新的历史条件下不断加深和紧密两国经济合作的重大举措，对进一步深化我与阿联酋等海湾国家务实合作、促进国际产能和装备制造合作具有重要意义。

（2）中国与卡塔尔。2014 年 11 月，卡塔尔埃米尔访华期间，中国人民银行与卡塔尔央行签署了 350 亿元人民币双边本币互换协议，该协议有效期为三年，经双方同意可展期。且卡塔尔获得 300 亿元人民币 RQFII 额度。同时，卡塔尔投资局与中信集团各出资 50 亿美金成立共同投资基金。③

（3）中国与土耳其。2015 年中国和土耳其续签了双边本币互换协议，互换规模由原来的 100 亿元人民币（30 亿里拉）扩大至 120 亿元人民币（50 亿里拉），有效期 3 年，经双方同意可以展期。④

① 赵磊：《"四大行"加速中东布局》，《中国经济周刊》2013 年第 15 期。
② http://ndrc.chinadevelopment.com.cn/2015/12/995849.shtml，中国经济导报－中国发展网，2015 年 12 月 16 日 16：58。
③ 王宇：《春风化雨：跨境人民币业务五周年》，《西部金融》2014 年第 11 期。
④ 魏敏：《"一带一路"框架下中土产能合作面临的机遇和挑战》，《当代世界》2017 年第 8 期。

（4）中国与格鲁吉亚。2015 年 9 月 26 ~ 27 日，第 34 届中亚、黑海和巴尔干半岛央行行长会。会议期间，中国央行与格鲁吉亚国家银行签署了双边本币互换框架协议，表达了建立双边本币互换安排的意愿，以加强双边货币合作、推动双边本币结算、促进两国贸易和投资便利化。

（5）中国与亚美尼亚。2015 年 3 月 25 日，经国务院批准，中国人民银行与亚美尼亚中央银行签署了规模为 10 亿元人民币（770 亿亚美尼亚元）的双边本币互换协议①，旨在便利双边贸易和投资。互换协议有效期三年，经双方同意可以展期。

（五）民心相通进展情况

民心相通是中国 – 中亚 – 西亚经济走廊建设的社会根基，只有广泛开展人文交流活动，才能为中国 – 中亚 – 西亚经济走廊建设奠定坚实的民意基础。

2014 年和 2015 年是中阿友好年，中国与西亚国家共同举办了一系列友好交流活动。2014 年 9 月 10 日，第三届阿拉伯艺术节开幕式暨中阿友好年启动仪式在北京举行，开展了诸多丰富多彩的艺术交流展示。习近平主席在中阿合作论坛第六届部长级会议上指出，今后 3 年，中国将为阿拉伯国家再培训 6000 名各类人才，同阿方分享发展、减贫等方面经验，交流中方的先进适用技术；未来 10 年将组织 10000 名中阿艺术家互访交流，推动并支持 200 家中阿文化机构开展对口合作，邀请并支持 500 名阿拉伯文化艺术人才来华研修，这将有力促进中国同西亚国家的"民心相通"。中阿改革发展中心运作良好，借助中阿博览会平台，在"一带一路"大背景下，宁夏每年都要接待来自阿拉伯国家的艺术人员、专家学者来中国考察学习。2018 年中阿合作论坛第八届部长级会议上，确定办好中阿文明对话暨去极端化圆桌会议；中阿新闻交流中心正式成立；

---

① 《中国央行与亚美尼亚央行签署双边本币互换协议》，http://finance. sina. com. cn/world/yzjj/20150325/183521807144. shtml，新浪网，2015 年 3 月 25 日。

中阿电子图书馆门户网站项目正式启动；中阿共同在华举办的第四届"阿拉伯艺术节"正式启动。今后 3 年，中国将为阿拉伯国家再培训6000 名各类人才，同阿方分享发展、减贫等方面经验，交流中方的先进适用技术。未来 10 年，中阿将组织 10000 名中阿艺术家互访交流，推动并支持 200 家中阿文化机构开展对口合作，邀请并支持 500 名阿拉伯文化艺术人才来华研修。

第六章

走廊（西亚段）推进风险及评估

中国－中亚－西亚经济走廊自 2015 年提出以来，已由顶层设计开始向战略规划和开工建设阶段推进，中国与沿线国家的政治互信、经济互通、文化互联等均已取得重要进展。作为世界上政治经济最为复杂的西亚地区，经济走廊的建设势必会面临诸多风险因素，包括政治外交风险、经济风险、法律风险、社会风险和军事风险等，相应的风险评估十分有价值。

一　风险因素

（一）政治外交风险

中国－中亚－西亚经济走廊涉及西亚 20 个国家，许多国家内部困难重重、对外深陷大国角逐的局面，因民族、宗教、领土、资源等问题引发的冲突和政治剧变更是此起彼伏，经济走廊建设和推进存在政治外交风险。具体表现为：各国内部政权及政局的稳定性；沿线各国与相关国家的外交关系；教派、部落、利益集团关系的变化；其他偶然性因素引起的国际国内局势变化。

1. 经济走廊推进中的内部政治风险

西亚地区不仅宗教、种族复杂，而且各国社会局势动荡。首先，西亚国家内部一直处于变革与转型的状态，社会安全局势不容乐观，社会发展不稳定。其次，各国宗教信仰多样化，不同教派之间的矛盾给社会增加了不稳定因素，加速了相关国家政局的动荡。比如"伊斯兰国"的迅速发展、利比亚政局混乱的加剧、也门内战、布隆迪动乱、叙利亚问题等，这些都是该地区持续动荡的表现。最后，由于西亚国家社会局势动荡，相关国家必须将军事安全放在首位，军费支出庞大，而用于经济贸易，尤其是经济走廊建设等方面的资金相对减少，投资环境的不确定性因素增多，经济走廊建设的重大政治风险因素与以下事件相关。

（1）沙伊恶性竞争

逊尼派占主导的沙特和什叶派占主导的伊朗各自想寻求扩大区域影响力，2015年伊核协议签署后，力争成为地区大国的沙特明显感到地缘政治压力。解除制裁后，伊朗石油重返国际市场，成本低廉的伊朗石油使石油价格暴跌形势下的沙特石油财政、石油主导的经济压力剧增。同时，伊朗高调参与叙利亚危机，支持什叶派的阿萨德政权，在中东的影响力逐步扩大，使沙特的影响力和范围受到挑战。2016年1月2日，"尼米尔事件"引发两国断交，加剧了以沙特为首的伊斯兰教逊尼派阵营和以伊朗为首的伊斯兰教什叶派阵营之间的已持续多年的矛盾。中东两个最大政治玩家沙特与伊朗之间，主旋律的宗教矛盾升级为国家间冲突，使得地区事务中很多事情诸如石油产量、叙利亚危机解决等经济、政治问题不确定性提高。

（2）叙利亚危机中的大国博弈

2011年初，叙利亚危机出现，逊尼派反对派及其背后的美欧势力试图推翻巴沙尔政府。俄罗斯于2013年9月介入叙利亚化武危机，2015年9月军事介入叙利亚反恐。阿勒颇战役的胜利使叙政府的运势发生逆转，起决定性作用的是来自俄罗斯和伊朗的支持。2015年11月24日，土耳其 F16 战斗机在叙土边境击落俄罗斯苏 24 战斗轰炸机。土耳其素有复兴"大突厥帝国"的情结，支持叙利亚境内的反对派，与 IS 进行石油贸易等，击落俄罗斯战机也是保护其在叙利亚的不当利益。2016 年 7 月的军事政变使土耳其与俄罗斯的关系迅速回暖。在阿勒颇战事行动近尾声之时，俄罗斯与土耳其正在筹划叙利亚问题新和谈，但西方国家要推翻巴沙尔政权的立场没有根本变化，由联合国主导的和谈进程一再陷入僵局，特朗普上台后，武力干预叙利亚，使得叙利亚局势更加复杂；符合大多数利益的政治过渡进程仍然难以落实，整个叙利亚的局势依然存在诸多变数。

叙利亚危机是地区重要热点议题，叙利亚危机发生 6 年多来，多方参与，局部战争、政治和谈、外交斡旋同时在发生。到目前为止，依然没有确定性结果。地区经济社会遭到严重破坏，人道主义危机严重。叙境内存在政府军、反对派武装、极端组织和库尔德武装 4 股主要军事力量，这几股军事力量之间关系错综复杂，加上外部势力从中干涉，叙局势发展存在诸多不确定因素，对周边环境甚至整个中东局势带来不确定性。

（3）巴以局势突变

2017 年 1 月 15 日，由法国倡议，约有 70 个国家和国际组织代表参加了巴黎巴以和平会议。这次巴黎和平会议是 2014 年 4 月巴以和谈中断以来，国际社会试图为停滞已久的巴以和平进程注入新动力，推动中东局势走向稳定而发出的最新呼吁。此举是奥巴马政府为巴以和谈做出的最后努力。但这次会议在巴以冲突问题上没有取得突破，以色列拒绝与会。特朗普上台后，改变美国在巴以问题上的一贯立场，把美国驻以使馆从特拉维夫迁至耶路撒冷，引发了新的冲突。巴勒斯坦问题牵动整个中东乃至全球穆斯林的神经，特朗普的偏袒霸道行为加剧了巴勒斯坦问题的复杂性、危险性，影响地区局势。

（4）"伊斯兰国"的不稳定因素

"伊斯兰国"极端组织依然是地区最不稳定因素之一，国际社会对

"伊斯兰国"组织实施了高强度的打击，"伊斯兰国"武装已转入战略守势，武装实力被严重削弱。这是国际社会加大打击力度所取得的阶段性成果。"伊斯兰国"势力受到巨大打击，但离完全被歼灭还很遥远。"伊斯兰国"所控制版图并不太大，军队也不过两三万人，灭之并不难，难的是各方最终形成打击合力。即便在摩苏尔和拉卡的极端分子被打垮，也并不等于恐怖主义被击垮，"伊斯兰国"到了"穷途"，但未到末路。一个可将常规战争到恐怖主义的一系列战术组合起来的圣战组织，仍有可能翻盘，改变形势并幸存下去，继续威胁地区乃至整个国际社会的安全，打击恐怖组织依然任重而道远。

以上几个重要因素的任何一个，如果任其恶性发展，都会影响地区局势，都会影响中国-中亚-西亚经济走廊的推进。

2. 经济走廊推进中的外部外交风险

西亚是大国显现影响力的焦点区域：俄罗斯在力推"欧亚联盟"，欧盟积极推动"东部伙伴计划"，美国则提出建设"新丝绸之路"和"印太走廊"等设想。尽管中国强调不谋求地区事务上的主导权和划分势力范围，但外部反应不一，其影响甚至阻碍相关项目的实施均具有不确定性，也提高了沿线国家的投资风险水平，风险因素主要包括以下几方面。

（1）美国干预

作为当今世界唯一的超级大国，中东在战略地位、石油资源方面的重要价值是美国历届政府插手乃至控制中东的根本原因。控制住中东，便可东遏中国、西遏欧洲、北遏俄罗斯；控制住中东，便可保证美国经济航道的安全和石油安全。美国在中东的手段也无所不用其极，二战前与英国抢夺中东石油资源，二战后与苏联在此角逐，如今在中东为所欲为，支持六次中东战争、援助阿富汗抗击苏联、挑拨两伊战争、怂恿海湾战争、进行反恐战争等。中国-中亚-西亚经济走廊处于美国直接或间接的插手与控制之下，尤其是特朗普政府朝令夕改，高调插手中东，强力遏制中国，区域外交不确定性增大。

（2）俄罗斯因素

俄罗斯一直重视与西亚的战略关系，特别是重视对大高加索地区附近国家以及伊朗的控制权。当下，俄罗斯外交政策是以利益为导向，俄恢复了在西亚地区的活动。苏联时代其对西亚国家的支持很大程度上是基于意识形态，俄罗斯则是关注地缘战略和相互关系中的经济方面，西亚在俄罗斯外交中的地位与过去相比变得更为重要。出于战略上的理由，叙利亚和伊拉克依然十分重要，它们还是俄技术和武器的进口国。苏联曾一度出于促进中东和谈的考虑削减对叙利亚的武器供应，而俄罗斯出于经济利益的诱惑正在改变这一立场。除了有可能对俄罗斯的国际威望产生影响外，巴以关系或约以关系与俄罗斯的国家安全没有太多的直接联系，中国－中亚－西亚经济走廊建设也需考虑俄罗斯的因素。

（3）欧洲因素

历史上，由于地缘政治，欧洲与西亚国家间存在特殊关系。西欧各国在西亚有着特殊的利益和政策。在近代和现代史上，英、法、德三国是角逐西亚的主要力量。但"二战"结束至 20 世纪六七十年代，西亚国家纷纷摆脱殖民统治，取得国家独立；欧洲人在西亚地区的势力逐渐消退，双边呈不稳定状态。冷战结束以来，欧洲安全政策中的一个重点就是积极推行南下战略，中东和平进程启动以来，欧盟一直是中东地区的主要援助者，对巴勒斯坦的援助远远超过其他国家，欧盟国家领导人多次出访西亚，向西亚地区派出特使，带去不同于美国的和平方案，以显示其在西亚的存在及影响。进入 21 世纪，随着国际政治形势和地区形势的发展变化，欧洲更加重视地中海、阿拉伯世界及整个西亚地区的稳定、安全、开放和发展，欧盟对西亚地区的多边层面的政策主要包括"欧洲睦邻政策"（ENP）架构、"地中海联盟"（EFM）架构、"欧洲－海湾合作委员会协定"架构和欧盟难民与移民政策架构等。

（二）经济风险

中国－中亚－西亚经济走廊建设涉及国家和地区众多，各国经济发展水平参差不齐、设施标准不一、联通不够、基础设施建设较为落后以及市场规范化程度较低等都可能成为经济走廊推进过程中的经济风险因素。经济因素的具体表现为经济的不可持续增长，国际贸易格局的重大变化，自然灾害，偶然性因素引起的经济巨大波动等。

1. 沿线国家经济发展差异巨大

受资源富集程度、经济发展阶段、市场化程度等因素的影响，沿线西亚相关国家的经济发展水平存在很大差距，提升了经济走廊推进的难度。

以 GDP 为例，在资源富集、设施优良的海湾国家，诸如沙特阿拉伯、阿联酋、卡塔尔，2017 年三者的 GDP 和人均 GDP 分别为 659.661 百万美元、20201.68 美元，357.269 百万美元、35236.8 美元，181.255 百万美元、67269.64 美元，而在资源贫瘠、区位条件不明显的其他地区，经济的发展远远不如西亚地区的经济大国，诸如阿富汗、也门，二者的 GDP 和人均 GDP 分别为 17.449 百万美元、521.314 美元，47.18 百万美元、1573.88 美元。区域经济巨大的差距使得走廊的产业连接、贸易连接成本增加，西亚宏观经济具体情况如表 6－1 所示。

表 6－1　西亚国家宏观经济情况

国家	经济指标	2014 年	2015 年	2016 年	2017 年	2018 年
阿富汗	国内生产总值（十亿美元）	20.444	19.204	17.275	17.449	18.468
	人均国内生产总值（美元）	653.603	599.994	527.671	521.314	539.967
	国内生产总值增速（%）	1.282	1.466	2.017	3.049	3.516
	国民储蓄净额与国内生产总值之比	29.171	23.943	23.792	19.219	17.102
	基础财政收支与国内生产总值之比	－1.733	－1.439	0.788	0.195	－0.17

续表

国家	经济指标	2014 年	2015 年	2016 年	2017 年	2018 年
亚美尼亚	国内生产总值（十亿美元）	11.644	10.571	10.774	11.152	11.712
	人均国内生产总值（美元）	3900.70	3534.86	3602.39	3728.71	3915.56
	国内生产总值增速（%）	3.533	3.005	1.886	2.5	3
	国民储蓄净额与国内生产总值之比	13.774	16.371	15.33	15.231	15.433
	基础财政收支与国内生产总值之比	-1.937	-4.933	-4.132	-2.945	-2.331
阿塞拜疆	国内生产总值（十亿美元）	75.254	54.048	35.141	36.195	37.281
	人均国内生产总值（美元）	8055.21	5739.43	3701.98	3782.78	3865.34
	国内生产总值增速（%）	2.8	1.1	-2.991	0.988	2.197
	国民储蓄净额与国内生产总值之比	37.113	26.597	25.704	26.684	33.499
	基础财政收支与国内生产总值之比	2.802	-3.41	-12.521	-4.635	-0.193
巴林	国内生产总值（十亿美元）	33.843	30.411	30.079	31.959	33.549
	人均国内生产总值（美元）	26686.27	23509.9	22797.78	23747.19	24439.82
	国内生产总值增速（%）	4.486	3.153	2.164	2.015	1.862
	国民储蓄净额与国内生产总值之比	31.536	12.918	11.081	10.518	10.544
	基础财政收支与国内生产总值之比	-5.759	-15.106	-17.929	-15.295	-13.979
塞浦路斯	国内生产总值（十亿美元）	23.113	19.33	19.795	20.504	21.271
	人均国内生产总值（美元）	27288.63	22587.4	22903.31	23502.83	24166.2
	国内生产总值增速（%）	-2.497	1.588	1.592	1.976	2.229
	国民储蓄净额与国内生产总值之比	8.59	10.247	10.606	11.506	11.457
	基础财政收支与国内生产总值之比	-0.228	-1.674	0.093	0.674	1.363
格鲁吉亚	国内生产总值（十亿美元）	16.515	14.007	13.942	15.388	16.815
	人均国内生产总值（美元）	4428.26	3788.62	3790.53	4192.25	4581
	国内生产总值增速（%）	4.623	2.757	2.457	4.518	5.034
	国民储蓄净额与国内生产总值之比	19.241	21.709	21.146	19.895	20.053
	基础财政收支与国内生产总值之比	-1.834	-1.161	-1.591	-2.044	-1.884
伊朗	国内生产总值（十亿美元）	416.49	387.611	386.12	409.297	440.047
	人均国内生产总值（美元）	5307.63	4877.07	4798.89	5026.81	5342.97
	国内生产总值增速（%）	4.343	0.032	3.957	3.74	3.837
	国民储蓄净额与国内生产总值之比	34.454	30.134	28.427	28.898	29.053
	基础财政收支与国内生产总值之比	-1.163	-2.931	-2.478	-1.513	-1.289

续表

国家	经济指标	2014 年	2015 年	2016 年	2017 年	2018 年
伊拉克	国内生产总值（十亿美元）	223.508	169.46	148.411	164.418	177.245
	人均国内生产总值（美元）	6520.38	4819.49	4114.83	4444.16	4670.55
	国内生产总值增速（%）	-2.118	2.396	7.154	3.277	4.158
	国民储蓄净额与国内生产总值之比	25.555	14.966	7.921	10.786	16.812
	基础财政收支与国内生产总值之比	-5.591	-14.518	-20.054	-12.196	-5.094
以色列	国内生产总值（十亿美元）	305.67	297.073	306.194	316.77	328.461
	人均国内生产总值（美元）	37222.38	35343.3	35905.27	36524.49	37276.07
	国内生产总值增速（%）	2.554	2.583	2.847	3.018	2.97
	国民储蓄净额与国内生产总值之比	23.708	23.527	23.875	23.711	23.402
	基础财政收支与国内生产总值之比	-3.479	-3.025	-3.829	-3.831	-3.846
约旦	国内生产总值（十亿美元）	35.878	37.62	39.795	42.299	46.091
	人均国内生产总值（美元）	5374.59	5513.01	5704.74	5931.75	6186.63
	国内生产总值增速（%）	3.096	2.5	3.2	3.7	4
	国民储蓄净额与国内生产总值之比	14.681	11.42	14.77	16.03	16.401
	基础财政收支与国内生产总值之比	-2.988	-4.003	-3.372	-2.047	-1.113
科威特	国内生产总值（十亿美元）	171.958	120.682	106.212	119.904	131.276
	人均国内生产总值（美元）	43005.43	29363.0	25141.53	27612.75	29411.7
	国内生产总值增速（%）	0.029	0.901	2.4	2.604	2.609
	国民储蓄净额与国内生产总值之比	46.887	31.377	26.944	28.937	29.286
	基础财政收支与国内生产总值之比	26.586	1.24	-13.388	-7.801	-6.261
黎巴嫩	国内生产总值（十亿美元）	49.944	51.168	52.797	54.063	56.218
	人均国内生产总值（美元）	11073.37	11236.7	11484.25	11647.59	11996.69
	国内生产总值增速（%）	2	1	1	2	2.5
	国民储蓄净额与国内生产总值之比	-2.994	-3.683	-1.155	-1.23	-0.931
	基础财政收支与国内生产总值之比	-5.987	-8.923	-7.79	-8.38	-9.071
阿曼	国内生产总值（十亿美元）	77.767	58.491	51.679	56.34	59.723
	人均国内生产总值（美元）	20923.75	15232.9	13059.81	13811.6	14198.9
	国内生产总值增速（%）	2.948	4.109	1.831	1.738	1.173
	国民储蓄净额与国内生产总值之比	34.442	16.895	4.809	10.914	13.599
	基础财政收支与国内生产总值之比	-1.648	-20.392	-19.708	-17.136	-13.868

续表

国家	经济指标	2014 年	2015 年	2016 年	2017 年	2018 年
巴勒斯坦	数据缺失					
卡塔尔	国内生产总值（十亿美元）	210.109	185.395	170.86	181.255	199.539
	人均国内生产总值（美元）	93990.41	76576.1	66265.18	67269.64	72961.01
	国内生产总值增速（%）	3.978	3.271	3.401	3.433	2.869
	国民储蓄净额与国内生产总值之比	58.278	54.477	52.692	53.876	55.602
	基础财政收支与国内生产总值之比	18.087	10.268	-2.704	-8.968	-6.963
沙特	国内生产总值（十亿美元）	753.832	653.219	618.274	659.661	699.637
	人均国内生产总值（美元）	24498.62	20812.5	19312.93	20201.68	21005.81
	国内生产总值增速（%）	3.639	3.353	1.205	1.916	2.295
	国民储蓄净额与国内生产总值之比	38.297	21.249	17.406	20.806	23.085
	基础财政收支与国内生产总值之比	-3.401	-16.273	-13.548	-11.813	-11.024
叙利亚	数据缺失					
土耳其	国内生产总值（十亿美元）	798.332	733.642	751.186	791.239	833.863
	人均国内生产总值（美元）	10381.03	9437.37	9562.06	9969.5	10402.61
	国内生产总值增速（%）	2.914	3.84	3.8	3.432	3.5
	国民储蓄净额与国内生产总值之比	14.746	15.634	15.42	14.953	14.647
	基础财政收支与国内生产总值之比	-1.242	-1.007	-1.908	-1.324	-1.175
阿联酋	国内生产总值（十亿美元）	399.451	345.483	325.135	357.269	386.637
	人均国内生产总值（美元）	42943.78	36060.0	32988.62	35236.8	37068.45
	国内生产总值增速（%）	4.57	3.93	2.37	2.623	3.139
	国民储蓄净额与国内生产总值之比	38.348	27.762	24.75	26.85	29.212
	基础财政收支与国内生产总值之比	4.984	-4.879	-10.83	-8.517	-4.997
也门	国内生产总值（十亿美元）	43.229	36.852	37.308	47.18	50.418
	人均国内生产总值（美元）	1574.25	1302.94	1280.65	1573.88	1636.07
	国内生产总值增速（%）	-0.189	-28.097	0.675	11.934	5.313
	国民储蓄净额与国内生产总值之比	6.178	-3.876	-2.073	3.084	4.578
	基础财政收支与国内生产总值之比	-4.136	-10.825	-10.033	-7.118	-5.804

资料来源：经济观察网站（http://www.economywatch.com/economic - statistics/country/），其中 2018 年为预测数据。

2. 沿线国家设施联通不理想

西亚各国建国时间均不长，基础设施建设滞后，产业结构趋同，建设规划与技术标准缺乏有效对接，多数国家市场化程度低、开放程度不高。区域内发达的、统一的市场尚未形成，除少数产业外，本地区内部产业、产品竞争力不强。

沿线国家现有的交通设施仅能满足过境交通需求，存在众多缺失路段和瓶颈路段。沿线国家的公路、铁路自成体系，交通道路施工标准各异，如中国 1435 毫米的标准轨和俄罗斯及独联体国家的 1520 毫米的宽轨不一致，导致火车在跨境时需要吊厢换装，严重制约物流效率和成本的降低，给铁路对接造成较大障碍。沿线国家对国际陆地交通运输便利化公约重视不足，目前实施的双边协议对过境车辆、货物和人员的限制多，尚未正式签署《过境运输框架协议》，2015 年 9 月 7 日，由亚洲开发银行组织，中巴吉哈四国在乌鲁木齐围绕重启《四方过境运输协议》，就四方过境运输协议尚再进行第二次技术磋商研讨会。交通设施的标准统一和联通能够助推中国 – 中亚 – 西亚经济走廊的建设，如果交通设施的标准统一和联通出现了障碍，将会严重阻碍经济走廊的建设。

3. 政策协同的挑战

西亚各国地缘政治和地缘经济迥异，利益诉求难以统一。在区域经济发展及地区和平两个笼统的共同目标之外，寻求国家、社会和市场三者都认可且可操作的共同利益点，具有一定的难度，考验各方智慧。收益高于交易成本和治理成本是建立合作机制的基础，沿线各国达成共识性的收益和成本，会提升合作的主动性和积极性。

中国 – 中亚 – 西亚经济走廊现有制度环境存在以下挑战。挑战一，沿廊各国的高度异质性对经济走廊有效合作形成制度壁垒。这一异质性并非仅涉及经济差距和地理环境以及自然风貌，而是政治制度、经济体制、宗教人文等方方面面，达成统一的价值观和共识难度很高。挑战二，存在显著基于距离而产生的空间成本劣势，而这是影响经济要素集散最重要的制约因素。沿廊国家合作的地区基本上都是基础设施十分欠缺的经济落后地区，必然导致内部及区际运输成本居高不下，冲抵了合作地区之间的经济资源价格差距和收入差距，理论上的要素集散与外资进入的理想局面难以实现。挑战三，达成市场一体化机制的交易成本高昂。推动区域一体化、实现中国－中亚－西亚经济走廊联通有几种选择：一是借助市场力量促进区域分工以实现全方位的贸易自由化；二是政府引导、金融推动（产业基金），通过合作各方签署产业结构互补协议以达成区域内专业化分工，实现规模经济效应和消化多余产能；三是基于各国政府签订的协定规划相应工业企业的建立，辅以关税或其他优惠政策；四是沿廊国家为合作区域内的产业提供关税优惠政策，但不实行全面自由贸易。以上4种路径都需要有合作区域里关联产业内或产业间的自发积累，同时涉及一体化的内部利益分配机制，谈判过程旷日持久且易反复。挑战四，走廊合作机制存在不确定性。尽管沿廊国家对该战略倡议已经做出正面响应，但显然属于国际制度安排中的非正式协议的初级阶段，其正式化、集中化和授权化程度均很低，升级到动机激发、自我实施阶段，进而到一般性国际组织阶段需要漫长时间的考验。

4. 中国－西亚的发展差异

经过改革开放的发展，中国无论是经济还是综合实力都实现了跨越式的发展，市场经济体系也日趋完善，市场规范化程度日渐提高。虽然不少西亚国家也纷纷推行市场规范化改革，在现阶段，尽管西亚地区人民生活普遍比较宽裕，有较强的购买力，但是西亚地区的市场规范化程度依然相对较低，经济管理体制还存在很多不完善的地方，相关的经济法律法规和政策不健全，缺乏相应的制度和相关部门的有效监管和约束，信用管理体系比较薄弱。西亚部分国家还是计划经济占主导地位，"看得见的手"在指引着贸易的进行。上述因素都使得中国企业和投资者心存顾忌，投资信心不足，可见，中国与西亚在经济发展水平上以及制度规范上存在着一定的差异，一定程度上会削弱双方的经济走廊推进的进程。

5. 发达国家的竞争

美国、欧洲西方发达国家与西亚地区的经贸往来起步早，贸易往来深入，不但占据了西亚多数国家的贸易和投资市场，已经投资运营了许多大型的项目，西方产品在品牌、市场推广度等方面相比中国也有明显的优势。这是中国在加强与西亚地区经贸合作时所必须面对的现实。受到国际金融危机和经济调整的影响，发达国家其实也希望通过扩张对外贸易来缓解国内产能过剩、内需不足的问题，这加深了中国出口产品与发达国家产品在西亚地区原本就比较激烈的竞争关系。另外，在"中国威胁论"下，西方尤其是美国遏制中国的战略意图十分清楚，联合包括西亚在内世界力量是必然的，事实上也已经在做，这提升了经济走廊推进的难度。

（三）法律风险

长辐射、宽领域、多层次的地区经济贸易合作，既为企业"走出去"提供了良好的发展机遇，同时也带来更大的风险，而其中的法律风险则是中国对外经济合作中面临的一大风险。

中国－中亚－西亚经济走廊沿线国家的政治和法制环境复杂多元，由于不同的国家针对外国直接投资的政策和法律不同，在国家安全、反垄断、环境保护、劳工、税务以及行业限制等方面都有不同的规定。另外，不同国家有关投资的相关政策与法律经常会因为外部经济环境的变化而进行调整，给中国到沿廊国家开展投资合作的企业带来了风险。同时，由于中国企业国际化尚处于起步阶段，不少企业对国外法律不熟悉，在守法方面要求不严格，面临较大的法律挑战。法律风险直接关系着中国企业"走出去"的生死存亡，贯穿经济走廊建设的各个阶段。

1. 对西亚法制认识不到位的风险

法制环境是指一个国家或地区的足以直接或间接影响外国投资者投资权益的法律制度和法律规范的总称。当前，我国企业"走出去"的风险涉及广泛，但由于法制环境不佳或者对东道国法律的理解出现偏差引发的风险仍较为显著。中国企业在对外投资过程中，缺乏法律保障和对国际规则的了解，凭借着在国内的经验和思维方式投资国际市场，致使投资失利。根据中国与全球化研究中心（CCG）2014 年的调查结果显示，16% 的投资事件是直接或间接因为法律原因导致投资受损或最终被迫停止投资的。考察这些因法律原因导致投资终止的案例发现，1/3 中资企业是因为法律观念薄弱，不严格遵守东道国的法律，通过不正当手段获取项目所致；1/3 的投资事件终止或失利是因为对劳工法不熟悉。

虽然企业"走出去"的法律风险已被经营者们所认识，但深度远远不够。很多企业认为只要了解东道国的现行法律具体规定，做到守法经营就不会有法律风险。然而事实上法律风险的成因很复杂，与一个国家政治、经济、社会、人文等多种因素都有直接的关联，既包括政治风险转化、法制环境变更、意外事件、第三方行为等外部因素，也包括企业及其员工合法的和非法的行为、主动与被动的行为等内部原因；既包括违法行为的法律风险、犯罪行为的法律风险，也包括合法行为的法律风险。

2. 西亚法律环境参差不齐的风险

域外法制体系对外国投资合作的法律法规和政策规定的完善程度参差不齐，包括对外贸易法律法规体系、对外国投资的市场准入规定、税收制度、对外国投资优惠政策、劳动就业规定、土地法规定、证券交易规定、环境保护法规定、反商业贿赂法律规定、对外承包工程规定、知识产权保护法规定、争议解决机制规定等，以及与中国签订的国际双边或多边投资协定的内容层次深浅不一，这些都构成中国企业"走出去"要面临的法律问题。如果不能做到对域外法制概况、税务信息、审批流程、外汇制度、劳工问题、环境保护法规、知识产权制度、反垄断制度、反商业贿赂制度、争议解决机制等法律问题的尽职调查，则会给企业"走出去"带来不同程度的法律风险。

（四）社会风险

西亚地区的宗教、民族、部落和利益集团之间的矛盾是历史遗留问题，矛盾错综复杂，地区局势动荡。既有阿拉伯人、波斯人、犹太人、突厥人、库尔德人等之间的民族矛盾，也有伊斯兰教与其他宗教之间的宗教矛盾以及伊斯兰教逊尼派与什叶派之间的教派矛盾。部分国家之间还存在领土边界纠纷、经济利益纠葛以及政治制度和意识形态的显著差异。这些问题在短时间内难以得到调和解决，并经常以冲突甚至战争的形式爆发。

1. 西亚民族宗教的复杂性

西亚地区政权更迭频繁，宗教文化错综复杂。宗教之间、教派之间差异、分歧、利益诉求不一客观存在。没有出现单独主导整个地区的国家或力量，使得西亚地区的政治上存在一定的内部复杂性。西亚各国对西方发达国家存在一定的依赖性，同时西方的政治力量也会主动去干涉，使得复杂性提升。宗教本身的复杂性加外部干预的影响，使得中国－中亚－西亚经济走廊建设不确定性增加，走廊建设的前提是熟悉和尊重当地的民族宗教文化。

2. 文明差异带来的沟通障碍

西亚地区是人类古代文明的发祥地之一，是伊斯兰教、犹太教和基督教等世界性、地区性宗教的发源地，其宗教文化相当浓厚。除以色列信仰犹太教外，其他国家的大多数居民信仰伊斯兰教。复杂的历史和民族渊源、浓厚的宗教氛围，都是客观存在。虽然中国与西亚的国家一直都保持着良好的政治外交关系，中国与西亚地区国家的高层领导互访频繁，增进了两地人民的了解、信任和文化的交流，但是中国－西亚的主流宗教文化有差异。如果不能互知、互尊、互容，难免会出现产生误解、恐慌和冲突，从而成为一定时期内制约两地经贸深度合作发展的不利因素。预防之策是中国的政策、外交、企业一定要熟悉西亚当地的民族、宗教、习俗等，包容文明的多样性，需要从内心重视和尊重对方的语言、文字、信仰、习俗、文化等。只有实现民心相通，才能为其他领域的合作创造良好的社会信任氛围。

（五）军事风险

西亚动荡的局势隐患一直是世界各国投资者最担忧的问题，也是中国－中亚－西亚经济走廊建设和推进的主要风险和障碍之一。例如，伊核问题引发局势紧张，伊朗曾数次扬言，如果遭到美国和以色列的攻击，将中断石油出口予以报复，并将封锁掌控着世界石油运输量 1/3 和中东地区石油运输量 80% 的霍尔木兹海峡。又如，2011 年以来的叙利亚国内暴力冲突实际上已经升级为内战，西亚多国、世界大国都参与其中，其不稳定局势影响着整个西亚地区的安全局势。由于叙利亚动荡的国内局势，中国石油企业已经撤离叙利亚，中国在当地的援外项目也无法继续实施，中方目前也暂不鼓励国内企业和人员进入叙利亚。具体来说主要的军事风险如下。

巴以问题：巴以和谈是中东的核心议题之一。2017 年 1 月 15 日，由法国倡议，约有 70 个国家和国际组织代表参加了巴黎巴以和平会议。由于巴以地区现状及大国博弈等内外因素影响，巴黎和平会议在巴以冲突问题上没有取得突破。随着 2018 年 5 月 14 日特朗普下令将美国驻以大使馆搬迁至耶路撒冷，巴以冲突加剧。美国大使馆搬迁当天，被以色列枪杀的巴勒斯坦抗议人数超过 40 人，受伤人数超过 2000 人，包括土耳其、伊朗等在内的西亚多国强烈谴责以色列及其盟友美国。巴以甚至是阿以关系走向了十分危险的地步，影响整个地区安全。

沙伊关系：伊朗解禁以后，经济社会正在快速发展，同时积极参与地区事务，包括支持军事阿萨德政府、黎巴嫩什叶派等活动，扩大其中东影响力；挤压沙特的空间，"尼米尔事件"导致沙伊断交，以沙特为首的伊斯兰教逊尼派阵营（巴林、阿联酋、苏丹、科威特和卡塔尔）先后宣布与伊朗断交或降低外交规格。以伊朗为首的伊斯兰教什叶派阵营也以各种方式标示出不满，从而加剧了地区矛盾。

　　阿富汗等地区安全问题：阿富汗等中东地区还无法彻底实现和平与稳定，在这些地区建设基础设施、开展贸易受到恐怖活动的威胁，存在较大的风险。美国和北约联军从阿富汗撤出主要军队，阿富汗政府独立应对塔利班势力，局势存在恶化的可能，中国经阿富汗通向伊朗的铁路存在风险。为了安抚其他国家的忧虑，阿富汗铁路管理局官员表示，中吉塔阿伊铁路项目的建设将为该国带来划时代的和平和稳定，受到全国民众的欢迎。该铁路沿线是阿富汗最安全的地区，政府也将为道路提供充分的安全保证。虽然阿富汗政府的态度很认真，但是相关国家仍然保持谨慎态度。目前来看，经济走廊的主要过境国土耳其局势较为稳定，该国拥有强大的安全力量。土耳其政府有能力保障社会稳定，提供交通设施和贸易走廊的安全。伊朗社会相对稳定。但是西亚地区整体局势有很大的不确定性，是经济走廊建设的必须认真面对的议题。

二　推进风险评估

　　中国-中亚-西亚经济走廊（西亚段）面临着经济风险、政治风险、法律风险、社会风险和军事风险，从风险影响程度等指标来看，比较重要的风险是政治风险和经济风险。

（一）政治风险评估

　　走廊沿线许多国家内部重重矛盾，外部面临大国博弈的影响。少数沿线国家政治与安全局势持续动荡，地缘政治风险依然较高，如阿富汗、叙利亚等，一些重大冲突在大国博弈和多重政治经济利益掺杂的情况下，向好向和迹象尚不明显。

　　部分沿线国家政局不稳，政策易变；大国争相干预。俄罗斯力推

"欧亚联盟"，欧盟推动"东部伙伴计划"，美国提出"新丝绸之路"和"印太走廊"等设想。多方逐鹿提升了沿线国家的风险水平。

西亚民族关系社会政治复杂多变，盘根错节，各民族政治"利益之争"客观存在、政治形势激荡不停。目前各种势力竞相施加政治影响和金融渗透，社会系统复杂难解。评估政治风险时考虑到沿廊国家的政治特征，下文将八个项目列入评估框架并用德尔菲法对各个评估项目赋予权重（如表6－2所示）。①

表6－2 中国 - 中亚 - 西亚经济走廊沿线国家政治风险分析

评估指标	核心领导人稳定性（总分10）	经济发展稳定政治（总分10）	社会问题（总分10）	外部因素（总分10）	宗教极端主义威胁（总分10）	公民群体（总分10）	军队稳定性（总分10）	议会稳定性（总分10）
评估内容	领导人更迭对政治局势影响程度	经济发展对政治稳定性的作用	社会矛盾激化程度，发生社会动荡的可能性	外部因素影响政局变化的可能性	通过破坏活动、武装袭击等方式影响社会稳定的可能	公民群体通过街头政治、武装叛乱等方式影响政局变化的可能性	军人集团通过政变或施压等方式影响政局变化的可能性	议会的决策权力程度导致变化的可能性
权重（%）	20.375	14.75	14.375	12.25	12	10.75	8.5	7

图6－1、图6－2显示几个主要沿廊国家的政治风险框架和雷达图，相比较而言，土耳其的风险最低，伊朗其次，因土耳其、伊朗国内政治的稳定、经济体量大、与中国经贸关系良好等。西亚国家中海合会成员国不仅能源丰富，而且投资开放程度较高，与中国的经贸往来密切，总体风险较低。其中沙特国内面临青年失业率高、什叶派少数族裔反抗等不稳定因素。西亚北非局势外溢效应在显现。巴以冲突的持续导致恐怖袭击事件时有发生。虽然政治风险存在，但以上风险在走廊建设中可预测可控。

---

① 何文彬：《中国 - 中亚 - 西亚经济走廊的战略内涵及推进思路》，《亚太经济》2017年第1期。

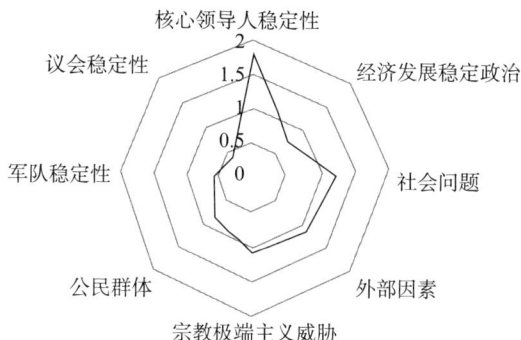

图 6 - 1 伊朗政治风险框架和雷达图

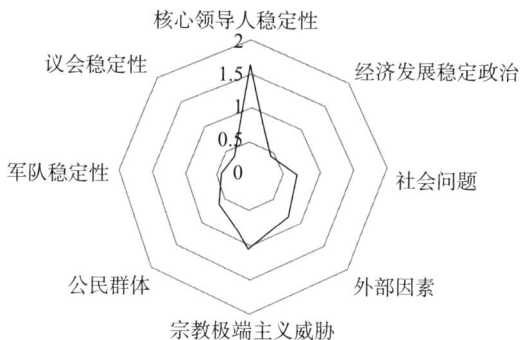

图 6 - 2 土耳其政治风险框架和雷达图

（二）经济风险评估

经济风险评估主要考虑因素是地区经济发展的可持续性、经济自由度和营商环境等。

1. 经济发展的可持续性

2008 年以来，走廊沿线国家的经济发展不同程度受到世界经济低迷的影响，表现出分化，总体有以下几个特点：一是各国总体的经济总量相对世界经济总量来说体量小；二是各国发展差异扩大，体现在规模和速度上，以 2017 年为例，经济增速最快达到 4%，最慢的经济增速为负；三是经济发展程度不一，有的国家工业化程度较高，有的国家还处在工业化初期，基础设施十分落后（具体如表 6－1）。

2. 经济自由度

沿线国家市场化程度差异大，根据《华尔街日报》和美国传统基金会发布全球权威的经济自由度评价，对十个项目，采用百分制的分项评价后，进行简单平均可以得出沿线国家的自由度评价。美国传统基金会将"经济自由"解释为："政府在生产、分配、消费等方面超过保护公民和维持其自由的强制或干预的消除。"从表 6－3 可知，中亚国家基本属于"较不自由经济体"和"受压制经济体"，意味着政府对经济干涉较多。分项指标中，中亚、西亚国家的金融自由度、投资自由度较低，金融自由度涉及银行管理措施，分值低意味着"这些管理措施已经超过了银行真正的需要"，包括政府对银行业及其他金融服务的管制较多、金融机构开业和运营的门槛较高、政府对信贷资金分配的影响很大。投资自由度分值低意味着在是否有外国投资代码，政府是否鼓励外国企业公平的参与投资，是否对外汇进行管制，外国公司是否享受同等待遇，政府对支付、转移以及资本交易是否进行限制和某些特殊行业是否拒绝外国投资等 6 个方面的表现不尽如人意。西亚国家经济自由度整体优于中亚，有部分国家经济自由度排名世界前列，如阿联酋；多数国家经济自由度在中等以上，个别国家经济自由度低或属于不自由经济体，例如伊朗。

表 6－3　2015 年中国－中亚－西亚经济走廊沿线部分国家经济自由度评价

	总分	产权保障	廉洁程度	财政自由	政府开支	营商自由	劳工自由	货币自由	贸易自由	投资自由	金融自由
哈萨克斯坦	63.60	30.00	29.00	93.00	87.70	72.30	82.70	74.00	77.40	40.00	50.00
乌兹别克斯坦	46.00	15.00	18.00	90.40	66.60	67.10	61.90	65.60	65.60	0.00	10.00
吉尔吉斯斯坦	59.60	20.00	27.00	93.70	56.30	65.30	80.40	68.40	75.00	60.00	50.00
土库曼斯坦	41.90	5.00	17.00	95.30	92.20	30.00	20.00	69.40	80.00	0.00	100.00
塔吉克斯坦	51.30	20.00	23.00	91.60	76.90	61.10	47.30	69.80	68.60	25.00	30.00
沙特阿拉伯	62.10	40.00	49.00	99.70	56.80	69.90	68.50	69.20	77.80	40.00	50.00

续表

	总分	产权保障	廉洁程度	财政自由	政府开支	营商自由	劳工自由	货币自由	贸易自由	投资自由	金融自由
伊 朗	43.50	10.00	27.00	81.20	93.20	59.30	49.00	50.60	54.60	0.00	10.00
格鲁吉亚	72.60	40.00	52.00	87.60	75.30	86.50	75.70	80.50	88.60	80.00	60.00
阿联酋	72.60	55.00	70.00	95.00	76.10	79.60	80.70	81.30	82.80	45.00	60.00
约 旦	68.30	60.00	49.00	91.70	62.00	64.90	68.40	83.10	73.40	70.00	60.00
科威特	62.70	45.00	44.00	97.70	57.70	63.40	62.70	74.20	77.20	55.00	50.00
阿 曼	67.10	55.00	45.00	98.50	36.80	70.00	72.50	77.90	85.00	70.00	60.00
卡塔尔	70.70	65.00	69.00	99.70	70.40	71.50	70.70	74.10	81.80	45.00	60.00
阿塞拜疆	60.20	20.00	29.00	88.00	56.70	70.30	75.20	77.00	75.80	45.00	50.00
以色列	70.70	75.00	60.00	70.60	48.80	70.60	64.60	84.20	88.20	85.00	70.00
土耳其	62.10	40.00	45.00	75.20	55.60	65.40	48.60	71.50	84.40	75.00	66.00
阿富汗	N/A	N/A	12.00	91.60	81.20	56.60	63.20	N/A	N/A	55.00	N/A

资料来源：美国传统基金会和国际透明组织、国际货币基金组织、世界银行、联合国、经济发展与合作组织等有关数据整理。

根据以上评价，可以将中国 – 中亚 – 西亚经济走廊沿线部分国家经济自由度综合分为 5 大类：自由经济体、较自由经济体、中等自由经济体、较不自由经济体、不自由经济体（见表 6 – 4）。

表 6 – 4 中国 – 中亚 – 西亚经济走廊沿线国家经济自由度分类

自由度	自由经济体（80~100分）	较自由经济体（70~80分）	中等自由经济体（60~70分）	较不自由经济体（50~60分）	不自由经济体（0~50分）
国家		阿联酋 卡塔尔 格鲁吉亚 以色列	哈萨克斯坦 沙特阿拉伯 阿曼 约旦 科威特 土耳其	吉尔吉斯斯坦 塔吉克斯坦	乌兹别克斯坦 伊朗等

3. 营商环境

中国 – 中亚 – 西亚经济走廊沿线国家营商环境差异巨大，根据世界银行《营商环境报告 2018》中的数据，排名最前的格鲁吉亚（排名 9），排名最靠后的是也门（排名186），可见沿廊国家的营商环境严重不一，对经济走廊的推进，交易成本增加，投资回报风险提升。各国的营商环境的主要情况如表6－5所示。

表6－5　经济走廊沿线西亚国家营商环境一览

	国家	得分	排名
1	阿富汗	36.19	183
2	亚美尼亚	72.51	47
3	阿塞拜疆	70.19	57
4	巴林	68.13	66
5	塞浦路斯	68.02	67
6	格鲁吉亚	82.04	9
7	伊朗	56.48	124
8	伊拉克	44.87	168
9	以色列	71.42	54
10	约旦	60.58	103
11	科威特	61.23	96
12	黎巴嫩	54.67	133
13	阿曼	67.20	71
14	巴勒斯坦	—	—
15	卡塔尔	64.86	83
16	沙特	62.50	92
17	叙利亚	41.55	174
18	土耳其	60.14	60
19	阿联酋	78.73	21
20	也门	33.00	186

资料来源：世界银行《营商环境报告2018》。

表6－5界定排名（rank）在1~50的为营商环境非常好的国家、51~100为营商环境较好的国家、101~150为营商环境一般的国家、151~200为营商环境恶劣的国家。由表6－5可知，西亚20国中，营商环境较好的国家有格鲁吉亚、阿联酋、亚美尼亚三国，三者的排名分别

为 9、21 和 47；营商环境较好的国家也只有六个国家，分别是以色列（排名 54）、阿塞拜疆（排名 57）、土耳其（排名 60）、巴林（排名 66）、塞浦路斯（排名 67）、阿曼（排名 71）、卡塔尔（排名 83）和沙特（排名 92）；营商环境一般的国家则只有伊朗（排名 124）和黎巴嫩（排名 133）；营商环境较差的国家有四个：伊拉克（排名 168）、叙利亚（排名 174）、阿富汗（排名 183）、也门（排名 186）。据此，可以看出西亚国家的营商环境总体较好，风险主要集中于常年动荡的少数几个国家（伊拉克、叙利亚等）。

此外，西亚各国营商环境的十个细分项，也能看出西亚营商环境整体较好，风险集中，在进行经济走廊合作时要注意避免风险。十个分项的评分和排名如表 6-6 所示。

表 6-6　经济走廊沿线西亚国家营商环境细则一览

国家	1 创办企业		2 处理施工许可证		3 获得电力		4 产权登记	
	得分	排名	得分	排名	得分	排名	得分	排名
阿富汗	84.28	107	22.54	185	44.58	163	27.50	186
亚美尼亚	94.47	15	67.99	89	78.53	66	87.78	13
阿塞拜疆	94.36	18	54.90	161	67.98	102	82.07	21
巴林	87.87	75	73.73	47	74.83	79	81.07	25
塞浦路斯	91.19	50	63.99	120	78.32	67	63.41	92
格鲁吉亚	97.84	4	77.57	29	84.32	30	92.85	4
伊朗	85.16	97	78.06	25	68.43	99	64.16	87
伊拉克	75.87	154	67.66	93	61.64	116	59.97	101
以色列	92.30	37	71.69	65	75.20	77	52.84	130
约旦	84.40	105	65.74	110	83.33	40	66.40	72
科威特	77.21	149	62.20	129	69.60	97	67.55	70
黎巴嫩	78.17	143	59.66	142	60.07	123	59.93	102
阿曼	92.85	31	72.15	60	79.35	61	73.62	54
卡塔尔	86.00	89	79.16	19	78.60	65	81.06	26
沙特	80.04	135	75.52	38	79.88	59	81.19	24

续表

国家	1		2		3		4	
	创办企业		处理施工许可证		获得电力		产权登记	
	得分	排名	得分	排名	得分	排名	得分	排名
叙利亚	80.43	133	0.00	186	51.99	153	46.88	155
土耳其	87.59	80	67.26	96	81.02	55	74.67	46
阿联酋	91.16	51	86.38	2	99.92	1	90.02	10
也门	72.68	163	0.00	186	0.00	187	65.21	82

国家	5		6		7		8	
	授信		保护中小投资者		纳税		跨境贸易	
	得分	排名	得分	排名	得分	排名	得分	排名
阿富汗	45.00	105	10.00	189	41.97	176	30.63	175
亚美尼亚	70.00	42	58.33	62	72.49	87	86.45	52
阿塞拜疆	40.00	122	75.00	10	84.21	35	73.56	83
巴林	45.00	105	50.00	108	93.89	5	75.97	78
塞浦路斯	60.00	68	63.33	43	80.59	44	88.44	45
格鲁吉亚	85.00	12	81.67	2	87.14	22	82.23	62
伊朗	50.00	90	33.33	170	56.57	150	46.11	166
伊拉克	0.00	186	46.67	124	63.55	129	25.33	179
以色列	65.00	55	73.33	16	70.35	99	82.85	60
约旦	25.00	159	40.00	146	70.75	97	85.93	53
科威特	35.00	133	55.00	81	92.48	6	54.24	154
黎巴嫩	40.00	122	41.67	138	68.21	113	59.71	140
阿曼	35.00	133	46.67	124	90.60	11	79.39	72
卡塔尔	35.00	133	26.67	177	99.44	1	71.51	90
沙特	50.00	90	75.00	10	75.00	76	49.59	161
叙利亚	15.00	173	53.33	89	73.97	81	29.83	176
土耳其	55.00	77	71.67	20	72.40	88	79.71	71
阿联酋	50.00	90	75.00	10	99.44	1	71.50	91
也门	0.00	186	43.33	132	74.13	80	0.00	189

国家	9		10	
	履约		破产处理	
	得分	排名	得分	排名
阿富汗	31.76	181	23.62	161

续表

国家	9		10	
	履约		破产处理	
	得分	排名	得分	排名
亚美尼亚	66.00	47	43.01	97
阿塞拜疆	67.51	38	62.27	47
巴林	54.53	111	44.42	90
塞浦路斯	48.59	138	78.46	21
格鲁吉亚	75.97	7	55.59	57
伊朗	59.07	80	23.93	160
伊拉克	48.02	144	0.00	168
以色列	57.93	92	72.74	29
约旦	53.71	118	30.53	146
科威特	59.58	73	39.44	110
黎巴嫩	49.85	134	29.42	147
阿曼	60.02	67	42.40	98
卡塔尔	52.79	123	38.41	116
沙特	58.78	83	0.00	168
叙利亚	42.58	161	21.44	163
土耳其	68.87	30	33.26	139
阿联酋	74.02	12	49.80	69
也门	48.52	140	26.14	156

资料来源：世界银行《营商环境报告2018》。

　　综上，从经济发展的可持续性、经济自由度、营商环境诸要素来看，经济走廊沿线存在一定经济风险，但相比于其他风险，经济风险是局部的，可预测可控制的，能够通过专业性技术规避。

第七章

中国与西亚主要国家经贸合作现状

千百年来，通过绵延万里的丝绸之路，中国与西亚一直保持着良好的经贸人文合作关系；伴随"一带一路"倡议和推进，尤其是中国－中亚－西亚经济走廊的建设，双方贸易、投资合作也驶入更加务实实惠的快车道。

一　中国与西亚贸易情况

基于联合国商品贸易数据库（UN COMTRADE）中的西亚国家数据，本章主要分析西亚与中国贸易往来总体情况、双边贸易竞争性与互补性以及中国与主要西亚国家的贸易情况。

（一）中国与西亚贸易概况

中国与西亚各国的贸易往来日益频繁，双边贸易规模稳定发展、贸易的商品结构特征和国别结构特征较为明显，且在对方对外贸易中的地位不断提升。

1. 中国与西亚的贸易规模

中国是西亚的第一大贸易伙伴，西亚是中国的第三大贸易伙伴，双方的贸易规模近几年在快速提升。

20 世纪 90 年代，随着中国对西亚国家石油进口量快速增加和国际石油价格的高位运行，以及中国轻工业产品制造生产和出口能力的显著提升，中国与西亚国家的双边贸易规模迅速扩大；2001 年中国入世后，与西亚国家的贸易总额继续呈稳定增长的趋势，除 2009 年、2015 年和 2016 年外，其余年份的贸易总额均保持高速的增长率（见表 7－1）。

表 7－1　中国与西亚国家双向贸易增长情况 （2009～2016 年）

单位：%

年份	双边贸易总额增长率	中国对西亚出口增长率	中国自西亚进口增长率
2009	－ 22. 32	－ 14. 44	－ 29. 11
2010	40. 03	25. 74	54. 91
2011	41. 46	28. 08	52. 75
2012	7. 55	6. 44	8. 34
2013	9. 81	12. 92	7. 65
2014	9. 77	18. 80	3. 18
2015	－ 22. 51	－ 5. 87	－ 36. 49
2016	－ 13. 94	－ 12. 61	－ 15. 59

资料来源：联合国商品贸易数据库 （UN COMTRADE）。

2008 年和 2014 年是中国与西亚国家贸易的两个 "转折之年"，双边贸易呈现出对应的下降趋势。由于国际金融危机的影响，中国与西亚贸易额于 2009 年出现了十多年来的首次下降，从 2008 年的 1526. 33 亿美元锐减至 2009 年的 1185. 72 亿美元，降幅达到了 22. 32%，不过 2009 年之后，中国与西亚贸易迅速恢复，并保持快速增长趋势，尤其是 2010 年和 2011 年，其增速均达到了 40% 以上，增速巨大。而 2012 年世界经济增长放缓、中国国内产业结构调整等背景下，中国与西亚国家的进出口贸易合作仍成绩斐然，双边贸易总额达 2526.01 亿美元，其后高歌猛进，2014 年贸易总额达到了 3044.81 亿美元，创历史最高纪录。[①] 而 2014 年，西亚政局急剧变化，"伊斯兰国"异军突起、叙利亚"春季攻势"、伊朗核问题等层出不穷，西亚政治秩序几近崩溃，中国与西亚国家的贸易亦受到影响，2015 年和 2016 年双边贸易额均有所下滑，分别为 2359.48 亿美元和 2030.59 亿美元，增速分别降低了 22.51% 和 13.94%。不过随着西亚局势的日趋稳定和中国－海合会自贸区谈判的重启以及稳步推进，未来中国与西亚贸易的增长空间仍然广阔（见图 7－1）。

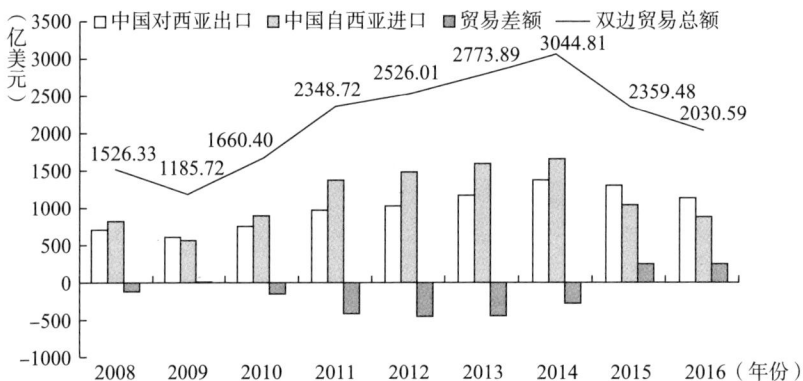

图 7－1 中国与西亚国家贸易情况（2008～2016 年）

资料来源：联合国商品贸易数据库（UN COMTRADE）。

此外，从中国与西亚国家的贸易平衡的角度，中国与西亚国家的贸易差额大致可分为三个时期：顺差期（1999 年之前）、逆差期（2000～2014 年）、顺差期（2015～2016 年），顺差期和逆差期交替变换。1999 年之前，中国与西亚的相互贸易中，基本上呈现两地贸易平衡、中国有小幅度顺差的状态。2000 年以后，作为全球最重要石油供应地的西亚成

---

① 韩永辉、邹建华：《"一带一路"背景下的中国与西亚国家贸易合作现状和前景展望》，《国际贸易》2014 年第 8 期。

为中国能源资源的最主要进口来源地①，兼之中国入世后积极实施了各项关税减让政策，促进了中国从西亚国家的进口，中国开始对西亚保持了长期的贸易逆差，并且贸易逆差有持续增加的趋势。如图 7 - 1 所示，2011 ~ 2013 年，中国对西亚地区的贸易逆差为历年最高，分别达到了 401.28 亿美元、453.24 亿美元、433.40 亿美元。不过随着"一带一路"尤其是中国 - 中亚 - 西亚经济走廊的提出和推进，中国与西亚的贸易合作进一步加强，合作的空间逐步扩大，贸易结构超越能源领域，中国与西亚地区的贸易逆差开始连年减少，至 2015 年和 2016 年已出现贸易顺差，分别为 257.62 亿美元和 256.47 亿美元。可以预见，中国与西亚国家的贸易将维持在一个动态平衡的状态，中国制造出口、能源进口依然是影响中国与西亚贸易平衡的最重要项目。

2. 中国与西亚贸易的国别结构

中国对西亚的进出口贸易主要集中于沙特阿拉伯、阿联酋、伊朗、土耳其、阿曼等经济发展水平高、石油资源丰富和城市基础设施需求增长较快的国家，具有国别集中度高的特点，同时与伊拉克、科威特、以色列等国的贸易也在不断增加，呈现出一定的多元化倾向。如图 7 - 2 所示，沙特阿拉伯一直是中国在西亚地区最大的贸易伙伴，其双边贸易额常年占据中国与西亚地区整体贸易额的 20% 以上，远高于其他西亚国家，2016 年占比为 20.82%，2012 年甚至高达 29.02%。而阿联酋和伊朗也稳居中国与西亚贸易的第二、第三位，2016 年两国与中国的贸易额分别占西亚地区的 19.73% 和 15.39%。同时，土耳其、阿曼和伊拉克则是中国在西亚地区的第四至第六大贸易伙伴，三国与中国的贸易额在西亚的占比大部分维持在 5% ~ 10% 之间，值得注意的是伊拉克，其已成

---

① 2012 年，中国对西亚逆差排名前五位的国家依次是沙特阿拉伯（逆差 364.1 亿美元）、阿曼（151.64 亿美元）、伊朗（132.71 亿美元）、科威特（83.79 亿美元）和伊拉克（77.44 亿美元）。可以看出，中国对西亚地区逆差的国家均为世界产油大国，以石油和天然气为主的能源资源产品是这些国家在对外贸易中具有比较优势的贸易品，中国对西亚能源资源的依赖性相对较强。

为中国的第五大贸易国，其占比由 2008 年的 1.74% 一路猛增至 2014 年
的 9.36%，超越土耳其成为中国的第四大贸易伙伴，2015 和 2016 年稍
有回落，分别为 8.73% 和 8.97%，不过仍为中国的第五大贸易伙伴，这
主要是源于伊拉克在美伊战争后的社会重建和经济复苏进程较快，中伊
贸易迅速升温。此外，以色列和科威特也是中国重要的贸易伙伴，2016
年两国与中国的贸易额分别占西亚地区的 5.59% 和 4.62%，中国与科威
特和以色列贸易的发展主要得益于周边局势的缓和稳定。

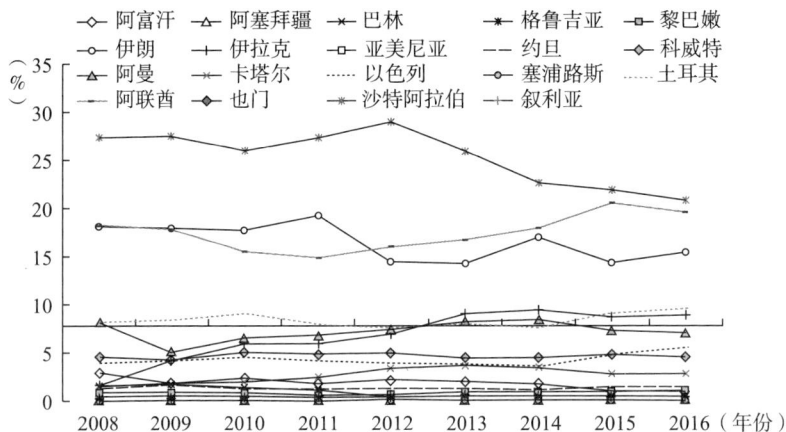

图 7－2　中国与各国贸易总额占西亚地区贸易总额的比重（2008～2016 年）
资料来源：联合国商品贸易数据库（UN COMTRADE）。

中国维持与沙特阿拉伯、阿联酋、伊朗等西亚产油大国贸易往来的
同时，与伊拉克（战后复兴）、科威特等西亚产油国的贸易快速增长，
说明中国与西亚的贸易合作向国别多元化发展，加强与这些国家的贸易
往来，不仅有利于确保中国的能源贸易安全，还有利于未来中国与西亚
地区贸易往来的可持续发展。

3. 中国与西亚贸易的商品结构

中国对西亚的进出口在商品结构上均体现出了一定的不均衡性，出
口商品主要集中在工业制成品上，结构升级明显，而进口商品以能源等
各种初级产品为主，种类比较集中。

具体而言，按照国际贸易标准分类（SITC）的分类标准，中国对西亚出口的商品主要以未列明的化学及有关商品（SITC5）、主要按材料分类的制成品（SITC6）、机械和运输设备（SITC7）和杂项制成品（SITC8）等四类为主，且出口总额逐年增加。由于中国在这四类商品上的国际竞争力不断增强，技术含量和附加值也不断增加，大大促进了中国对西亚的出口。2015年这四类商品占中国对西亚出口总量的比重分别为6.05%、27.73%、36.63%和27.48%，总和为97.89%，所占比重比2001年增加了6.31%。同时，中国对西亚地区出口商品的结构也有所改善，按材料分类的制成品（SITC6）、机械和运输设备（SITC7）类商品的出口分别从2001年的26.14%和29.32%增加到2015年27.73%和36.63%；粮食及活动物类（SITC0）商品的出口则逐步减少。可见，中国对西亚出口的商品结构升级比较明显，出口商品的技术含量和附加值显著增加。机械和运输设备等科技含量更高的商品出口占比迅速提高主要源于两方面：其一，随着中国现代工业制造业的迅速崛起和产业结构的转型升级，对外贸易的比较优势发生变化，禀赋优势从劳动密集型向资本、技术密集型快速转变，中国的机械及运输设备等产品在西亚市场的竞争力越发强劲；其二，中国对西亚工程承包业务的快速发展带动了相关产品的出口，1998年，中国在西亚地区完成的承包工程总额仅14.2亿美元，至2011年已发展至超过235亿美元，增长了15.5倍，工程承包市场的开拓带动了国内工程机械和机电设备等产品对西亚的出口。

中国自西亚国家的进口在种类上非常集中，物燃料、润滑油及有关物质（SITC3）和未列明的化学及有关产品（SITC5）这两类商品占比一直保持在90%左右，2001～2014年，这两类主要进口商品所占比重从89.15%增加到了93.47%，其他商品所占比重则从2001年的10.85%减少到了2014年的6.53%。可见中国自西亚进口的商品结构相较稳定，种类较少。

综上，中国对西亚各国的出口主要是科技含量以及附加值较高的机械和制造业产品,进口主要是燃料资源类产品。而不论进口或出口,均集中于少数种类的商品上,呈现出了一定的不均衡性。

(二)中国与西亚贸易竞争性和互补性分析

随着"一带一路"倡议提出,中国与西亚的贸易正面临着新的合作机遇,分析双方贸易的竞争性和互补性现实意义重大。本章以 2001 ~ 2015 年中国与西亚进出口贸易数据,选取比较优势指数和贸易互补性指数分析了双方贸易的竞争性和互补性。分析发现,中国在机械和运输类工业制成品上具有较强的国际竞争力,而西亚国家在能源类初级产品上具有一定的比较优势,双方的贸易竞争性较弱,但是贸易互补性较强,具体内容如下。

1. 中国与西亚的贸易的竞争性分析

显示性比较优势指数(RCA)是衡量一国商品或服务在全球市场中竞争优势的重要指标,是指一个国家某种商品出口额占其出口总额的比重,与世界出口总额中该类商品出口额所占比重之比。RCA 值大于 1,表示该类商品在国家出口中的比重大于在世界的出口比重,此时该国在这种商品上具有比较优势,同时在国际市场中有较强的国际竞争力。相反,如果 RCA 值小于 1,则表明该国在该类商品上不具有明显的比较优势,国际竞争力较弱。

根据中国与西亚国家各类商品的显示性比较优势指数测算结果(如表 7 - 2 所示),中国在 SITC6(按材料分类的制成品)、SITC7(机械和运输设备)和 SITC8(杂项制成品)三类商品上具有比较优势,2015 年这三类商品的 RCA 指数分别为 1.33、1.22 和 2.01。具体而言,2001 ~ 2005 年,SITC6(按材料分类的制成品)和 SITC7(机械和运输设备)这两类产品的显示性比较优势指数都在 0.8 ~ 1.25,2006 年之后,SITC6(按材料分类的制成品)和 SITC7(机械和运输设备)这两类商品的显示性比较优势指数都大于 1.25,可见,随着中国经济与科技的不断发展,这两类商品从不具备比较优势逐步发展成为具有较强国际竞争力的商品；
而 SITC8（杂项制成品）这类商品从 2001 年到 2015 年显示性比较优势
指数都大于 2，一直保持着较强的比较优势。而其余类别商品包括：粮
食及活动物（SITC0），饮料及烟叶（SITC1），除燃料外的非食用未加工
材料（SITC2），矿物燃料、润滑油及有关物质（SITC3），动物及植物
油、脂肪及蜡（SITC4），未列明的化学及有关商品（SITC5）等的 RCA
指数都小于 0.8，说明中国在这些商品上国际竞争力较弱。

表 7 - 2　2001 ~ 2015 年中国与西亚国家 SITC0 ~ SITC9 产品显示性比较优势指数

国家	年份	SITC0	SITC1	SITC2	SITC3	SITC4	SITC5	SITC6	SITC7	SITC8	SITC9
中国	2001	0.85	0.35	0.53	0.34	0.14	0.52	1.21	0.88	2.61	0.05
	2002	0.80	0.32	0.46	0.29	0.08	0.46	1.18	0.96	2.48	0.05
	2003	0.72	0.25	0.38	0.27	0.06	0.42	1.15	1.08	2.33	0.05
	2004	0.60	0.24	0.32	0.24	0.06	0.42	1.21	1.15	2.23	0.04
	2005	0.58	0.19	0.31	0.19	0.09	0.44	1.22	1.21	2.20	0.06
	2006	0.55	0.16	0.24	0.13	0.10	0.45	1.28	1.25	2.22	0.06
	2007	0.50	0.15	0.21	0.13	0.06	0.47	1.25	1.28	2.21	0.04
	2008	0.44	0.14	0.23	0.14	0.07	0.53	1.34	1.37	2.26	0.03
	2009	0.44	0.16	0.20	0.13	0.05	0.45	1.22	1.43	2.13	0.02
	2010	0.46	0.16	0.18	0.12	0.05	0.50	1.22	1.44	2.17	0.02
	2011	0.46	0.16	0.18	0.10	0.05	0.56	1.29	1.46	2.26	0.02
	2012	0.44	0.16	0.17	0.09	0.05	0.52	1.32	1.44	2.38	0.01
	2013	0.43	0.15	0.17	0.09	0.05	0.51	1.34	1.43	2.36	0.01
	2014	0.41	0.15	0.18	0.10	0.06	0.53	1.38	1.35	2.25	0.02
	2015	0.40	0.34	0.18	0.20	0.20	0.56	1.33	1.22	2.01	0.05
西亚	2001	0.61	0.91	0.45	6.43	0.77	0.56	0.82	0.20	0.48	0.71
	2002	0.59	0.72	0.46	6.06	0.53	0.49	0.84	0.20	0.50	2.21
	2003	0.59	0.59	0.44	5.64	0.62	0.49	0.82	0.21	0.52	2.35
	2004	0.53	0.51	0.37	5.49	0.43	0.47	0.77	0.21	0.46	2.20
	2005	0.59	0.52	0.32	4.74	0.66	0.47	0.74	0.21	0.42	2.28
	2006	0.55	0.42	0.33	4.52	0.63	0.47	0.64	0.20	0.38	1.94

国家	年份	SITC0	SITC1	SITC2	SITC3	SITC4	SITC5	SITC6	SITC7	SITC8	SITC9
西亚	2007	0.54	0.41	0.29	4.67	0.42	0.49	0.69	0.23	0.42	1.78
	2008	0.46	0.50	0.29	3.76	0.35	0.49	0.71	0.23	0.37	1.69
	2009	0.58	0.47	0.33	3.94	0.40	0.55	0.77	0.28	0.41	2.15
	2010	0.68	0.44	0.35	3.85	0.32	0.64	0.80	0.24	0.39	1.72
	2011	0.51	0.35	0.29	3.68	0.36	0.62	0.71	0.21	0.34	1.75
	2012	0.44	0.55	0.28	3.40	0.35	0.65	0.70	0.27	0.40	1.88
	2013	0.43	0.57	0.28	3.52	0.41	0.61	0.68	0.29	0.38	1.65
	2014	0.46	0.64	0.29	3.63	0.35	0.62	0.70	0.31	0.41	2.16
	2015	0.70	0.74	0.54	4.92	2.20	1.01	0.86	0.29	0.47	0.79

资料来源：根据联合国商品贸易数据库计算（UN COMTRADE）。

西亚国家，由于石油、天然气等各类能源比较丰富，在 SITC3（矿物燃料、润滑油及有关物质）上具有极强的国际竞争力。RCA 指标测算结果，2001～2015 年，西亚国家整体在 SITC3（矿物燃料、润滑油及有关物质）的显示性比较优势指数都显著大于 3，可见西亚在这类商品上一直具有极强的比较优势，而该类商品也是中国对西亚的主要进口商品。其他类商品除了 SITC9（未列入其他分类的货物及交易）的 RCA 指数大于 1 以外，其余产品的 RCA 指数都小于 0.8。对于大部分的西亚国家，经济和科学技术水平都处于发展阶段，基础设施建设对外依赖性较强，各类制成品的消费主要来源于进口。因此，西亚国家只在 SITC3（矿物燃料、润滑油及有关物质）和 SITC9（未列入其他分类的货物及交易）上具有比较优势，国际竞争力较强，而其他类商品在出口中处于比较劣势地位。

由此可见，产品的比较优势不仅与一个国家经济、科技以及社会的发展水平有关，更与一个国家内部的资源禀赋密切相关。就中国与西业国家而言，中国具有比较优势的产品主要集中在各类工业制成品上，对于各类资源能源类商品而言国际竞争力较弱。而西亚国家有竞争力的商品多为资源能源类的初级产品，技术含量和附加值都较低，而其他各类商品主要依赖于国际贸易。因此，中国与西亚在比较优势的商品上并没有重叠，竞争优势各有不同，相互之间的竞争性较弱。

2. 中国与西亚国家贸易互补性分析

贸易互补性指数是描述国家间贸易互补性关系的重要指标，反映了国家间贸易互补程度和发展潜力。针对具体产品而言，贸易互补性指数由出口国在该产品上的显示性优势和进口国在该产品上的显示性比较劣势的乘积所得。当贸易互补性指数大于 1 时，说明国家间贸易存在较强的互补性，指数越大互补性越强；当贸易互补性指数小于 1 时，说明国家间贸易的互补性较弱。

从中国进口和西亚出口的角度分析，根据贸易互补性指数的测算结果（见表 7 - 3），在 SITC2（除燃料外的非食用未加工材料）和 SITC3（矿物燃料、润滑油及有关物质）上双方有较强的贸易互补性。具体而言，2014 年之前，SITC2 类和 SITC3 类商品的互补性指数均体现出了小幅的下降趋势，分别从 2001 年的 1. 21、4. 65 下降到了 2014 年的 0. 92 和 3. 60。尽管在指数上出现了下降的趋势，但是这两类商品西亚与中国的互补性仍然较强，这与西亚国家的自然资源禀赋以及中国能源资源的巨大需求有关。对于 SITC7（机械和运输设备）和 SITC8（杂项制成品）这两类制成品而言，互补性指数都小于 1，而且一直保持比较稳定的变化趋势。

表 7 - 3　2001 ~ 2015 年中国进口与西亚国家出口贸易互补性指数

年份	SITC0	SITC1	SITC2	SITC3	SITC4	SITC5	SITC6	SITC7	SITC8	SITC9
2001	0. 21	0. 16	1. 21	4. 65	0. 77	0. 73	1. 05	0. 22	0. 23	0. 13
2002	0. 18	0. 10	1. 07	4. 21	0. 79	0. 61	1. 02	0. 23	0. 26	0. 33
2003	0. 15	0. 08	1. 09	3. 89	1. 09	0. 53	0. 95	0. 25	0. 32	0. 20
2004	0. 16	0. 06	1. 01	4. 19	0. 78	0. 51	0. 75	0. 25	0. 34	0. 16
2005	0. 16	0. 08	0. 94	3. 36	0. 91	0. 51	0. 67	0. 25	0. 33	0. 23
2006	0. 14	0. 07	0. 94	3. 48	0. 85	0. 49	0. 52	0. 25	0. 31	0. 14
2007	0. 13	0. 08	0. 90	3. 65	0. 78	0. 51	0. 53	0. 28	0. 35	0. 12

续表

年份	SITC0	SITC1	SITC2	SITC3	SITC4	SITC5	SITC6	SITC7	SITC8	SITC9
2008	0.11	0.12	1.03	3.21	0.63	0.49	0.50	0.27	0.31	0.15
2009	0.14	0.10	1.20	3.39	0.59	0.52	0.67	0.34	0.30	0.14
2010	0.19	0.10	1.17	3.38	0.40	0.60	0.60	0.28	0.29	0.56
2011	0.15	0.10	0.97	3.31	0.40	0.57	0.49	0.23	0.24	1.25
2012	0.15	0.18	0.94	3.20	0.45	0.58	0.48	0.30	0.29	1.56
2013	0.16	0.17	0.95	3.26	0.45	0.53	0.44	0.32	0.26	1.87
2014	0.18	0.19	0.92	3.60	0.34	0.54	0.51	0.33	0.27	2.35
2015	0.34	0.30	1.70	5.08	2.02	0.87	0.58	0.32	0.31	0.95

资料来源：根据联合国商品贸易数据库计算（UN COMTRADE）。

同时，从中国出口和西亚进口的角度分析，SITC6（按材料分类的制成品）、SITC7（机械和运输设备）和SITC8（杂项制成品）这三类商品的贸易互补性指数大于1，说明中国出口与西亚的进口在这三类商品上相互吻合，互补性较强。表7－4所示，在2015年，SITC6（按材料分类的制成品）、SITC7（机械和运输设备）和SITC8（杂项制成品）的互补性指数分别为1.64、1.01和1.44。其中，在SITC7（机械和运输设备）产品上互补性呈现出由弱到强的变化过程。这依赖于中国机械类产品生产效率的不断提高，该商品在国际市场上竞争力显著提升，因此对西亚的出口也不断增加，使中国日益成为西亚重要的贸易伙伴国。再加上西亚国家内部进行基础设施建设，机械运输类设备的需求较旺盛，进一步促进了该类商品的进口。其他各类商品的互补性指数均小于1，说明中国在这些商品上的出口不能很好地与西亚的进口所对应，此时互补性较弱。

表7－4 2001~2015年中国出口与西亚国家进口贸易互补性指数

年份	SITC0	SITC1	SITC2	SITC3	SITC4	SITC5	SITC6	SITC7	SITC8	SITC9
2001	1.32	0.46	0.48	0.27	0.26	0.52	1.59	0.72	1.71	0.13
2002	1.16	0.37	0.47	0.23	0.13	0.42	1.53	0.79	1.59	0.15
2003	0.99	0.26	0.40	0.23	0.11	0.41	1.54	0.89	1.45	0.13

续表

年份	SITC0	SITC1	SITC2	SITC3	SITC4	SITC5	SITC6	SITC7	SITC8	SITC9
2004	0.79	0.25	0.34	0.18	0.10	0.41	1.61	0.98	1.44	0.12
2005	0.75	0.20	0.31	0.15	0.18	0.43	1.70	1.05	1.45	0.15
2006	0.70	0.14	0.22	0.10	0.16	0.40	1.70	1.02	1.49	0.24
2007	0.67	0.14	0.19	0.10	0.07	0.42	1.75	1.15	1.60	0.09
2008	0.61	0.12	0.22	0.08	0.10	0.47	2.02	1.26	1.66	0.06
2009	0.58	0.13	0.18	0.08	0.07	0.39	0.65	1.31	1.52	0.06
2010	0.69	0.14	0.17	0.07	0.06	0.45	1.73	1.24	1.53	0.05
2011	0.68	0.13	0.17	0.06	0.08	0.50	1.82	1.23	1.58	0.08
2012	0.60	0.16	0.16	0.05	0.06	0.46	1.82	1.31	1.83	0.03
2013	0.56	0.14	0.14	0.05	0.07	0.45	1.85	1.32	1.86	0.04
2014	0.57	0.16	0.16	0.06	0.07	0.48	1.87	1.26	1.81	0.05
2015	0.53	0.29	0.14	0.12	0.22	0.47	1.64	1.01	1.44	0.19

资料来源：根据联合国商品贸易数据库计算（UN COMTRADE）。

（三）中国与西亚（国别）贸易情况

由于西亚国家众多、国情各异，各国融入"一带一路"的程度不一，参与中国 – 中亚 – 西亚经济走廊的程度方式不同，各国与中国的贸易状况也不同。

1. 中国与沙特阿拉伯的贸易情况

中沙两国自 1990 年建立外交关系以来，双边经贸关系发展迅速，特别是进入新的历史时期，依托战略性友好关系不断深化，双边经贸合作实现了跨越式发展。2015 年，中国超过美国成为沙特的第一大贸易伙伴，沙特则继续保持为中国在西亚地区最大的贸易伙伴。2016 年 1 月，中沙宣布建立"中沙全面战略伙伴关系"，并签署涉及共建"一带一路"及产能、能源、通信、环境、文化、航天、科技等领域 14 项合作文件，标志两国关系进入新阶段，中沙经贸关系继续深入。

2008～2016 年，中沙贸易总额常年维持在 400 亿美元以上的高水平，其贸易总额变化也是有升有降，状态稳定。如图 7 – 3 所示，2009 年受国际金融危机的影响，中沙贸易总额下滑 22.10%，仅为 325.98 亿美元，不过随着中沙关系的深入发展，2010~2012 三年双边贸易呈现出超高的增速，三年的贸易总额分别为 431.95 亿美元、643.17 亿美元和 733.14 亿美元，同比增速分别为 32.51%、48.90% 和 13.99%，2012 年之后双边贸易总额保持稳定，2013~2014 年均维持在 700 亿美元左右。随着沙特对石油经济和非石油经济的规划调整①，中国自沙特的进口锐减，导致 2015 年开始双边贸易总额有所下滑，2015 年和 2016 年分别为 518.34 亿美元和 422.77 亿美元，降幅分别为 24.97% 和 18.44%。

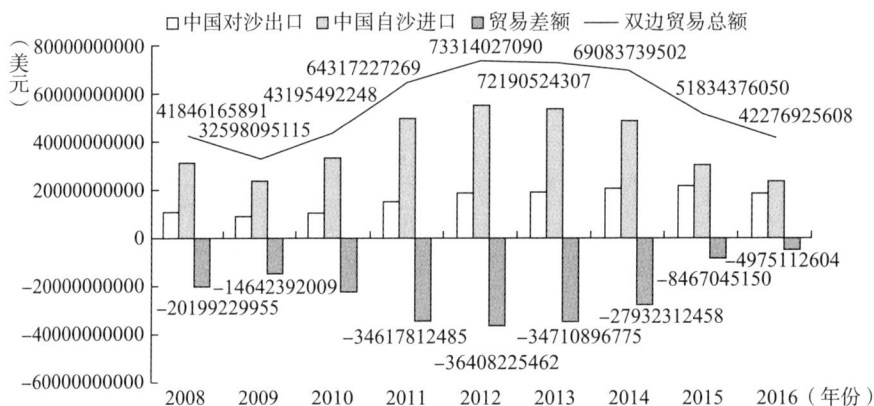

图 7 - 3　2008~2016 年中国与沙特阿拉伯贸易情况

资料来源：联合国商品贸易数据库（UN COMTRADE）。

从贸易平衡的视角，中沙贸易中，中国始终处于"入超"阶段，不过贸易逆差有所缩小。中国对沙特的贸易逆差由 2008 年的 202 亿美元逐步增长，至 2011 年逆差已破 300 亿美元，达到了 346.18 亿美元，其后逆差持续维持高位，2012~2014 年分别为 364.08 亿美元、347.11 亿美元和 279.32 亿美元。随着中国对沙特进口的锐减，贸易逆差有所缩小，2016 年双边贸易逆差大幅缩小至 49.75 亿美元。

从贸易商品结构看，中沙贸易的商品结构各有侧重：中对沙出口商

---

① 沙特 2016 年 4 月、6 月分别发布的《2030 远景》和《国家转型计划》。

品主要侧重于机电产品、纺织品和日用品，中自沙进口商品则集中于原油和石化产品。具体而言，中国对沙特阿拉伯出口商品主要类别包括：①机械器具及零件；②电机、电气、音像设备及其零附件；③针织或钩编的服装及衣着附件；④钢铁制品；⑤橡胶及其制品；⑥陶瓷产品；⑦非针织或非钩编的服装及衣着附件；⑧皮革制品、旅行箱包、动物肠线制品；⑨化学纤维长丝；⑩家具、寝具、灯具等。中国自沙特阿拉伯进口商品主要类别包括：①原油及其产品；沥青等；②有机化学品；③铜及其制品；④塑料及其制品；⑤盐、硫黄、土及石料；石灰及水泥等；⑥鞣料、着色料、涂料、油灰、墨水等；⑦钢铁；⑧生皮（毛皮除外）及皮革；⑨无机化学品、贵金属等的化合物；⑩絮胎、毡呢及无纺织物、线绳制品等。

2. 中国与阿联酋的贸易情况

近年来，中阿双边贸易发展迅速，阿联酋是中国在中东地区的第二大贸易伙伴；中国是阿联酋全球第二大非石油贸易伙伴，双边贸易额占其全球非石油贸易总额的8%左右（见表7-5）。

表7-5　2008～2016年中国和阿联酋贸易情况

单位：美元，%

指标 年份	双边贸易总额		中国对阿出口		中国自阿进口	
	金额	同比变化	金额	同比变化	金额	同比变化
2008	28256939666		23643689550		4613250116	
2009	21227524770	-24.88	18632295505	-21.20	2595229265	-43.74
2010	25687013018	21.01	21235460530	13.97	4451552488	71.53
2011	35119453541	36.72	26812847746	26.26	8306605795	86.60
2012	40420266580	15.09	29568342622	10.28	10851923958	30.64
2013	46234820352	14.39	33411294711	13.00	12823525641	18.17
2014	54797218575	18.52	39034355818	16.83	15762862757	22.92
2015	48601074990	-11.31	37069274185	-5.03	11531800805	-26.84
2016	40061318271	-17.57	30066955630	-18.89	9994362641	-13.33

资料来源：联合国商品贸易数据库（UN COMTRADE）。

中国对阿联酋出口商品主要类别包括：①机械器具及零件；②电机、电气、音像设备及其零附件；③针织或钩编的服装及衣着附件；④家具；寝具等；灯具；活动房；⑤非针织或非钩编的服装及衣着附件；⑥钢铁制品；⑦鞋靴、护腿和类似品及其零件；⑧塑料及其制品；⑨化学纤维长丝；⑩车辆机器零附件，但铁道车辆除外。

中国从阿联酋进口商品主要类别包括：①矿物燃料、矿物油及其产品，沥青等；②塑料及其制品；③铜及其制品；④动、植物油、脂、蜡；精制食用油脂；⑤有机化学品；⑥盐、硫黄、土及石料；石灰、水泥；⑦矿砂、矿渣及矿灰；⑧珠宝、贵金属及制品，仿首饰，硬币；⑨铝及其制品；⑩虫胶；树胶、树脂及其他植物液、汁。

3. 中国与巴林的贸易情况

1990 年 7 月，中巴两国在北京成立经济、贸易、技术联委会，签订《中巴经济、贸易、技术合作协定》。之后，双方分别于 1993 年、1996年和 2002 年召开了联委会会议。1999 年 6 月，中国与巴林政府签署了《鼓励和互相保护投资协定》。2002 年 5 月，两国政府签署了《关于对所得避免双重征税和防止偷漏税的协定》。中巴两国自 20 世纪 50 年代起建立贸易关系。中巴双边贸易情况如表 7 - 6 所示。

表 7 - 6　2008 ~ 2016 年中国和巴林贸易情况

单位：美元，%

年份\指标	双边贸易总额		中国对巴出口		中国自巴进口	
	金额	同比变化	金额	同比变化	金额	同比变化
2008	786393713		655076764		131316949	
2009	686551037	- 12.70	475314122	- 27.44	211236915	60.86
2010	1051415260	53.14	799503064	68.21	251912196	19.26
2011	1205847878	14.69	880011827	10.07	325836051	29.35
2012	1551126609	28.63	1202781555	36.68	348345054	6.91
2013	1544109777	- 0.45	1238929155	3.01	305180622	- 12.39
2014	1415746220	- 8.31	1231780806	- 0.58	183965414	- 39.72

续表

指标 年份	双边贸易总额		中国对巴出口		中国自巴进口	
	金额	同比变化	金额	同比变化	金额	同比变化
2015	1126098043	-20.46	1014519231	-17.64	111578812	-39.35
2016	854213996	-24.14	790491394	-22.08	63722602	-42.89

资料来源：联合国商品贸易数据库（UN COMTRADE）。

中国对巴林出口的主要商品时机电产品、钢材、纺织服装等，中国自巴林进口的商品主要是铁矿砂、铝、液化石油气等。

4. 中国与卡塔尔的贸易关系

中卡自 20 世纪 50 年代开始民间贸易往来。中国从卡塔尔进口的主要是液化天然气、原油和石油化工产品；中国对卡塔尔出口商品主要是机械设备、电器及电子产品、家具、建材等，中国产品在卡塔尔中低端市场中以较高的性价比占据着绝对优势，但高端市场仍为欧美和日本等国产品所占据。中卡双边贸易情况如表 7 - 7 所示。

表 7 - 7　2008～2016 年中国和卡塔尔贸易情况

单位：美元，%

指标 年份	双边贸易总额		中国对卡出口		中国自卡进口	
	金额	同比变化	金额	同比变化	金额	同比变化
2008	2385789965		1074163869		1311626096	
2009	2248565306	-5.75	872411299	-18.78	1376154007	4.92
2010	3311281315	47.26	855444268	-1.94	2455837047	78.46
2011	5893066006	77.97	1198757273	40.13	4694308733	91.15
2012	8483203117	43.95	1205100145	0.53	7278102972	55.04
2013	10174261054	19.93	1710907973	41.97	8463353081	16.29
2014	10590736998	4.09	2254009209	31.74	8336727789	-1.50
2015	6894602978	-34.90	2279508810	1.13	4615094168	-44.64
2016	5528032990	-19.82	1515659122	-33.51	4012373868	-13.06

资料来源：联合国商品贸易数据库（UN COMTRADE）。

5. 中国与科威特的贸易关系

中国与科威特经贸合作较早，1980 年 10 月两国政府签订《贸易协定》，1985 年 11 月两国政府签订《鼓励和相互保护投资协定》，1986 年 11 月 15 日两国政府签订《关于成立经济、技术和贸易合作混合委员会的协定》，1989 年 11 月 25 日两国政府签订《经济技术合作协定》，1989 年 11 月 25 日两国政府签订《避免双重征税协定》，2004 年 7 月中科签订《经济技术合作协定》《石油合作框架协议》，海湾合作委员会还同中国签署了《经济、贸易和技术合作框架协议》。中科双边贸易情况如表 7 - 8 所示。

表 7 - 8 2008 ~ 2016 年中国和科威特贸易情况

单位：美元，%

指标 年份	双边贸易总额		中国对科出口		中国自科进口	
	金额	同比变化	金额	同比变化	金额	同比变化
2008	6790115986		1751301291		5038814695	
2009	5043603655	- 25. 72	1542682893	- 11. 91	3500920762	- 30. 52
2010	8557380305	69. 67	1848592266	19. 83	6708788039	91. 63
2011	11303619174	32. 09	2128414638	15. 14	9175204536	36. 76
2012	12556483218	11. 08	2089318501	- 1. 84	10467164717	14. 08
2013	12262147061	- 2. 34	2675508872	28. 06	9586638189	- 8. 41
2014	13433551380	9. 55	3428724309	28. 15	10004827071	4. 36
2015	11259065189	- 16. 19	3775940142	10. 13	7483125047	- 25. 20
2016	9371170833	- 16. 77	3000886535	- 20. 53	6370284298	- 14. 87

资料来源：联合国商品贸易数据库（UN COMTRADE）。

6. 中国与阿曼的贸易关系

1989 年，中阿两国成立了经贸混委会，目前双方已举行了八届混委会会议。第八届经贸混委会于 2016 年 3 月在马斯喀特召开，双方签署了会议纪要。随着两国贸易额不断创新高，阿曼已成为中国在西亚地区的第四大贸易伙伴，两国在投资、基础设施、人力资源等领域的合作规模也在逐年扩大。中阿双边贸易情况如表7-9所示。

表7-9　2008~2016年中国和阿曼贸易情况

单位：美元，%

指标 年份	双边贸易总额		中国对阿出口		中国自阿进口	
	金额	同比变化	金额	同比变化	金额	同比变化
2008	12421362539		794515075		11626847464	
2009	6157354874	-50.43	747450792	-5.92	5409904082	-53.47
2010	10723700514	74.16	944496934	26.36	9779203580	80.76
2011	15874864768	48.04	998176839	5.68	14876687929	52.13
2012	18786532700	18.34	1811575743	81.49	16974956957	14.10
2013	22941456942	22.12	1900844050	4.93	21040612892	23.95
2014	25858058961	12.71	2065379898	8.66	23792679063	13.08
2015	17179912086	-33.56	2117933028	2.54	15061979058	-36.69
2016	14188722930	-17.41	2147698465	1.41	12041024465	-20.06

资料来源：联合国商品贸易数据库（UN COMTRADE）。

中国已连续十年保持阿曼石油第一大进口国地位，同时也是阿曼主要进口来源国之一。中国自阿曼进口的主要商品是石油、石化产品、矿产品、海产品等。中国向阿曼出口的主要商品有施工机械、汽车、机电产品、其他金属及制品、家具、塑料及制品、矿产品、纺织品、瓷砖及玻璃制品、蔬菜及水果等，特别是石油钻井设备和配件、家具、汽车、建筑机械设备、空调等商品出口近年来增长较快。

7. 中国与以色列的贸易关系

中国和以色列于1992年1月24日正式建交，同年10月，两国成立经贸混委会，迄今混委会已召开5届。中以经济互补性强、双边经贸关系发展较快、合作领域逐步拓宽、贸易额逐年增长。中以双边贸易情况如表7-10所示。

表 7 – 10 2008~2016 年中国和以色列贸易情况

单位：美元，%

指标 年份	双边贸易总额		中国对比出口		中国自比进口	
	金额	同比变化	金额	同比变化	金额	同比变化
2008	6049824940		4257001665		1792823275	
2009	5176772159	– 14.43	3652651123	– 14.20	1524121036	– 14.99
2010	7644440331	47.67	5037049627	37.90	2607390704	71.08
2011	9778502698	27.92	6740797880	33.82	3037704818	16.50
2012	9910968116	1.35	6988137193	3.67	2922830923	– 3.78
2013	10826621844	9.24	7645304406	9.40	3181317438	8.84
2014	10879742279	0.49	7739105565	1.23	3140636714	– 1.28
2015	11417980029	4.95	8615948860	11.33	2802031169	– 10.78
2016	11347195818	– 0.62	8174292923	– 5.13	3172902895	13.24

资料来源：联合国商品贸易数据库（UN COMTRADE）。

以色列是中国在西亚地区的第七大贸易伙伴，而中国也是以色列在亚洲的第一大贸易伙伴和全球第二大贸易伙伴。双方贸易结构持续优化，从食品、钻石、化工等传统产品贸易，不断向高科技、新能源、生物技术、现代医药等方向发展转变，呈现多样化趋势。其中，中国对以色列出口的主要商品是机电产品、纺织品、服装、鞋类、陶瓷制品等。中国自以色列进口的商品除钾肥外，均为高技术产品，主要有机电产品、医疗仪器及器械、电信产品等。

8. 中国与伊朗的贸易关系

中伊贸易往来始于 1950 年，两国于 1971 年 8 月 16 日正式建交，1979 年伊朗伊斯兰共和国建立后，双边关系保持良好的发展势头，2016 年 1 月，中伊两国一致同意建立"中伊全面战略伙伴关系"，并签署 17 个双边协议，其中包括"一带一路"建设、产能合作、投资领域合作、人力资源合作等，此外还建立了部长级中伊经贸联委会沟通机制，每年召开会议进行交流。中国是伊朗的第一大贸易伙伴国，同时也是伊朗最大的非石油产品出口市场，伊朗是中国在西亚地区的第三大贸易伙伴国，两国经济互补性强，双边贸易额不断增长，具体情况如表 7 - 11 所示。

表 7 - 11　2008 ~ 2016 年中国和伊朗贸易情况

单位：美元，%

年份 \ 指标	双边贸易总额		中国对伊出口		中国自伊进口	
	金额	同比变化	金额	同比变化	金额	同比变化
2008	27757623419		8163428066		19594195353	
2009	21205234393	- 23.61	7918687116	- 3.00	13286547277	- 32.19
2010	29393079046	38.61	11092187779	40.08	18300891267	37.74
2011	45094971611	53.42	14761998860	33.08	30332972751	65.75
2012	36468206888	- 19.13	11598798609	- 21.43	24869408279	- 18.01
2013	39426509206	8.11	14036645328	21.02	25389863878	2.09
2014	51847164049	31.50	24340266025	73.41	27506898024	8.34
2015	33865835387	- 34.68	17831206662	- 26.74	16034628725	- 41.71
2016	31244464954	- 7.74	16417272588	- 7.93	14827192366	- 7.53

资料来源：联合国商品贸易数据库（UN COMTRADE）。

中国对伊朗出口以机械设备、电子电气产品、运输工具、化工、钢铁制品、轻工产品等为主；中国自伊朗进口的主要商品是石油、化工产品、矿产、建筑石材、干果、藏红花等。

9. 中国与伊拉克的贸易关系

1981 年 5 月，中伊签订贸易协定，成立贸易经济技术合作联委会。1990 年海湾危机爆发后，根据联合国有关决议，中国终止了与伊拉克的经贸往来。1996 年，联合国"石油换食品"计划启动，中伊在该计划框架下恢复了经贸交往。2003 年，受战争影响，中伊双边贸易额大幅下滑，此后逐步回升。2007 年、2011 年 1 月、2011 年 7 月和 2015 年 12 月，两国分别签署了 4 份中伊经济技术合作协定。2016 年 4 月于北京召开了中伊第十三届联委会会议。伊拉克是中国在西亚地区的第五大贸易伙伴，双边贸易情况如表 7 - 12 所示。

表 7 - 12 2008 ~ 2016 年中国和伊拉克贸易情况

单位：美元，%

指标 年份	双边贸易总额		中国对伊出口		中国自伊进口	
	金额	同比变化	金额	同比变化	金额	同比变化
2008	2652825912		1271161565		1381664347	
2009	5136559879	93.63	1838448828	44.63	3298111051	138.71
2010	9865057830	92.06	3589866730	95.27	6275191100	90.27
2011	14268285213	44.63	3824651342	6.54	10443633871	66.43
2012	17567558260	23.12	4911784801	28.42	12655773459	21.18
2013	24878852576	41.62	6894088320	40.36	17984764256	42.11
2014	28504710847	14.57	7743471759	12.32	20761239088	15.44
2015	20595998171	- 27.75	7925456089	2.35	12670542082	- 38.97
2016	18211128617	- 11.58	7547857704	- 4.76	10663270913	- 15.84

资料来源：联合国商品贸易数据库（UN COMTRADE）。

中国对伊拉克出口商品主要类别包括汽车、家用电器、工程机械石油设备、电力设备、通信设备、家电产品以及纺织服装。中国从伊拉克进口的主要商品为原油，2015 年，中国从伊拉克进口原油 3210.6 万吨，同比增长 12.3%。

10. 中国与也门的贸易关系

1996 年 6 月 24 日，中也两国签订《经济技术和贸易合作协定》，鼓励两国间开展多层次的经济、技术和贸易合作，并互相承诺给予贸易最惠国待遇。1998 年 2 月 16 日，两国签署《关于鼓励和相互保护投资协定》，承诺鼓励和促进双向投资并相互给予不低于最惠国的投资待遇。2006 年，为进一步促进也门对华出口，中国政府单方面承诺向也门对华出口的 278 类产品提供零关税待遇。2010 年 5 月，中也两国政府就给予出口至中国的原产于也门的 95% 产品免关税待遇换文确认。2010 年，中国首先对也门出口至中国 60% 的产品实施免关税。中也两国政府间建立贸易、经济和技术联合委员会机制。2013 年 4 月在北京举行了第九届双边经贸联委会，在加大对也经济技术援助、促进双边贸易投资和开展油气、渔业等资源开发等主要经贸合作领域达成广泛共识，为进一步促进双边经贸关系发展奠定了良好基础。中也双边贸易发展迅速，中国已成为也门最大的贸易伙伴国。中也双边贸易情况如表7-13所示。

表7-13　2008~2016年中国和也门贸易情况

单位：美元，%

年份	双边贸易总额		中国对也出口		中国自也进口	
指标	金额	同比变化	金额	同比变化	金额	同比变化
2008	4394456992		1184583997		3209872995	
2009	2405929930	-45.25	1168418833	-1.36	1237511097	-61.45
2010	4002939786	66.38	1223859123	4.74	2779080663	124.57
2011	4239983376	5.92	1104281308	-9.77	3135702068	12.83
2012	5559151996	31.11	1955098652	77.05	3604053344	14.94
2013	5200117955	-6.46	2138817020	9.40	3061300935	-15.06
2014	5134167684	-1.27	2201314090	2.92	2932853594	-4.20
2015	2327747115	-54.66	1436297270	-34.75	891449845	-69.60
2016	1858373641	-20.16	1692345314	17.83	166028327	-81.38

资料来源：联合国商品贸易数据库（UN COMTRADE）。

中也双边贸易具有很强的互补性，中国对也门出口的主要商品包括：①电机、电气、音像设备及其零附件；②机械器具及零件；③橡胶及其制品；④化学纤维长丝；⑤钢铁制品；⑥洗涤剂、润滑剂、人造蜡、塑型膏等；⑦食用蔬菜、根及块茎；⑧针织或钩编的服装及衣着附件；⑨其他纺织品、成套物品、旧纺织品；⑩蔬菜、水果等或植物其他部分的制品。

中国自也门进口的商品主要类别包括：①矿物燃料、矿物油及其产品，沥青等；②矿砂、矿渣及矿灰；③塑料及其制品；④电机、电气、音像设备及其零附件；⑤铜及其制品；⑥鱼及其他水生无脊椎动物；⑦橡胶及其制品；⑧铝及其制品；⑨生皮（毛皮除外）及皮革；⑩锌及其制品。

11. 中国与约旦的贸易关系

1977 年 4 月 7 日中约两国建交，两国在政治、经济、军事、文化等各方面的关系稳步发展，友好往来不断增加。2013 年 9 月，约旦国王阿卜杜拉二世参加中阿博览会并对中国进行国事访问。2014 年 10 月，全国政协主席俞正声率团访问约旦。2015 年 9 月，约旦国王阿卜杜拉二世作为本届博览会元首再次参加中阿博览会，中约两国宣布建立"战略伙伴关系"。中约双边经贸合作发展势头良好，具体情况如表 7 - 14 所示。

近年来，中国对约旦出口商品主要类别包括机械设备、机电产品、纺织品、服装和鞋类；中国从约旦进口商品主要类别包括钾肥、有机化学品、铜及其制品等。

表 7 - 14 2008 ~ 2016 年中国和约旦进出口贸易情况

单位：美元，%

指标 年份	双边贸易总额		中国对约出口		中国自约进口	
	金额	同比变化	金额	同比变化	金额	同比变化
2008	1949306526		1826131253		123175273	
2009	2078236608	6.61	1965980047	7.66	112256561	- 8.86
2010	2053606118	- 1.19	1888900117	- 3.92	164706001	46.72
2011	2769445850	34.86	2512724020	33.03	256721830	55.87
2012	3256061431	17.57	2958958357	17.76	297103074	15.73
2013	3604430570	10.70	3434555469	16.07	169875101	- 42.82
2014	3627963455	0.65	3364759429	- 2.03	263204026	54.94
2015	3718828233	2.50	3431338502	1.98	287489731	9.23
2016	3165561588	- 14.88	2954400451	- 13.90	211161137	- 26.55

资料来源：联合国商品贸易数据库（UN COMTRADE）。

12. 中国与土耳其的贸易关系

中土两国建交于 1971 年 8 月 4 日，双边交流频繁，经贸关系发展迅速，尤其是 2015 年 11 月，两国签署《关于"一带一路"倡议和"中间走廊"倡议相对接的谅解备忘录》，加速了双边贸易的发展。2015 年和

2016 年土耳其已超过伊拉克成为中国在西亚的第四大贸易伙伴，而中国也是土耳其第一大进口来源国和仅次于德国的第二大贸易伙伴国、第一大贸易逆差来源国。双边贸易的具体情况如表 7 – 15。

表 7 – 15　2008～2016 年中国和土耳其进出口贸易情况

单位：美元，%

指标 年份	双边贸易总额		中国对土出口		中国自土进口	
	金额	同比变化	金额	同比变化	金额	同比变化
2008	12569245257		10606311968		1962933289	
2009	10079020345	– 19.81	8333534857	78.57	1745485488	– 11.08
2010	15106096360	49.88	11942037327	143.30	3164059033	81.27
2011	18736932832	24.04	15613704584	130.75	3123228248	– 1.29
2012	19097103379	1.92	15585293352	99.82	3511810027	12.44
2013	22233225262	16.42	17746990917	113.87	4486234345	27.75
2014	23010853309	3.50	19305457610	108.78	3705395699	– 17.41
2015	21551478769	– 6.34	18607841074	96.39	2943637695	– 20.56
2016	19472055174	– 9.65	16686640520	89.68	2785414654	– 5.38

资料来源：联合国商品贸易数据库（UN COMTRADE）。

中国对土耳其出口的商品主要为机电产品、贱金属及制品和纺织品及原料，2015 年三者合计对土耳其出口 172.9 亿美元，占中国对土出口的 69.6%，而其中机电产品约占一半。此外，化工产品、家具玩具制品等也是中国对土耳其出口的主要商品。而中国自土耳其进口的主要商品是矿产品、化工产品和纺织品及原料三大类。

13. 中国与黎巴嫩的贸易关系

中黎双边经贸关系始于 20 世纪 50 年代。1955 年 12 月 31 日中黎签订两国贸易协定。1972 年 11 月，中黎签订新的贸易协定，该协定于 1974 年 12 月 20 日起生效。根据该协定，双方给予最惠国待遇，两国之间的贸易以双方同意的任何一种可兑换的货币支付，协议还有互相在贸易、会展方面提供便利的相关条款。1994 年 10 月，草签了《中黎两国政府经济、贸易和技术合作协定》；1995年5月，签署了《两国发展纺织领域经济、技术和贸易合作谅解备忘录》《中黎海运协定》；1996年6月，签署《两国政府经济、贸易和技术合作协定》《两国政府鼓励和相互保护投资协定》《民用航空运输协定》《经济技术合作协定》；2002年4月，签署《中黎两国经济技术和贸易合作委员会第一次会议纪要》。两国政府间还多次签署《经济技术合作协定》。近年来，中黎双边贸易情况进展平稳、良好并呈现逐年上升趋势。具体情况如表7-16所示。

表7-16　2008~2016年中国和黎巴嫩进出口贸易情况

单位：美元，%

指标 年份	双边贸易总额		中国对黎出口		中国自黎进口	
	金额	同比变化	金额	同比变化	金额	同比变化
2008	1096723120		1083449145		13273975	
2009	1065799115	-2.82	1056822426	-2.46	8976689	-32.37
2010	1346728171	26.36	1319452860	24.85	27275311	203.85
2011	1484342572	10.22	1458393031	10.53	25949541	-4.86
2012	1712281659	15.36	1691955088	16.02	20326571	-21.67
2013	2536409878	48.13	2490830754	47.22	45579124	124.23
2014	2630513584	3.71	2605126326	4.59	25387258	-44.30
2015	2308398241	-12.25	2291020682	-12.06	17377559	-31.55
2016	2118010848	-8.25	2100338023	-8.32	17672825	1.70

资料来源：联合国商品贸易数据库（UN COMTRADE）。

中国对黎巴嫩出口商品主要类别包括：①机械器具及零件；②电机、电气、音像设备及其零附件；③家具，寝具、褥垫、弹簧床垫；④非针织或非钩编的服装及衣着附件；⑤塑料及其制品；⑥钢铁制品；⑦针织或钩编的服装及衣着附件；⑧玩具、游戏品、运动用品；⑨陶瓷产品；⑩鞋靴、护腿和类似品。

中国从黎巴嫩进口商品主要类别包括：①铜及其制品；②铝及其制品；③塑料及其制品；④盐、硫黄、土及石料；石灰及水泥等；⑤机器、机械器具及零件；⑥钢铁制品；⑦钢铁；⑧石料、石膏、水泥、石棉、云母制品；⑨化学纤维短纤；⑩生皮（毛皮除外）及皮革。

14. 中国与阿富汗的贸易情况

中国是阿富汗重要的贸易伙伴，双边贸易迅速发展，尤其是 2015 年 12 月阿富汗入世以来，中阿贸易有了明显发展。中阿双边具体贸易情况如表 7 - 17 所示。

表 7 - 17　2008 ~ 2016 年中国和阿富汗进出口贸易情况

单位：美元，%

年份＼指标	双边贸易总额		中国对阿出口		中国自阿进口	
	金额	同比变化	金额	同比变化	金额	同比变化
2008	154319778		151626761		2693017	
2009	214742069	39.15	213366201	40.72	1375868	- 48.91
2010	178945028	- 16.67	175264609	- 17.86	3680419	167.50
2011	234413053	31.00	230009966	31.24	4403087	19.64
2012	469220111	100.17	464033546	101.74	5186565	17.79
2013	337854104	- 28.00	328258809	- 29.26	9595295	85.00
2014	410931057	21.63	393559251	19.89	17371806	81.05
2015	373590533	- 9.09	361819889	- 8.06	11770644	- 32.24
2016	435187362	16.49	430653261	19.02	4534101	- 61.48

资料来源：联合国商品贸易数据库（UN COMTRADE）。

自 2015 年起，中国给予原产于阿富汗 97% 税目输华产品零关税待遇。而中国对阿富汗出口的商品主要为电器及电子产品、医药、机械设备和纺织服装，中国自阿富汗进口的主要商品则为农产品。

15. 中国与叙利亚的贸易情况

1956 年 8 月 1 日中叙两国建交，之后两国贸易关系正常发展，2011 年叙利亚局势动荡后，双边贸易发展受阻，然而由于叙利亚局势趋于稳定和 "一带一路" 倡议的推动作用，中叙两国贸易发展重回正轨，并取得了一定的发展。双边贸易的具体情况如表 7 - 18 所示。

表 7 - 18　2008～2016 年中国和叙利亚进出口贸易情况

单位：美元，%

年份　　　指标	双边贸易总额		中国对叙出口		中国自叙进口	
	金额	同比变化	金额	同比变化	金额	同比变化
2008	2303220239		2293355398		9864841	
2009	2220422878	- 3.59	2210406187	- 3.62	10016691	1.54
2010	2483260495	11.84	2442972161	10.52	40288334	302.21
2011	2446396462	- 1.48	2420241006	- 0.93	26155456	- 35.08
2012	1201143596	- 50.90	1190228622	- 50.82	10914974	- 58.27
2013	694856147	- 42.15	690151577	- 42.02	4704570	- 56.90
2014	986498721	41.97	984370587	42.63	2128134	- 54.76
2015	1026160937	4.02	1022573397	3.88	3587540	68.58
2016	918520595	- 10.49	915256738	- 10.49	3263857	- 9.02

资料来源：联合国商品贸易数据库（UN COMTRADE）。

中国对叙利亚出口的主要商品是机电产品、汽车、钢铁、纺织品服装、化工产品等；中国自叙利亚进口的产品主要是磷酸盐、橄榄油和棉线等。

16. 中国与巴勒斯坦的贸易关系

中巴两国于 1988 年 11 月 20 日建交，由于巴勒斯坦国的特殊情况和以色列的封锁，中巴双边直接贸易起步较晚。1995 年 12 月自中国在巴设立办事处起，两国开始一般贸易往来，其后发展较快，尤其是"一带一路"倡议提出以来，中巴贸易重新焕发了生机，2017 年 11 月 30 日，中巴两国签署启动"中国－巴勒斯坦自由贸易协定"联合可行性研究的谅解备忘录，正式开启双边自贸区建设进程。双边贸易情况如表 7 - 19 所示。

表 7 - 19　2008～2016 年中国和巴勒斯坦进出口贸易情况

单位：美元，%

年份　　　指标	双边贸易总额		中国对巴出口		中国自巴进口	
	金额	同比变化	金额	同比变化	金额	同比变化
2008	41029830		40780342		249488	
2009	24370561	- 40.60	23623658	- 42.07	746903	199.37

续表

指标 年份	双边贸易总额		中国对巴出口		中国自巴进口	
	金额	同比变化	金额	同比变化	金额	同比变化
2010	26371364	8.21	26008304	10.09	363060	-51.39
2011	48856234	85.26	47815390	83.85	1040844	186.69
2012	41063108	-15.95	40724812	-14.83	338296	-67.50
2013	90863598	121.28	90677217	122.66	186381	-44.91
2014	75593212	-16.81	75506718	-16.73	86494	-53.59
2015	71213218	-5.79	70769943	-6.27	443275	412.49
2016	59616898	-16.28	59307575	-16.20	309323	-30.22

资料来源：联合国商品贸易数据库（UN COMTRADE）。

17. 中国与亚美尼亚的贸易情况

从 2009 年起，中国成为亚美尼亚的第二大贸易伙伴，双边贸易发展稳定，具体如表 7 - 20 所示。

表 7 - 20　2008 ～ 2016 年中国和亚美尼亚进出口贸易情况

单位：美元，%

指标 年份	双边贸易总额		中国对亚出口		中国自亚进口	
	金额	同比变化	金额	同比变化	金额	同比变化
2008	80718652		69212461		11506191	
2009	111353517	37.95	87414900	26.30	23938617	108.05
2010	163833466	47.13	117130052	33.99	46703414	95.10
2011	170354769	3.98	135722781	15.87	34631988	-25.85
2012	148370181	-12.91	113204371	-16.59	35165810	1.54
2013	192988154	30.07	119849623	5.87	73138531	107.98
2014	289981764	50.26	122809063	2.47	167172701	128.57
2015	321372729	10.83	112400450	-8.48	208972279	25.00
2016	391701340	21.88	111083094	-1.17	280618246	34.28

资料来源：联合国商品贸易数据库（UN COMTRADE）。

中国对亚美尼亚出口的主要商品是移动和固定通信器材、计算机及部件、钢材、毛皮制品、家具及备件等；中国自亚美尼亚进口的商品主要是铜及铜精矿、酒类产品和钻石产品等。

18. 中国与格鲁吉亚的贸易情况

中格两国建交于 1992 年 6 月 9 日，建交以来双边关系发展良好，经贸往来密切。尤其是 2015 年双方签署《中格两国共建丝绸之路经济带合作备忘录》，共同宣布开启两国自由贸易谈判可行性研究。双边贸易额快速增长，其具体情况如表 7 - 21 所示。

表 7 - 21　2008 ~ 2016 年中国和格鲁吉亚进出口贸易情况

单位：美元，%

年份	双边贸易总额		中国对格出口		中国自格进口	
	金额	同比变化	金额	同比变化	金额	同比变化
2008	296412956		292886424		3526532	
2009	209825878	- 29.21	191957710	- 34.46	17868168	406.68
2010	316734025	50.95	274931757	43.23	41802268	133.95
2011	799174330	152.32	761069088	176.82	38105242	- 8.84
2012	773912294	- 3.16	740330065	- 2.72	33582229	- 11.87
2013	916547893	18.43	862092297	16.45	54455596	62.16
2014	961786774	4.94	908676000	5.40	53110774	- 2.47
2015	812460584	- 15.53	768675246	- 15.41	43785338	- 17.56
2016	798807930	- 1.68	745243603	- 3.05	53564327	22.33

资料来源：联合国商品贸易数据库（UN COMTRADE）。

中国对格鲁吉亚出口商品主要类别包括：①锅炉、机械器具及零件；②电机、电气、音像设备及其零附件；③钢铁制品；④塑料及其制品；⑤家具、寝具等，灯具、活动房；⑥钢铁；⑦针织或钩编的服装及衣着附件；⑧木及木制品，木炭；⑨铁道车辆，轨道装置，信号设备；⑩陶瓷产品。

中国格鲁吉亚进口商品主要类别包括：①铜及其制品；②矿砂、矿渣及矿灰；③饮料、酒及醋；④非针织或非钩编的服装及衣着附件；⑤铝及其制品；⑥电机、电气、音像设备及其零附件；⑦食用水果及坚果，甜瓜等水果的果皮；⑧锅炉、机械器具及零件；⑨塑料及其制品；⑩光学、照相、医疗等设备及零附件。

19. 中国与阿塞拜疆的贸易情况

1992 年中阿两国建交以来，双方经贸合作从无到有，合作规模也在不断扩大，其具体情况如表 7 - 22 所示。

表 7 - 22　2008 ~ 2016 年中国和阿塞拜疆进出口贸易情况

单位：美元，%

年份 \ 指标	双边贸易总额		中国对阿出口		中国自阿进口	
	金额	同比变化	金额	同比变化	金额	同比变化
2008	800962195		686098458		114863737	
2009	681605447	- 14. 90	553288806	- 19. 36	128316641	11. 71
2010	932704629	36. 84	846157246	52. 93	86547383	- 32. 55
2011	1086338927	16. 47	892618568	5. 49	193720359	123. 83
2012	1283988951	18. 19	1069827220	19. 85	214161731	10. 55
2013	1102151636	- 14. 16	868568350	- 18. 81	233583286	9. 07
2014	942315515	- 14. 50	645252818	- 25. 71	297062697	27. 18
2015	662049415	- 29. 74	439145357	- 31. 94	222904058	- 24. 96
2016	757965033	14. 49	345883254	- 21. 24	412081779	84. 87

资料来源：联合国商品贸易数据库（UN COMTRADE）。

中国对阿塞拜疆出口的商品主要是：①机械器具及零件；②针织或钩编的服装及衣着附件；③电机、电气、音像设备及其零附件；④家具；⑤车辆及零附件；⑥铝及其制品；⑦鞋靴、护腿和类似品及其零件；⑧非针织或非钩编的服装及衣着附件；⑨橡胶及其制品；⑩塑料及其制品。

中国自阿塞拜疆进口的商品以矿物燃料、塑料及其制品、铜及其制品、矿砂及矿渣等原材料为主。

二　中国与西亚投资情况分析

双边投资合作一直是中国和西亚国家重要合作内容之一，"一带一路"倡议获得国际社会和西亚国家认同以来，中国与西亚国家的投资进入新轨道。基于《世界投资报告》《中国对外直接投资统计公报》《外商投资报告》等数据，中国与西亚国家的双边的总体情况和分国别投资情况如下。

（一）中国西亚双边投资总体情况

西亚地区局势不稳定，投资风险不确定性高，但是中国同西亚地区关系稳定，"一带一路"倡议和中国－西亚－经济走廊建设又符合双边的利益诉求，中国与西亚地区的双边投资发展稳中有进。

1. 中国对西亚投资概况

西亚地区资源、能源丰富，基础设施建设投资需求大，对中国企业具有较强的吸引力。中国对西亚地区的投资从无到有、由大到小，发展速度很快，且总体发展形势趋于稳定。此外，中国对西亚地区投资所涉及的产业、国别也在进一步扩大，呈现出一定的多样性。

（1）中国对西亚投资的总体规模

中国对西亚地区的投资发展很快，且总体上较为稳定，图7-4所示。

图7-4 中国对西亚地区投资存量和流量情况（2003～2016年）
资料来源：《中国对外直接投资统计公报》。

从流量角度，中国对西亚 FDI 流量总体发展稳定，增长明显。2005年以前，中国对西亚国家的 FDI 流量较少，且发展平缓，基本稳定在2000 万～3000 万美元，而 2006 年开始激增至 26183 万美元，同比增长11 倍，其后迅速增长，至 2011 年为 167329 万美元，出现第一个小的增长高峰，由于"阿拉伯之春"等西亚局势动荡，2012 年有所下滑，为141890 万美元，随着"一带一路"的深入发展和中国与西亚国家合作的全面展开，2013 年的中国对西亚 FDI 达到历年峰值（230491 万美元），其后两年均维持高位发展，分别为 222721 万美元（2014）和 223008 万美元（2015），不过 2016 年中国对西亚地区 FDI 出现极大负值（－16128万美元），此系中国对西亚地区撤资的缘故。进一步研究发现，2016 年中国对西亚地区 FDI 流量出现负值的主要国家为阿联酋（－39138 万美元）、也门（－41345 万美元）、伊拉克（－5287 万美元）、土耳其（－9612 万美元）、阿塞拜疆（－2466 万美元），撤资原因有地区局势变动、中国对诸国投资合同到期或工程完工以至撤资等。

从存量角度，中国对西亚 FDI 存量持续上升，且增长迅速。截至2016 年，中国对西亚地区 FDI 存量已达到 1962857 万美元，较 2003 年（50913 万美元）足足增长了 38 倍，年均增速为 32.44%，发展较快。而其中中国对西亚 FDI 增长 50 亿美元的周期也在缩短，2011 年中国对西亚 FDI 为 56.17 亿美元，突破 50 亿美元，同比增率为 46.17%，经过三年时间破百亿，达 118.81 亿美元，同比增率 28.53%，其后迅速增长，一年一个"50 亿美元"，2015 已接近 150 亿美元（148.53 亿美元），2016 年接近 200 亿美元（196.29 亿美元）。

然而，相对于中国对外 FDI 的总体规模，中国对西亚地区 FDI 所占的比重非常少，甚至与中国对亚洲的 FDI 相比，比重也较小。考察近五年中国对西亚地区 FDI 的占比情况（如表 7 - 23 所示），可知 2012 ～2016 年对西亚 FDI 占中国 FDI 总体和占西亚 FDI 比重的最高值均出现在2016 年，分别为 1.45% 和 2.16%，其他四年二者分别维持在 1.3% 和

2.0%左右的低水平。不过从另一角度也说明中国对西亚国家 FDI 的发展空间巨大。

表 7 - 23 中国对西亚地区 FDI 存量占比情况（2012 ~ 2016 年）

单位：%

年份	2012	2013	2014	2015	2016
占中国 FDI 的比重	1.37	1.40	1.35	1.35	1.45
占对亚洲 FDI 的比重	2.00	2.07	1.98	1.93	2.16

资料来源：《中国对外直接投资统计公报》。

（2）中国对西亚国家投资的国别结构

中国对西亚地区 FDI 主要集中于油气资源较为丰富或基础设施建设需求较大的国家。2016 年，中国对西亚国家投资存量最多的是阿联酋，其占比达到了 24.90%，其次是以色列（21.55%）、伊朗（16.97%）、沙特阿拉伯（13.28%）、土耳其（5.41%）、卡塔尔（5.23%）等国，此外，对于科威特、伊拉克、格鲁吉亚和阿富汗等资源丰富的国家的投资也较多，四国占比分别为 2.95%、2.84%、2.80% 和 2.24%（如图 7 - 5 所示）。

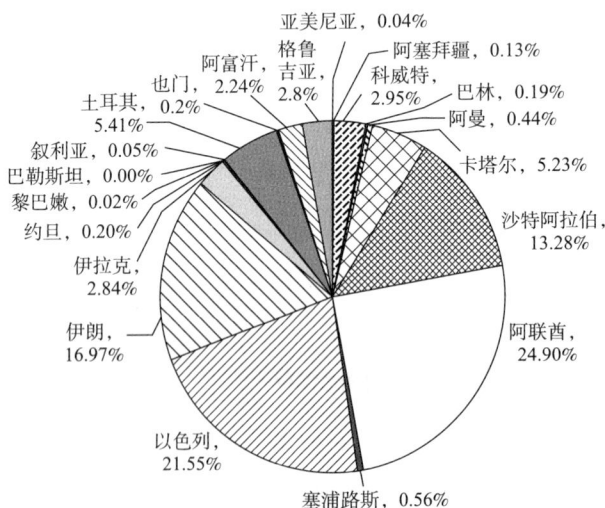

图 7 - 5 2016 年中国对西亚 FDI 国别结构情况

资料来源：《中国对外直接投资统计公报》。

　　值得注意的是，海合会一直是中国在西亚地区重要的合作伙伴，2003～2016 年中国对海合会六国的投资占西亚国家的比重发展迅速，2007 年和 2008 年一度达到了 67.23% 和 68.23%，其后均维持在 4 成以上的水平，随着"一带一路"倡议的深入推进、中国 – 中亚 – 西亚经济走廊的建设以及中海自贸区谈判的重启，中国与海合会国家的关系将进一步发展，双方的投资面临更大的机遇，中国对西亚国家的投资将更集中于海合会国家（如图 7 – 6 所示）。

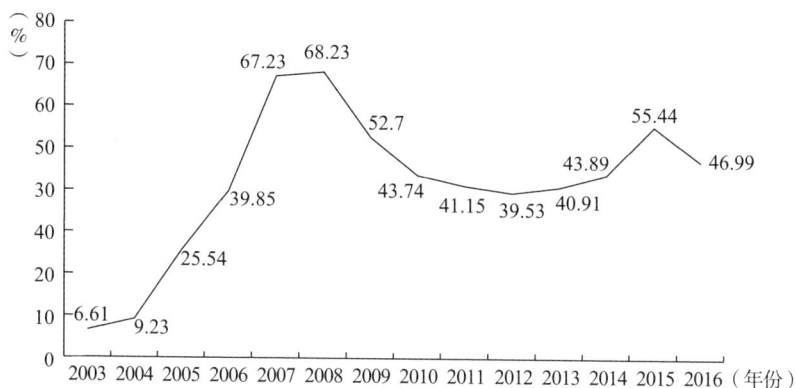

图 7 – 6　2003～2016 年中国对海合会 6 国投资占西亚 20 国比重情况
资料来源：《中国对外直接投资统计公报》。

2. 西亚国家对中国的投资概况

　　西亚国家对中国的投资较为稳定，且发展较快，如图 7 – 7 所示，2002～2012 年，西亚国家对中国的投资由 6436 万美元（2002）增长至 26413 万美元（2012），增长了 4 倍。尤其是全球金融危机发生之后，世界主要经济体投资环境恶化，中国以其良好的经济运行机制和投资环境，吸引了众多西亚国家的投资，故而 2010 年西亚对中国的投资达到历年峰值（71968 万美元），其后有所下降，不过随着"一带一路"与西亚国家的紧密对接发展和双边关系的深化发展，西亚对中国的投资具有较好的前景。

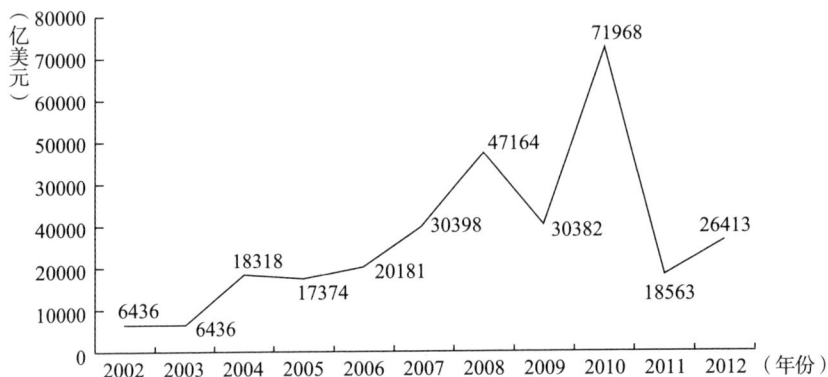

图 7-7 西亚国家对中国投资情况（2002~2012 年）
资料来源：《外商投资报告》。

西亚对中国投资较多的国家最主要集中于沙特阿拉伯、阿联酋、卡塔尔、土耳其和以色列等国。如表 7-24 所示，沙特阿拉伯和阿联酋长期居于西亚对中国投资的前两位，而卡塔尔、土耳其和以色列也是对中国投资较多的西亚国家。

表 7-24 西亚对中国投资前五位国家（2008~2012 年）

年份	2008	2009	2010	2011	2012
1	沙特阿拉伯	沙特阿拉伯	沙特阿拉伯	阿联酋	阿联酋
2	阿联酋	阿联酋	阿联酋	以色列	沙特阿拉伯
3	伊朗	伊朗	以色列	沙特阿拉伯	卡塔尔
4	以色列	土耳其	也门	土耳其	土耳其
5	塞浦路斯	以色列	伊朗	也门	以色列

资料来源：《外商投资报告》。

（二）中国西亚双边（国别）投资情况

1. 中国沙特阿拉伯双边投资情况

沙特阿拉伯具有很强的投资吸引力，其国内政治社会稳定、经济运行平稳、外汇储备持续增加、支付能力强，可持续发展空间比较大，尤其是对投资领域和投资比例的限制逐步减少，利润可自由兑换和汇出，通信、交通、银行、保险及零售业已陆续对国外投资者开放。据世界银行和国际金融公司联合发布的《2016 年营商环境报告》（*Doing Business 2016*），在全球 189 个经济体中，沙特阿拉伯的营商便利度排名第 82 位。世界经济论坛《2015—2016 年全球竞争力报告》显示，沙特阿拉伯在全球最具竞争力的 140 个国家和地区中排名 25 位。中国对西亚地区的投资也主要集中在沙特阿拉伯，同时沙特阿拉伯对中国的投资也较多，中沙投资的具体情况如表 7 - 25 所示。

表 7 - 25　中国与沙特阿拉伯投资情况 （2005～2016 年）

单位：万美元

年份	2005	2006	2007	2008	2009	2010	2011	2012	2013	2014	2015	2016
中对沙	2145	11720	11796	8839	9023	3648	12256	15367	47882	18430	40479	2390
沙对中	937	816	12265	27524	11365	48397	2194	4987	—	—	—	—

资料来源：《中国对外直接投资统计公报》《外商投资报告》。

2. 中国阿联酋双边投资情况

阿联酋自然资源丰富、政局长期稳定、地理位置优越、市场化程度高、经济开放度高，是西亚地区最具投资吸引力的国家之一。其投资吸引力表现为低税率、港口物流便利、服务快捷高效。尤其是国际金融危机和地区动荡爆发以来，阿联酋已经成为地区资金流、物流的避风港，其地区性贸易、金融、物流枢纽的地位进一步加强。据世界银行和国际金融公司联合发布的《2016 年营商环境报告》（*Doing Business 2016*），阿联酋在全球 189 个经济体中排名 31 位。其中三项指标排名有所上升：投资者保护力度上升 15 位，执行合同便利程度上升 9 位，获得建设许可便利程度上升 1 位。世界经济论坛《2015—2016 年全球竞争力报告》显示，阿联酋在全球最具竞争力的 140 个国家和地区中，排第 17 位。

一直以来，中国与阿联酋发挥各自比较优势，不断拓展和深化相互投资，中国企业在阿联酋的业务正在从商品、工程承包向金融、物流、新能源、旅游等领域不断拓展，合作方式已经由单纯的贸易和承包向投资、合资等转变。中国与阿联酋的投资情况如表 7 - 26 所示。

表 7 - 26　中国与阿联酋投资情况（2005 ~ 2016 年）

单位：万美元

年份	2005	2006	2007	2008	2009	2010	2011	2012	2013	2014	2015	2016
中对阿	2605	2812	4915	12738	8890	34883	31458	10511	29458	70534	126868	- 39138
阿对中	9203	14156	10080	9381	10273	11003	7265	12963	—	—	—	—

资料来源：《中国对外直接投资统计公报》《外商投资报告》。

3. 中国巴林双边投资情况

巴林是海湾航运的重要中转站，从 20 世纪 70 年代末起，巴林开始实行自由开放的经济政策，积极推进经济多元化战略，重点发展金融、贸易、旅游和会展等产业，减少对油气产业的过度依赖。其投资吸引力在于：其一，石油产业为经济发展提供重要支撑，基础设施和配套保障服务完善；其二，无所得税和增值税，商务成本低于迪拜、卡塔尔等周边市场；其三，交通物流便利，具有辐射海合会国家和其他中东国家市场的潜力；其四，法规健全，经济政策稳健，透明度、对外开放和市场化程度较高；其五，社会风气较宽松，英语普及，对外籍人较友好。据世界银行和国际金融公司联合发布的《2016 年营商环境报告》（Doing Business 2016），营商环境便利度方面，巴林在全球 189 个经济体中排名第 65 位。世界经济论坛《2015—2016 年全球竞争力报告》显示，巴林在全球最具竞争力的 140 个国家和地区中，排第 39 位。中国与巴林的双边投资情况如表 7 - 27 所示。

表 7 - 27　中国与巴林投资情况（2005 ~ 2016 年）

单位：万美元

年份	2005	2006	2007	2008	2009	2010	2011	2012	2013	2014	2015	2016
中对巴	7	- 192	0	12	0	0	0	508	- 534	—	—	3646
巴对中	6	120	190	205	360	105	0	79	—	—	—	—

资料来源：《中国对外直接投资统计公报》《外商投资报告》。

4. 中国卡塔尔双边投资情况

卡塔尔拥有丰富的原油及天然气资源，对外资虽有需求，但并不过分依赖，且国土面积小、人口少、投资空间相对有限。而其投资吸引力主要体现在政治稳定、支付能力较高、社会治安状况良好和市场化程度较高等几方面，尤其是卡塔尔政府规划于未来10年重点开发与2022年世界杯足球赛相关的基础设施项目、石化工业、水电及除能源外的其他产业，以实现卡塔尔经济兼具竞争性和多样化的目标。据世界银行和国际金融公司联合发布的《2016年营商环境报告》（*Doing Business 2016*），营商环境便利度方面，卡塔尔在189个国家（地区）中排名第68位。世界经济论坛《2015—2016年全球竞争力报告》显示，卡塔尔在全球最具竞争力的140个国家和地区中排第14位。目前中卡两国双边投资总体规模不大，但发展势头良好，具体情况如表7-28所示。

表 7-28　中国与卡塔尔投资情况（2005~2016年）

单位：万美元

年份	2005	2006	2007	2008	2009	2010	2011	2012	2013	2014	2015	2016
中对卡	0	352	981	1000	-374	1114	3859	8446	8747	3579	14085	9613
卡对中	0	76	0	0	7	51	73	2706	—	—	—	—

资料来源：《中国对外直接投资统计公报》《外商投资报告》。

5. 中国科威特双边投资情况

科威特不仅资源丰富，而且政局稳定，法律健全，市场需求较大，主权信用较高，开放水平居该地区领先水平，对外国投资者有较强的吸引力。据英国智库列格坦研究机构发布的2015年"繁荣指数"排名，科威特在阿联酋之后，位列阿拉伯国家"繁荣指数"排名第2位。世界银行《2016年营商便利指数排名》中科威特得分60.17分，在189个经济体中位列第101位。美国智库传统基金会（The Heritage Foundation）和《华尔街日报》（*The Wall Street Journal*）共同发布的《2016经济自由度指数》显示，2016年科威特经济自由度在186个经济体中排名第74

位，在西亚和北非地区排名第 7 位。科威特全球化指数在阿拉伯国家中排名第 4 位，全球排名第 45 位。世界经济论坛《2015—2016 年全球竞争力报告》显示，科威特在全球最具竞争力的 140 个国家和地区中，得分 4.59 分，排第 40 位。

中科双边投资发展较快，截至 2015 年底，科威特对华投资累计达 3.04 亿美元，在中国人民币市场 QFII 投资额度达 25 亿美元，科威特阿拉伯基金向中国的 37 个项目提供优惠贷款 9.7 亿美元。而 2015 年当年中国对科威特直接投资流量为 1.44 亿美元，截至 2015 年末，中国对科威特直接投资存量为 5.44 亿美元。其具体情况如表 7 – 29 所示。

表 7 – 29　中国与科威特投资情况（2005 ~ 2016 年）

单位：万美元

年份	2005	2006	2007	2008	2009	2010	2011	2012	2013	2014	2015	2016
中对科	0	406	– 625	244	292	2286	4200	– 1188	– 59	16191	14444	5055
科对中	45	10	29	63	54	47	25	0	—	—		

资料来源：《中国对外直接投资统计公报》《外商投资报告》。

6. 中国阿曼双边投资情况

阿曼为改变过度依赖油气产业的单一经济结构，全面推进经济多元化战略，大力招商引资，努力发展基建、制造、物流、旅游、渔业等非油气产业，鼓励和支持私营企业特别是中小企业在经济建设中发挥更大作用。2014 年 6 月以来，国际油价持续下跌，阿曼政府充分运用财政、金融等手段加以应对，并坚持推进杜库姆经济特区、铁路等重大项目建设，努力维护阿曼经济的基本面，稳定境内外投资者对其经济的信心。据美国智库传统基金会（The Heritage Foundation）和《华尔街日报》（The Wall Street Journal）发布的 2015 年经济自由度指数，在全球 178 个经济体中，阿曼的经济自由度排名第 52 位，属于中度自由的经济体。世界经济论坛《2015—2016 年全球竞争力报告》显示，阿曼在全球最具竞争力的 140 个国家和地区中排第 62 位。在世界银行《2015 年全球营商环境报告》排名中，阿曼位列 189 个经济体中的 70 位。

2015 年当年中国对阿曼直接投资流量为 1095 万美元。截至 2015 年末，中国对阿曼直接投资存量达 2.01 亿美元。中国在阿曼的投资将会高速增长，中阿杜库姆产业园已经奠基，正在快速的推进中，按照规划，产业园一期投资至少在 10 亿美元以上。而截至 2014 年末，阿曼在华投资 1323 万美元，项目数量 10 个。中阿双边投资具体情况如表 7 – 30 所示。

表 7 – 30　中国与阿曼投资情况（2005～2016 年）

单位：万美元

年份	2005	2006	2007	2008	2009	2010	2011	2012	2013	2014	2015	2016
中对阿	522	2688	259	– 2295	– 624	1103	951	337	– 74	1516	1095	462
阿对中	0	0	52	0	0	5	0	0	—	—	—	—

资料来源：《中国对外直接投资统计公报》《外商投资报告》。

7. 中国土耳其双边投资情况

土耳其是继中国、俄罗斯、印度、巴西和南非等"金砖国家"之后又一蓬勃发展的新兴经济体，在国际社会享有"新钻国家"的美誉，已成为"经济安理会"20 国集团的成员。其政局稳定、经济快速发展、投资环境日益改善，越来越受到外国投资者的青睐。世界经济论坛《2015—2016 年全球竞争力报告》显示，土耳其在全球最具竞争力的 140 个国家和地区中排第 51 位。世界银行《2016 年全球营商环境报告》排名中，土耳其位列 189 个经济体中的第 55 位。

中土双边投资关系发展良好，2015 年 11 月，中土两国签署《关于"一带一路"倡议和"中间走廊"倡议相对接的谅解备忘录》，为双方在"一带一路"框架内推进各领域合作提供重要政策支持。2015 年当年中国对土耳其直接投资流量为 6.28 亿美元，截至 2015 年末，中国对土耳其直接投资存量达 13.29 亿美元。投资主要集中在电信、金融、交通、能源、采矿、制造、农业等领域。双边投资的具体情况如表 7 – 31 所示。

表 7 – 31 中国与土耳其投资情况（2005～2016 年）

单位：万美元

年份	2005	2006	2007	2008	2009	2010	2011	2012	2013	2014	2015	2016
中对土	24	115	161	910	29326	782	1350	10895	17855	10497	62831	– 9612
土对中	2216	1345	984	729	1864	986	1485	1556	—	—	—	—

资料来源：《中国对外直接投资统计公报》《外商投资报告》。

8. 中国伊朗双边投资情况

伊朗地处西亚的心脏地带，石油储量居世界第四，天然气储量世界第一，是中东和海湾地区的政治经济文化军事大国，独特的地理位置、丰富的油气资源使伊朗的战略地位更加凸显。"伊核全面协议"① 的达成逐步提高了伊朗投资吸引力，外国政要纷纷率领经贸代表团访问伊朗，探寻商机。世界经济论坛《2015—2016 年全球竞争力报告》显示，伊朗在全球最具竞争力的 140 个国家和地区中，排第 74 位。在世界银行《2016 年全球营商环境报告》排名中，伊朗位列 189 个经济体中的 118位。根据美国传统基金会和《华尔街日报》发布的 2016 经济自由度指数（Index of Economic Freedom），在全球 178 个经济体中，伊朗的经济自由度排名第 171 位。

中伊投资合作关系发展良好，2016 年 1 月，中伊两国签署了《中伊两国政府关于共同推进"丝绸之路经济带"和"21 世纪海上丝绸之路"建设的谅解备忘录》。在投资合作领域上，中伊两国双方同意加强两国贸易和投资交往，以《关于加强两国投资领域合作的谅解备忘录》为指导，深化双方在经济、银行、相互投资、金融、矿产、交通、通信、航天、制造业、港口开发、铁路网线改造和建设、高铁、农业、水利、环保、粮食安全、防治荒漠化、海水淡化、和平利用核能以及可再生能源等领域的务实合作，并在上述领域开展经验和技术交流、人员培训等合

---

① 2015 年 7 月经过艰难谈判，伊朗与六国（联合国五个常任理事国 + 德国）达成伊核协议，签署《联合全面行动计划》，2016 年 1 月欧美部分解除对伊核相关的制裁。

作。此外，中伊双方签署了《关于加强产能、矿产和投资合作的谅解备忘录》，扩大在交通运输、铁路、港口、能源、贸易和服务业等领域的相互投资和合作。2016 年 8 月，伊朗财经部与中国国家开发银行签订合作协议，为经济项目、基础设施项目提供融资。2016 年 8 月 16 日，中伊经济贸易合作联合委员会第 16 次会议召开，双方就落实两国领导人在经贸领域达成的共识，共建"一带一路"，扩大双边贸易投资，深化能源、基础设施、互联互通、金融等领域合作深入交换了意见。中伊双边投资的具体情况如表 7 - 32 所示。

表 7 - 32 中国与伊朗投资情况 （2005 ~ 2016 年）

单位：万美元

年份	2005	2006	2007	2008	2009	2010	2011	2012	2013	2014	2015	2016
中对伊	1160	6578	1142	- 3453	12483	51100	61556	70214	74527	59286	- 54966	39037
伊对中	420	696	745	2702	1912	1786	468	410	—	—	—	—

资料来源：《中国对外直接投资统计公报》《外商投资报告》。

9. 中国伊拉克双边投资情况

2015 年由于油价下跌和反恐投入，伊拉克政府入不敷出。伊拉克政府加大招商引资政策实施力度，推动产业多元化，加强对境外投资者利益保护以及政策扶持。如大力推动由于技术、设备落后而无法进行正常经营活动或濒临倒闭的国有企业与境外企业合资，在土地、矿产、水、重油、电等重要生产要素和生产资料方面给予优惠，伊拉克政府优先从上述企业采购，提高伊拉克本国可生产产品的进口关税等。2016 年，伊拉克公布了新投资法。世界银行发布的《2016 年营商环境报告》显示，伊拉克在 189 个经济实体中排名第 161 位。伊拉克尚未被列入达沃斯世界经济论坛全球竞争力排名中。安全形势动荡、基础设施落后、法律及金融体系不完善，是伊拉克排名靠后的主要原因。

2015 年当年中国对伊拉克直接投资流量为 1231 万美元。截至 2015 年末，中国对伊拉克直接投资存量达 3.88 亿美元。在伊主要中资企业有中石油、中海油、绿洲石油公司、上海电气、天津电建、苏州中材、中建材、中国交通建设、葛洲坝、中地国际、中曼石油、中国机械设备工程股份有限公司、华为技术有限公司、中兴通讯股份有限公司和海川钢铁公司等 30 余家，主要从事油田开发、电力建设、基础设施建设、通讯和建材等行业。中伊双边投资的具体情况如表 7 - 33 所示。

表 7 - 33　中国与伊拉克投资情况（2005～2016 年）

单位：万美元

年份	2005	2006	2007	2008	2009	2010	2011	2012	2013	2014	2015	2016
中对伊	0	35	36	- 166	179	4814	12244	14840	2002	8286	1231	- 5287
伊对中	311	150	27	324	140	212	9	93	—	—	—	—

资料来源：《中国对外直接投资统计公报》《外商投资报告》。

10. 中国也门双边投资情况

也门是联合国公布的全球最不发达国家之一，2010 年以来，也门政府大力推进经济改革，实行适度"积极"的财政政策，增加预算，扩大基础设施投资，加快经济发展，同时，国际社会也不断加大对也门的经济援助力度。随着经济的逐步好转，也门在能源和矿产开发、渔业、基础设施、旅游、通信、电力、农产品加工等众多领域都存在大量投资机会。然而，胡塞武装①发起的反政府内战，终止了这一进程。世界银行《2016 年营商环境报告》全球营商环境排名中，在 189 个经济体中，也门名列第 170 位。世界经济论坛《2015—2016 年全球竞争力报告》称，由于地缘政治问题升级，国内局势混乱，缺少数据，该年度报告无法将也门、叙利亚和利比亚进行排名。《2014—2015 年全球竞争力报告》显

① 2014 年 7 月，胡塞武装组织武力夺取首都萨那，2015 年 1 月 22 日，胡塞武装占领总统府、官邸和重要军事设施后，总统阿卜杜勒－拉布·曼苏尔·哈迪及其内阁辞职。2 月 6 日宣布，成立"总统委员会"和"全国过渡委员会"，以取代也门总统和议会治理国家，联合国称不予承认。2017 年 12 月 4 日，前总统阿里·阿卜杜拉·萨利赫被胡塞武装组织打死。

示，也门在全球最具竞争力的 144 个国家和地区中排第 142 位。

2015 年中国对也门直接投资流量为 - 1.02 亿美元，截至 2015 年末，中国对也门直接投资存量达 4.53 亿美元。投资领域主要是资源开发、餐饮、建筑工程和渔业捕捞等，不过 2011 年 2 月①以来，由于也门的安全局势越来越差，经济持续恶化，投资环境较差，大多数中资机构已撤离也门。2012 年 2 月，也局势有所好转，至 2014 年 4 月，共 16 家中资公司返回也门开展经营活动。不过 2014 年 7 月开始，胡塞武装发起的反政府内战又一次导致众多中资企业撤离。其双边投资具体情况见表 7 - 34。

表 7 - 34　中国与也门投资情况（2005 ~ 2016 年）

单位：万美元

年份	2005	2006	2007	2008	2009	2010	2011	2012	2013	2014	2015	2016
中对也	3516	761	4347	1881	164	3149	- 912	1407	33125	596	- 10216	- 41345
也对中	70	207	151	484	442	2079	888	287	—	—	—	—

资料来源：《中国对外直接投资统计公报》《外商投资报告》。

11. 中国约旦双边投资情况

约旦地处欧、亚、非交通要道，产品经陆路和水路直接面向国际市场，区位优势明显。约旦通过多、双边贸易协定，积极融入区域经济圈，与美国、欧盟、加拿大、新加坡、土耳其和泛阿拉伯地区签署了自由贸易协定和优惠贸易安排，经济开放度相对高。但是，约旦经济总量小，市场空间有限，资源匮乏，投资受到一定限制。世界经济论坛《2015—2016 年全球竞争力报告》显示，约旦在全球最具竞争力的 140 个国家和地区中排第 64 位。世界银行《2016 年营商环境报告》显示，在全球 189 个经济体的营商环境便利度排名中，约旦综合排名第 113 位。

2015 年当年中国对约旦直接投资流量为 158 万美元，截至 2015 年

---

① 受"阿拉伯之春"影响，也门开始爆发大规模抗议。

末，中国对约旦直接投资存量达 3255 万美元。2015 年，约旦对中投资约 5 万美元，新设立项目（企业）数 25 个，同比增加 66.7%。双边投资的具体情况如表 7－35 所示。

表 7－35　中国与约旦投资情况（2005～2016 年）

单位：万美元

年份	2005	2006	2007	2008	2009	2010	2011	2012	2013	2014	2015	2016
中对约	101	－618	60	－163	11	7	18	983	77	674	158	613
约对中	894	164	520	341	87	640	619	120	—	—	5	—

资料来源：《中国对外直接投资统计公报》《外商投资报告》。

12. 中国以色列双边投资情况

以色列投资环境优越，作为"第二个硅谷"，其拥有世界一流的教育机构和全世界最著名的跨国公司，技术便利。以色列资本和金融市场发育成熟，是世界上唯一同时与美国、欧盟和欧洲自由贸易区签署了自由贸易协定的国家。世界银行《2016 年营商环境报告》显示，在 189 个经济体中，以色列营商环境综合排名第 53 位。世界经济论坛《2015—2016 年全球竞争力报告》显示，以色列在全球最具竞争力的 140 个国家和地区中，综合排名第 27 位。

以色列高科技产业发达，初创企业众多，创新成果丰富，而中国加工制造能力强，双方产业优势互补，相互投资发展迅猛。2015 年当年中国对以色列直接投资流量为 2.30 亿美元，截至 2015 年末，中国对以色列直接投资存量达 3.17 亿美元。而以色列对中投资发展起步早、发展快，2014 年，以色列在中投资项目 40 个，投资额 1365 万美元，同比增长 9.2%，对中投资存量累计超过 4 亿美元。2014 年底，以色列化工集团（Israel Chemicals）宣布将与中国磷酸盐和化肥生产企业云南云天化集团合作组建合资公司，整体投资规模近 5 亿美元。双边投资的具体情况如表 7－36 所示。

表 7 - 36 中国与以色列投资情况（2005~2016 年）

单位：万美元

年份	2005	2006	2007	2008	2009	2010	2011	2012	2013	2014	2015	2016
中对以	600	100	222	−100	0	1050	201	1158	189	5258	22974	18130
以对中	633	804	2495	2649	1757	2596	4394	1250	—	1365		

资料来源：《中国对外直接投资统计公报》《外商投资报告》。

13. 中国黎巴嫩双边投资情况

黎巴嫩投资政策较为宽松、金融环境开放稳定、旅游资源得天独厚等，在 2016 年经济自由度指数排名中列世界 178 个经济体中第 98 位，在世界银行 2016 年营商便利度排名中列 189 个经济体的第 123 位。

截至 2015 年末，中国对黎巴嫩直接投资存量 378 万美元。而 2015 年，黎巴嫩在中投资设企 20 家，实际投资 1114 万美元，同比增长 1124.2%，其投资主要集中在化学原料及制品、小型机械、纺织、服装、家具等制造企业、批发和零售业、房地产业、租赁以及咨询服务业等行业。双边投资的具体情况如表 7 - 37 所示。

表 7 - 37 中国与黎巴嫩投资情况（2005~2016 年）

单位：万美元

年份	2005	2006	2007	2008	2009	2010	2011	2012	2013	2014	2015	2016
中对黎	0	0	0	0	0	42	0	0	68	9	—	
黎对中	421	687	97	245	115	249	215	371	—	—	1114	—

资料来源：《中国对外直接投资统计公报》《外商投资报告》。

14. 中国阿富汗双边投资情况

阿富汗资源丰富，社会动荡，经济发展潜力巨大，其投资吸引力在未来，即安全局势好转后的市场机会。阿富汗多年战乱，基础设施需求巨大。2014 年底美国及北约从阿富汗撤军后，阿富汗投资环境急剧恶化，安全不仅导致许多重大投资项目驻足不前，外国投资者也由于安全形势离开阿富汗。同时阿富汗国内行政部门效率低下，总体投资环境较差，投资出现较大幅度下降。据世界银行《2016 年营商环境报告》，阿富汗在全球 189 个经济体中营商环境排名第 177 位。联合国发布的《2016 年全球幸福指数报告》中，阿富汗在 157 个国家和地区中位列 154 位。透明国际组织 2016 年发布的报告，阿富汗在全球 168 个国家和地区中，腐败程度排名第 3 位。联合国发布的《2015 年人类发展报告》中，阿富汗在全球 188 个国家和地区中名列第 171 位。而世界经济论坛发布的《2015—2016 年度全球竞争力报告》则未将阿富汗列入排名。

2015 年中国对阿富汗直接投资流量为－326 万美元，截至 2015 年末，中国对阿富汗直接投资存量达 4. 20 亿美元。中国对阿富汗投资的主要项目是阿姆河盆地油田项目和埃纳克铜矿项目。目前驻阿富汗主要中资企业有 10 家，包括中石油、中冶江铜埃纳克矿业有限公司、中铁十四局、中冶集团十九冶、中兴通讯、华为、北新路桥、中国电力工程公司、阿富汗—中国甘草制品有限公司和中国路桥工程有限公司。而阿富汗在中国的投资大都是贸易类公司和办事处，主要从事对阿富汗出口的中国商品咨询、采购和发运业务。其双边投资情况具体见表 7 - 38。

表 7 - 38   中国与阿富汗投资情况（2005 ~ 2016 年）

单位：万美元

年份	2005	2006	2007	2008	2009	2010	2011	2012	2013	2014	2015	2016
中对阿	—	25	10	11391	1639	191	29554	1761	－ 122	2792	－ 326	221
阿对中	1264	195	233	228	786	1240	76	163	—	—	—	—

资料来源：《中国对外直接投资统计公报》《外商投资报告》。

15. 中国叙利亚双边投资情况

内战前的叙利亚拥有较好的投资吸引力：优越地理位置、经济改革开放政策、与阿拉伯国家和外国公司的良好关系基础、丰富的自然资源和劳动力资源、较完善的基础设施、设施完善的工业区、优惠的税收政策、各种互利协议和投资项目的鼓励和保护措施、新投资法。然而，受国内动荡局势和外部经济制裁的影响，叙利亚的投资吸引力无疑受到重创。目前，外国投资者对叙利亚是望而却步。世界银行《2016 年营商环境报告》显示，在报告统计的全球 189 个经济体中，叙利亚排名第 175 位。

2015 年当年中国对叙利亚直接投资流量为 −356 万美元，截至 2015 年末，中国对叙利亚直接投资存量达 1100 万美元（具体情况见表 7 − 39）。

表 7 − 39　中国与叙利亚投资情况（2005～2016 年）

单位：万美元

年份	2005	2006	2007	2008	2009	2010	2011	2012	2013	2014	2015	2016
中对叙	20	13	−1126	−117	343	812	−208	−607	−805	955	−356	−69
叙对中	96	73	148	136	188	810	89	95	—	—	—	—

资料来源：《中国对外直接投资统计公报》《外商投资报告》。

16. 中国亚美尼亚双边投资

亚美尼亚政局稳定，经济稳步发展，国内劳动力丰富且素质较高，工资成本较低，具有一定的投资吸引力。世界经济论坛《2015—2016 年全球竞争力报告》显示，亚美尼亚在全球最具竞争力的 140 个国家和地区中，排第 82 位。在世界银行发布的《2016 年全球营商环境报告》中，亚美尼亚总体营商环境排名第 35 位。在美国智库传统基金会公布的《2015 年经济自由指数》中，亚美尼亚在全球 178 个经济体中排名第 54 位。据中国商务部统计，截至 2015 年末，中国对亚美尼亚直接投资存量 751 万美元。

17. 中国格鲁吉亚双边投资情况

受 2003 年"玫瑰革命"和 2008 年"俄格冲突"的影响，格鲁吉亚经济环境有所恶化，随着格鲁吉亚积极向欧盟靠拢，格鲁吉亚经济形势好转，投资吸引力也有所上升。世界银行《2016 年营商环境报告》中，格鲁吉亚经商环境在 189 个国家和地区中排名第 24 位。世界经济论坛《2015—2016 年全球竞争力报告》显示，格鲁吉亚在全球最具竞争力的 140 个国家和地区中排名第 66 位。据美国智库传统基金会（The Heritage Foundation）和《华尔街日报》（*The Wall Street Journal*）发布的 2016 经济自由度指数，格鲁吉亚在全球 178 个经济体中排名第 23 位。

中格投资关系良好，2015 年 3 月，两国签署《关于加强共建丝绸之路经济带的合作备忘录》。据中国商务部统计，2015 年当年中国对格鲁吉亚直接投资流量为 4395 万美元，截至 2015 年末，中国对格鲁吉亚直接投资存量达 5.34 亿美元（具体情况见表 7－40）。

表 7－40　中国与格鲁吉亚投资情况（2005～2016 年）

单位：万美元

年份	2005	2006	2007	2008	2009	2010	2011	2012	2013	2014	2015	2016
中对格	—	994	821	1000	778	4057	80	6874	10962	22435	4395	2077
格对中	0	0	0	0	0	0	420		—	—	—	—

资料来源：《中国对外直接投资统计公报》《外商投资报告》。

18. 中国阿塞拜疆双边投资情况

阿塞拜疆政局稳定、油气资源丰富、经济快速增长、投资环境不断改善、市场需求持续增长，以及连接欧亚的地理位置和较好的交通基础设施。阿塞拜疆对外资原则上实行国民待遇，其优惠政策主要体现在单个国际投资合作项目上，尤其是一些重大能源项目、大型生产型项目和长期承包/托管经营项目。世界经济论坛《2015—2016 年全球竞争力报告》显示，阿塞拜疆在 140 个国家和地区中以分值 4.5 排第 40 位。世界银行发布《2016 年经商环境报告》显示，阿塞拜疆以 67.8 分在全球 189 个经济体中排名第 63 位。

2015 年当年中国对阿塞拜疆直接投资流量为 136 万美元，截至 2015 年末，中国对阿塞拜疆直接投资存量达 6370 万美元。中国对阿塞拜疆投资主要集中在石油领域，中石油通过其海外公司与阿塞拜疆国家石油公司合作投资阿塞拜疆陆上油田 "SALIYAN"，投资总额 6 亿多美元，收益较好。此外，香港北方亨泰石油开发公司也在阿塞拜疆投资开采距巴库 40 公里处一个 38 公里的陆地油田 "PIRSAAT"（具体情况见表 7－41）。

表 7 - 41   中国与阿塞拜疆投资情况（2005 ~ 2016 年）

单位：万美元

年份	2005	2006	2007	2008	2009	2010	2011	2012	2013	2014	2015	2016
中对阿	0	394	-115	-66	173	37	1768	34	-443	1683	136	-2466
阿对中	74	37	40	14	12	0	0	40	—	—	—	—

资料来源：《中国对外直接投资统计公报》《外商投资报告》。

19. 中国塞浦路斯双边投资情况

塞浦路斯是欧盟成员国，地理位置独特，可以立足塞浦路斯，辐射欧盟市场以及北非、中东地区市场。塞浦路斯的投资吸引力在于：自然条件和生活条件良好、经济管理体制和公共服务体系完善、空运海运发达、交通便利、税收在欧盟内最低、犯罪率较低、劳动力素质高、工资相对较低、金融服务业发达、没有外汇管制、自由结汇。世界经济论坛《2015—2016 年全球竞争力报告》显示，塞浦路斯在全球最具竞争力的 140 个国家和地区中排第 65 位。世界银行发布《2016 年经商环境报告》显示，塞浦路斯在全球商业便利指数中排名第 47 位。2015 年当年中国对塞浦路斯直接投资流量为 176 万美元，截至 2015 年末，中国对塞浦路斯直接投资存量达 1.09 亿美元（具体情况见表 7 - 42）。

表 7 - 42   中国与塞浦路斯投资情况（2005 ~ 2016 年）

单位：万美元

年份	2005	2006	2007	2008	2009	2010	2011	2012	2013	2014	2015	2016
中对塞	0	0	30	0	0	0	8954	348	7634	—	176	525
塞对中	774	645	2317	2139	1015	1756	659	863	—	—	—	—

资料来源：《中国对外直接投资统计公报》《外商投资报告》。

第八章

风险控制及中国倡议

中国－中亚－西亚经济走廊是"一带一路"倡议的重要支撑，沿线的西亚国家是与中国一道推动经济走廊建设的天然合作伙伴，多方在政策沟通、设施联通、贸易畅通、资金融通、民心相通等方面都取得了积极进展，有力地推进了中国－中亚－西亚经济走廊的建设进程。由于西亚地区地缘关系复杂、政治局势频变、经济发展差异性大、宗教和军事纠纷频繁等因素的影响，经济走廊建设的风险因素较多，中国－中亚－西亚经济走廊（西亚段）的建设过程中，中国应充分发挥世界大国的建设性作用，运用中国智慧，提供符合地区实际的中国方案，着力从政治、经济、法律等层面进行协调统筹，努力形成区域政治经济一体化新格局，最终把中国－中亚－西亚经济走廊打造为政治互信、经济融合、文化包容的利益共同体、命运共同体和责任共同体。

一　政治风险控制

经济走廊的推进离不开参与国之间稳定良好的政治互信、政治合作，需要政治交流和利益协调机制，构建多层次的合作对话协商机制是可行的举措之一。中国－中亚－西亚经济走廊地理跨度大、涉及国家众多，是军事、文化、宗教最为复杂的地区之一。深化全面合作，推进经济走廊建设，必须充分借助现有的双边和多边合作机制，完善和提升现有合作平台，构建新型协作机制和合作平台，加强人文领域的深度合作；综合协调推进中国－中亚－西亚经济走廊（西亚段）顺利实施。具体可从以下三个方面构建互信合作的共同体。

（一）完善提升现有合作机制和合作平台

合作机制方面：重点要提升完善中阿合作论坛等多边合作机制。中阿合作论坛于 2004 年 1 月成立的 14 年来已建立起涵盖政治、经济、文化等诸领域的 18 余项合作机制，成为中国同阿拉伯国家开展集体对话与务实合作的重要平台。其中涉及的西亚国家包括约旦、阿联酋、巴林、沙特、伊拉克、阿曼、巴勒斯坦、卡塔尔、科威特、黎巴嫩、也门、叙利亚等。作为国家间的高端对话平台，中阿合作论坛对推动中国和西亚国家的关系，以及推动中国－中亚－西亚经济走廊的建设意义重大。中国要以"一带一路"倡议为指引，重视和提升中阿合作论坛的合作框架和合作内容，更加重视中阿博览会向务实合作转向；着眼长远，以实际行动促进中阿互信；务实推进 2018 年中阿合作论坛第八届部长级会议确定各项共识、协议、宣言；与沿廊西亚国家达成更加广泛、更加深入、更加具有典型性和代表性的合作。此外，通过发挥中阿合作论坛等机制的作用，探讨构建中国－中亚－西亚经济走廊（西亚段）推进委员会，统筹协调推进经济走廊建设，处理争议、增加共识、保障合作。

合作平台方面：重视国际合作平台在中国－中亚－西亚经济走廊建设过程中的作用。重点依托中国－阿拉伯国家博览会的作用，借助中阿博览会良好的国际合作效应，尤其是中阿博览会"走出去"活动，深化中阿博览会的办会机制：以国际化、专业化、市场化为目标导向，建立国际协商、政府引导、市场主导、企业办会、专业分类的办会机制，在中阿博览会整体框架下设立"中国－中亚－西亚国际高峰论坛"，进行专业领域、具体项目的对接洽谈。同时利用欧亚经济论坛、中国国际投资贸易洽谈会、中国西部国际博览会等平台，广泛开展贸易、投资等交流活动，充分发挥国际合作平台在中国－中亚－西亚经济走廊（西亚段）建设中的积极作用。

（二）构建新型协作机制和合作平台

基于经济全球化、世界多极化、社会信息化、文化多元化的趋势，在双方良好交流合作的历史传统基础上，尝试建立新型的合作机制和合作平台。

一是持续构建有效的双边合作机制。目前，中国与西亚 20 个国家中的至少一半①国家分别建立了战略伙伴关系、战略合作伙伴关系、友好合作关系、全面战略合作伙伴关系。中国－中亚－西亚经济走廊的推进，要依托业已建立的紧密的双边合作关系，协调推进合作项目的实施，同时要加强与其他国家的政治交流，巩固中国与沿廊国家的政治关系，提升政治互信，争取与更多的西亚国家建立良好的政治关系，为经济走廊的推进提供良好的国际协商机制。同时，针对重点项目、重点领域，尝试建立"双边"或"小多边"的合作机制。可以基于合作基础条件和意愿等因素，尝试一部分国家之间优先形成"双边"或"小多边"的合作模式，优先启动阻力小的项目和领域。既有利于相关国家和地区不同时期、不同条件下建设线路与合作领域的实操，又可以作为全面推进经济走廊建设的切入点和试验田，通过早期获益项目的示范性和拉动性，激发沿廊各国参与合作的动机。

二是在经济走廊的重点国家和重点区域，实施更加深入的合作。如与经济走廊的重点区域和关键节点国家，尝试自由贸易区战略、关税同盟战略等，争取签署共建"一带一路"合作协议、双边投资保护协定、关税减免协定、政府间经贸合作协定、交通运输协定等，落实两国居民

① 具体国家为沙特、阿富汗、亚美尼亚、阿塞拜疆、伊朗、伊拉克、约旦、卡塔尔、阿联酋、伊朗、科威特等。

旅游工作免签政策，司法协助协定、加强在国际事务中的沟通协作，积极商定《中国－中亚－西亚经济走廊》推进共识、《中国－中亚－西亚经济走廊跨境客货运输便利化协定》等。增强利益共同体、命运共同体、责任共同体。

（三）加强人文外交领域的深度合作

立于全球视野认识人文因素的积极作用，站在经济走廊（西亚段）需求导向布局人文交流合作，重视人文交流合作在"一带一路"倡议中的作用。发自内心尊重文明的多样性，坚守尊重他者文化的原则，坚持文明互鉴立场；持续双方千百年来流传下来的良好人文交流合作，优先落实习近平主席2016年1月中东行提出的"百千万"工程①和2018年中阿合作论坛第八届部长级会议上确定的人文合作内容。以实际行动增加文明互鉴、文化互学、学者互访等。实现民心相通，服务和保障中国－中亚－西亚经济走廊的畅通。

二　经济风险控制

中国－中亚－西亚经济走廊（西亚段）建立在经济发展水平不一、贸易金融政策不一、产业技术水平不一的广阔区域。建设的复杂性和挑战性客观存在，跨区域、跨国情、跨政策、跨币种、跨阶段是现实情况。设施联通是基本前提，做大"利益蛋糕"是其内在要求，建设成果利益的合理分配与共享为核心要素。沿廊国家应建立多层次合作对话协商机制，完善利益均衡机制和争端解决机制。在地区国家间互信不足并且短

---

① 包括落实"丝路书香"设想，开展100部中阿典籍互译；加强智库对接，邀请100名专家学者互访；提供1000个阿拉伯青年领袖培训名额，邀请1500名阿拉伯政党领导人来华考察，培育中阿友好的青年使者和政治领军人物；提供1万个奖学金名额和1万个培训名额，落实1万名中阿艺术家互访。

期内难以解决的背景下，走廊建设应坚持"硬制度"和倡导"软契约"合作并举之策；政策沟通与项目推进并举之策；经济推进与其他方面推进并举之策，以及深化中国－中亚－西亚经济走廊（西亚段）沿线国情、经济、项目的全方位研究。

"硬制度"方面积极构建经济一体化或多边自由贸易区战略；"软契约"方面因地制宜，相机运用"一国一策""一市（场）一策"。"硬制度"旨在构建经济走廊合作共同体，减低成员合作的平均成本和风险，提高单个成员违约或退出成本，提升经济走廊共同体的持久性、积极性、牢固性。"软契约"是立于区域政治经济和国际环境的现实，让经济走廊的关键点关键区域先行，让关键点关键区域的参与者优先受益，为整个经济走廊建设树立榜样作用，带动观望者、考虑者、不确定者快速参与经济走廊的建设。

政策沟通主要是多边全方位合作框架与协议、政治外交共同纲领、经济人文共同纲领等，项目推进包括产业合作、基础设施建营合作、贸易合作、能源合作等；政策沟通与项目推进并举之策，旨在建立政策与项目相互促进推进经济走廊乃至"一带一路"畅通的两条腿走路模式，项目的优先投资建设为政策沟通创造良好的协商共识基础，而政策沟通同时也为项目的深化和扩大创造制度支撑，实现良性循环，提高经济走廊建设的效率，降低投资风险。

经济推进与其他方面推进并举包括经济项目与政治外交连接、人文连接。经济与其他（政治外交、人文）并举，是一种捆绑销售战略，旨在提高经济走廊成员国的互信互鉴，共建共赢，有利于促成区域一体化的利益共同体、命运共同体、责任共同体，提升了经济项目违约的成本，客观上降低了经济项目的投资风险。

（一）"硬制度"与"软契约"并举

1. 构建基于"硬制度"的区域经济一体化

顺应经济全球化和区域一体化的趋势，推动中国－中亚－西亚经济走廊沿线国家地区经济一体化谈判，参照欧盟模式，尊重沿线区域地理、政治、经济、人文现状，构建一个亚洲版的经济同盟。经济同盟可考虑分步骤推进，在区域上可以先将沿线国家的城市或区域作为经济同盟区域，内容上先将贸易税收和基础设施联通作为同盟的主要内容。在沿线城市一体化、税收、设施联通一体化的基础上再推动国家间、金融、社会政策方面的经济同盟，从而形成牢固的经济一体化共同体，保障经济走廊投资收益的稳定性。

构建经济同盟挑战众多，困难不小，构建周期不定；可行举措是加快自贸区谈判进程，重点加快中海自由贸易区成功落地。海合会国家位于"一带一路"西端的交会地带，区位优势独特，工业化潜力巨大，能源储藏丰富，承接联通亚欧非三大不同经济板块的重要作用，是阿拉伯地区最具活力的组织，其在推动海湾经济一体化方面发挥着无可替代的作用，也是中国推进经济走廊建设的天然合作伙伴。2004 年中海自贸区谈判启动，一波三折，五轮谈判后因主客观原因暂停，2016 年伴随习近平主席访问中东，中海自由贸易区谈判重启后双方又进行了四轮会谈[①]，各领域的谈判都取得积极进展，双方均希望能够在余下的问题上相向而行，为共同的利益显示灵活性，尽快达成协议。开放融合发展是自贸区安排和区域合作的发展方向，建立中海自由贸易区关乎中海合作的后劲，早建成早受益，早建成所有各方都会受益。中海双方政府应着眼发展大局，加快谈判进程，争取早日达成协定，使得双方企业和消费者能够更好地分享双边贸易自由化的红利。中海双方智库也应加强政策沟通，为谈判提供智力支持，发挥桥梁纽带作用。配合服务中海自由贸易区的谈判和落地，可先成立中海自由贸易（宁夏）试验区。中海自由贸易（宁夏）试验区有三种制度设计，一是可以作为中海自由贸易区的试验区，

---

① 2016 年 2 月 29 日至 3 月 3 日，中海 FTA 第六轮谈判在沙特利雅得举行；2016 年 5 月 8 日至 10 日，中海 FTA 第七轮谈判在广州举行；2016 年 10 月 25～27 日，中海自贸区第八轮谈判在北京举行；2016 年 12 月 19～21 日，中海自贸区第九轮谈判在沙特首都利雅得举行。

二是可以作为中海自由贸易区的先行区，三是可以作为中海自由贸易区地方经济合作区。同时，积极发展与其他沿廊国家自由贸易区建设，积极发展与西亚国家的双边自贸关系。

推进次区域经贸合作，为将来更高层次的经济自由或经济一体化打好基础。加大对高加索、红海沿岸国家等次区域合作的战略投入，开展务实合作，提升合作水平。此外，也要进一步丰富并发挥好双边经贸联委会、混委会的合作内容及机制作用，研究推动与沿廊国家的投资保护协定谈判，提升双边投资保护协定水平，积极推进与沿线国家海关、出入境管理、检验检疫的国际合作。在边境互市贸易区方面，应以国际贸易、边民贸易、出口加工、仓储物流为主体，加快发展电子、服务、家电、新型建筑材料等出口加工产业集群，大力发展跨国界商贸旅游产业集群，加快建设集进口原油、钢材、矿产资源、化工原料和出口轻工、家电、建材、服装等各类商品的专业化换装、仓储、运输为一体的国际物流产业集群。在跨境经贸合作区方面，应协调中国与西亚各国，坚持互惠互利的原则，按照"两国一区、境内关外、封闭运行、政策优惠"的运行模式，共同完善跨境交通、口岸和边境通道等基础设施，重点发展国际贸易、加工贸易、商务服务、现代会展、现代物流、旅游及进出口加工制造等，成为区域性国际综合经济和特色资源型产业集中度高的进出口加工型产业基地、区域性国际商贸物流中心、区域性国际现代化服务业合作平台。

2. 相机推进"软约束"的区域合作

"合作共赢、平等互利、共同发展"是中国向世界输出的最重要的精神产品，其重要性不亚于中国的产品、技术、资金和设施，通过经济走廊，中国与西亚国家可以形成更具竞争力的利益共同体，从"零和"走向"共赢"，在经济走廊推进的具体过程中要坚持务实合作原则。

务实推进一国一策。西亚国家面积大小、人口数量、油气资源储量都不同，各国的发展战略也不同。针对来自不同国家的不同发展需求，中国必须认真予以研究，积极回应，正确应对。以海湾六国为例，海合会国家（GCC）拥有雄厚的石油美元，但工业并不发达，属于欠发达的石油经济体，其经济基本局限在石油生产与石油化工两个领域，其他领域很薄弱。城乡建设如房建、道路、桥梁、市政设施等，基本靠外国公司与外国劳务。各种轻纺、电子、电器以及各种肉类禽蛋类甚至农产品等都基本靠进口。对于这些国家，特别需要因地制宜，灵活应变，必要时甚至可以考虑联合有较影响的国家如德、法、俄、土、印等国共同开拓海湾乃至中东"第三方市场"。

先行尝试一市（场）一策。中国企业应认真研究西亚国家和当地市场的实际需求，开发和出口适合当地环境的工程项目和产品，并且也要根据各国的优先发展方向，制定本土化市场策略。海湾地区平均每年在进口食品方面需要投入约 100 亿美元，食品价格上涨已经成为该地区通货膨胀不断加剧的重要因素。其他不富裕的西亚此类情况还要严重得多。这些问题都应引起中国企业的高度重视。开发投资清真食品是打开西亚市场的重要需求点，针对这些市场，在政策沟通、产业规划、民族人文认同上要有别于其他地区。从而获得目标顾客群认同，赢得目标市场，保障投资收益。

需求导向制定项目合作门类。能源合作在中国与西亚国家的经贸合作中可谓重中之重，也是双方的互补方面，除了油气资源与石化产品，其他方面中方较有优势，特别是在基础设施建设和人力资源方面更胜一筹。过去西亚国家往往选择与西方国家合作，不过现在西亚国家开始"向东看"，中国应抓住机遇，尽量满足西亚国家的实际需要，搞好合作共建，使西亚国家切切实实地认识到，中国－中亚－西亚经济走廊是沿廊各国的共同事业，会给沿廊国家及其人民带来实实在在的利益。西亚国家虽拥有丰富的自然资源特别是油气资源，但面临资金、技术与基础设施约束，中国可充分利用其与西亚国家之间的政治互信、经济互补等优势，通过合力共建，把这些优势转化为经济持续增长的优势，实现与西亚国家的共同发展。

总结"两国双园"模式经验，探索"两国多园""多国多园"模式，"工程承包＋融资＋运营"、PPP等合作方式，"基础设施建营一体化"的灵活运用。建设过程中制定行之有效的预警机制和响应方案。近期目标是应打造标志性且具有早期收获效应的示范类合作项目，并将交通互联互通、投资和商贸流通、贸易便利化、减贫、人文交流作为优先发展的五个领域，致力于将"地缘经济"和"地缘政治"适度切割，为走廊建设的可持续发展营造信心。

（二）政策沟通与项目推进并举

1. 优先推进支点、战略项目相关的政策沟通

政策沟通与项目推进要同步推进，实现双轨制，两条腿走路的推进模式。政策沟通主要是多边全方位合作框架与协议、政治外交共同纲领、经济人文共同纲领等。优先加快可行项目、支点项目、战略项目相关的系列政策沟通。

从全局高度、战略高度、目标导向优先推进设施联通、贸易畅通方面的政策沟通，利用现有的合作平台：上海合作组织、中阿合作论坛、中阿博览会等，成立中国－中亚－西亚经济走廊沿线各国参与的经济走廊工作委员会，协调委员会等机制，变中国倡议为沿线各国参与，运用智慧，以经济走廊的经济便利做大沿线各国的经济福利存量，均衡利益责任，实现经济一体化的共同体；借此将中国－中亚－西亚经济走廊工作委员会运行为常设机构，实行重大事项临时商议和日常事项定期商议机制，短期推进中国－中亚－西亚经济走廊建设，长期助推"一带一路"建设。

加快贸易畅通方面政策沟通。长远追求经济同盟或自由贸易区，短期推进税收优惠、通关便利一体化、国际产业园区建设等沟通。关税方面可以分步骤，先在容易达成共识的产业产品门类、节点上推进关税互

惠。通关便利一体化方面，依然借鉴国际标准，采用渐进方式，在经济走廊关键节点或重要贸易区域尝试关税同盟级别的通关便利一体化。推进"保过货"工作，健全口岸联检协作机制。按照要求"加强综合协调，实现进出平衡，确保货畅其流"及"保过货"的方式，加强与口岸联检部门以及市内相关部门的协调力度，不断创新通关方式，简化通关手续，全面提高通关效率和服务水平。国际产业园区方面，根据中国 – 中亚 – 西亚经济走廊（西亚段）建设的具体要求，优化沿廊国家和地区经贸合作平台布局，再有效推进现有中国国际（国外）产业园的同时①，主动构建更高水平的国内国际产业园，提高对外开发、开放平台发展质量和水平，构建形式多样、功能丰富、布局合理的多层次开发开放平台，提升中国与沿廊国家的贸易合作，特别是促进边境贸易发展。一方面，加快推进宁夏内陆开放型经济实验区、新疆喀什、霍尔果斯经济开发区及国家重点开发开放试验区建设，研究在条件比较成熟的沿边地区设立新的重点开发开放试验区。提升边境经济合作区功能和水平，研究在条件成熟的沿边地区建立新的边境经济合作区。另一方面，在沿海地区，提升沿海港口及各类产业园区建设水平，加强沿海港口相互协作，在推进中国上海自由贸易试验区建设的基础上，总结经验予以推广，进而提升东部开放水平；支持沿线省区市优化整合各类经济技术开发区、出口加工基地等发展载体，吸引包括沿廊国家资本在内的各类投资，进一步提高产业集聚发展水平。

加强贸易服务体系建设。争取形成咨询全面、通关简便、物流高效三位一体的贸易服务体系。一是中国与西亚各国协商设立专门的法律和商务服务机构，为边境区域经贸合作提供法律和商务咨询服务，也为双方贸易主体进入对方市场提供更周到的服务。二是加大服务物流企业，拓展联运业务。协助运营企业做好货物通关、换装运输、货源组织、宣

---

① 如中国 – 阿曼杜谷姆产业园，中国 – 毛塔产业园等。

传推广等相关工作，使之逐步发展成为运行稳定、便捷高效的亚欧定期国际集装箱班列。加强与喀什、霍尔果斯、银川等口岸的联系沟通，完善电子转关、属地申报、口岸放行、信息交流等制度，不断拓展联运业务合作，扩大转口货运量。与联检联运、外事、外经外贸等相关部门密切联系，合理利用有关政策和规定，为联运做好服务工作。

加快设施连通方面政策沟通。设施联通是中国－中亚－西亚经济走廊成功的基础，尤其是道路畅通。设施联通包括"硬联通"和"软联通"，前者是交通通道的建设，后者包括建设规划、技术标准、合作机制等。加快协商制定经济走廊设施联通的标准、技术、术语、人员培训等内容。加强经济走廊"软联通"建设，协商制定《中国－中亚－西亚经济走廊跨境客货运输便利化协定》，引导其他技术标准、规划规则形成一体化。降低经济走廊设施联通的成本，提升收益率。

2. 优先推进政策沟通良好的项目

项目推进包括产业合作、基础设施建设合作、贸易合作、能源合作等。项目推进是中国－中亚－西亚经济走廊推进的重中之重，没有设施联通，经济走廊无法实现其理想的经济福利。没有产业的合作，无法长久巩固走廊的联系；没有能源的合作无法调动起双方的利益点和兴趣点。

基础设施建设项目直接影响到经济走廊的建设成本和经济要素的流动成本及交易成本，是经济走廊建设的基础。第一，采取共同协商、先易后难的方式，统筹推进沿廊边境口岸、能源通道、信息通信等基础设施的建设。推动中国和西亚在港口、铁路、航空领域的互联互通进程，在保证交通基础设施网络的联通性和有效匹配衔接的前提下，加强两地在国际海、陆、空通道的建设和升级。海运方面，中国在强化自身全球航运贸易资源配置能力的基础上，升拓与西亚的国际海运线路，推进多式联运与港口建设。陆运方面，中国应加强在公路、铁路的联通和口岸基础设施建设，加快形成路网主骨架，提高沿边铁路运输能力，形成现代化中国与西亚国家口岸铁路通道网络，同时加快建设跨境铁路运输通道，畅通口岸地区至经济腹地的铁路运输通道，提升进口资源落地加工的效率，以此打造与西亚更加便捷的贸易通关体系，例如加开通往西亚国家的跨境列车（如银川—德黑兰国际货运班列）、促进"中—伊铁路国际合作建设项目"的加速进行等。空运方面，中国在扩大国际运输吞吐能力的基础上，增加与西亚国家的航空线路和直达航班，增强与西亚贸易的空运物流承载力。第二，借助"一带一路"的四大资金池——亚投行、金砖银行新开发银行、丝路基金和上合组织开发银行等投融资渠道，大力支持建设通道、关键节点和重点工程的交通基础设施，对缺失路段和畅通瓶颈路段优先关注，对配套的道路安全防护设施和交通管理设施进行完善和升级。

中国与西亚国家的口岸基础设施建设滞后，严重制约着经济走廊的推进和发展。中国与西亚国家应加强合作与磋商，将已开放口岸的基础设施建设纳入重要议事日程，加大资金投入力度。第一，围绕口岸开放整体布局，按照"彰显特色、优势突出、功能完备、环境优美"的要求，加快铁路、公路和航空口岸的基础设施建设，构建电子口岸公共信息平台和质量认证中心，创新通关模式。力争在较短时间内，使口岸基础设施趋于完善、口岸查验设施全部配套、口岸信息化基础设施基本完善、口岸通关的便利性和高效性得以显著提升。第二，加强基础设施建设，进一步完善通关便利化。基础设施建设便绕不开资金，而资金来源方面，争取国家的投入，利用好国家的援外资金，采取地方自筹的方式出资建设，要拓展资金来源渠道，探索由企业出资建设，给予出资企业一定的政策倾斜。第三，加强运输组织协调，提升运力，扩大运量。

产业合作是中国－中亚－西亚经济走廊的重要联系纽带。经济走廊具备良好的合作基础、广阔的市场空间和互补性较强的产业体系，中国与西亚产业合作水平均较低，合作空间巨大；因此经济走廊的推进必须着力提升沿廊的产业合作水平，优势互补。一是开展农业合作。中国在西亚国家农业投资仍处于起步阶段。双方可以采取建立示范园区、联合建设农科实验室、人员培训合作，促进其农业科技与装备水平升级，进而促进民心相通。二是开展旅游合作。高加索国家是文化交融的圣地、西亚国家自然和文化遗产众多。沿廊国家相关旅游部门应组织企业，对沿廊的黄金线路进行联合勘察，设计突出区域特色的旅游产品和线路，成立跨国旅游公司，合力开发客源、拓展市场。三是深化国际产能和装备制造合作，让中国制造服务沿线国家。首先，构建促进产能合作机制与配套服务体系，加强制度创新，将企业对外投资由审批制转变为备案制为主、审批制为辅，中国政府要主动出面，落实有关国家达成的投资保护的双边和多边协定；其次，积极利用外部力量，重视与当地实力企业、跨国公司、金融机构的合作共赢，增强我国企业社会责任理念，加大对合作项目安全、质量、环保等因素的投入力度；再次，创新商业运行模式，完善双边或多边合作框架，积极探索"两国多园""工程承包＋融资＋运营"的经验，如中国－阿曼杜谷姆产业园；最后，企业要增强市场竞争力，探索日本跨国公司"母子工厂"体系的思路在实践中的运用，以规避风险。四是加强工业制成品贸易的合作。中国对西亚主要出口轻工、机械装备等工业制成品，中国从西亚进口的商品主要为矿物燃料、有机化学原料、塑料及其制品。互补性使中国与西亚双方能互利共赢和共同发展。

中国应在巩固传统的劳动密集型轻工业商品贸易的同时，大力发展机电产品、高新技术产品、清真食品，促进产品升级转型，满足西亚地区的消费需求。近期，中国应在立足现状的基础上，根据内外部形势的变化发展，因地制宜并与时俱进，全方位、多角度地巩固中国与西亚国家的工业产品贸易合作。例如，建立更多的商品贸易合作平台和沟通渠道，加强对与西亚有商品贸易合作或合作意向的企业家、销售人员和劳务人员的市场信息引导和职业技能培训。中期，中国可重点从减少贸易保护和避免贸易摩擦方面努力，深化与西亚国家的贸易合作。形成一致的贸易战略共识，营造和谐的贸易伙伴关系，消除贸易保护主义，减少贸易摩擦和贸易限制，确保两地的自由贸易。远期，中国传统劳动密集型产品将不断受到周边国家和地区激烈的国际竞争压力，应更加注重先进制造业和高新技术产业的发展和推进，加强产业转型升级，通过扎扎实实提高自身制造业产品的附加值和科技含量，不断优化出口产品结构，用环保友好、质量过硬的产品赢取西亚的市场；同时考虑在西亚投资先进制造业，增强"中国制造"在西亚的综合竞争实力，形成中国企业良好的信誉和品牌，最终从根本上深化与西亚国家的工业制成品贸易合作。

加强能源贸易的合作。中国是工业大国，也是能源消耗大国，石化能源主要依赖外部提供，西亚是中国最主要的石油供应合作伙伴。短期内，中国应继续强化与西亚国家的能源贸易合作，以确保国内能源供应的安全和稳定。为强化中国与西亚的能源贸易合作，中国可争取与西亚更多的国家建立全方位和多元化的能源贸易合作战略伙伴关系，通过签署更多的能源合作协议、能源贸易约定，以促进两地更为稳定和长期的能源合作。在中长期，中国应加强与西亚国家的能源产业合作，开展能源合作。利用互补优势，探索两地能源合作的新模式，沿廊国家应根据本身自然资源充沛、电力匮乏、设备及输送网络落伍的特点，拓展沿廊水电、油气、生物质能等新兴能源的开发利用，改造能源输送基础设施，推进区域能源贸易，增强能源利用效率。开辟两地更大更广的能源贸易市场，形成多角度、深层次的能源产业合作局面。如加强与西亚在石油和天然气等能源的上下游生产的合作，力争将双方合作领域扩展到产业链上游的能源勘采、炼化和生产，充分发掘中国与西亚国家企业能源合作的共同战略目标和商业利益，巩固合作伙伴关系，共同在全球能源治理方面发挥作用。

（三）经济推进与其他方面推进并举

经济推进与其他方面推进并举包括经济项目与政治外交连接、人文连接。经济与其他（政治外交、人文）并举，提升经济走廊成员国的互信互鉴，共建共赢；提升经济项目违约成本，降低经济项目的投资风险。

1. 经济与政治、外交、人文合作捆绑

总结传统优势，做大传统优势，提炼新兴优势，提升新兴优势。中国在中国－中亚－西亚经济走廊上的传统优势是世界上最大的发展中国家，是联合国常任理事国，新兴优势是中国的经济地位和发展实力，尤其是中国是威权政治下市场经济最成功的典范，以上两点对西亚、中亚国家有巨大的吸引力。因此，在国际、区域交流合作中，中国应积极作为，发挥自身的独特区域优势，承担相应的担当和责任，赢得中亚、西亚国家的信任和友谊。要巧妙地将走廊经济合作与经济走廊沿线国家的政治、外交、人文合作结合起来，增加区域共同体的牢固性，打造基于经济一体化的利益共同体、责任共同体；提升经济走廊的持久性、稳定性，提升中国在中国－中亚－西亚经济走廊投资的安全性。

充分发挥现有各类贸易平台的作用与功能，积极在中阿博览会等重要展会中邀请更多的沿廊国家客商参会参展；根据贸易合作空间导向，鼓励国内各省区市的相关贸易促进活动针对不同对象，进行错位发展，并不断提档升级；支持更多国内企业到沿线国家办展参展，进一步宣介中国文化、中国优势产品，促进出口。

2. 充分利用国内特色优势地区

利用经济走廊桥头堡——新疆的地缘优势。新疆是正在推进中的"新亚欧大陆桥经济走廊"、"中巴经济走廊"和"中国－中亚－西亚经济走廊""三廊合一"地区，与内地交通设施连接畅通（已通高铁）。连接辐射中亚五国地区、阿富汗地区的地缘优势突出，对于发展与毗邻地区的经济合作，维护国家安全和稳定意义重大。继续推进新疆喀什、霍尔果斯经济开发区、霍尔果斯边境经济合作中心运营；继续改进新疆核心区的黄金通道——新疆至杜尚别国际铁路货运班列；继续加强与中亚地区的人文交流。在运行畅通，符合国家整体战略布局的情况下，国家可以适当给予新疆有限参与地区交流合作权限，如边境贸易、文化交流、

环保，规避具有冲突或者敏感问题的国家间合作的不便，发挥在国际合作中更大的灵活性和可行性，为中国－中亚－西亚经济走廊打好部分工作的前站，使其成为"中国－中亚－西亚经济走廊"建设的桥头堡和试点窗口，基于喀什、霍尔果斯等已有基础，先行先试各种政策，为经济走廊的建设开发宝贵经验。①

发挥经济走廊战略支点——宁夏的独特优势。宁夏空间位置重要，地处新欧亚大陆桥国内段中间位置，航空优势明显；对内联接中国东西部，对外通往中亚、西亚的特殊陆空优势。宁夏民族人文优势突出，宁夏与西亚国家和地区有着源远流长的人文联系和合作，宁夏民族团结，社会和谐；作为中阿共建"一带一路"的天然平台的中阿博览会，经过两届中阿经贸论坛和3届中阿博览会的成功举办，宁夏的知名度在"一带一路"沿线国家远扬。中阿博览会、宁夏内陆开放型经济试验区、银川综合保税区等战略平台，银川－阿联酋国际航班、银川－德黑兰国际货运班列等举措，使宁夏已成为中国与西亚国家经贸、文化、教育等合作的首选。宁夏可以充分发挥自身民族人文优势、中阿博览会平台优势、内陆开放型经济实验区体制机制优势，打造中国－中亚－西亚经济走廊"战略支点"。

当下及未来，宁夏还有可挖掘的潜力。一是继续解放思想，站在世界环境、国家战略的高度来布局发展战略。二是要深刻认识改革推动发展的重要性，先行先试，创新内陆开放型经济实验区的体制机制，以制度创新推动宁夏开放发展，同时为国内其他中西部地区的内陆开放提供试验。推动投资便利化。要加快建立"三个清单"制度，创新外资管理体制，参照自贸区标准制定投资准入和项目跟踪服务，提升外商投资质量；推动贸易服务便利化。要加快建立外贸出口基地建设，大力培育以清真食品和穆斯林用品、枸杞等出口产品基地，加快推进与重点出口市

---

① 何文彬：《论"中国－中亚－西亚经济走廊"建设推进中的基础与障碍》，《经济体制改革》2017年第3期。

场检验体系和证书互认，积极争取试点国际贸易"单一窗口"管理模式，推动银川综保区与迪拜杰贝·阿里自贸区宽进电子商务平台深度合作，争取迪拜杰贝·阿里自贸区在银川综保区设立前置检验检疫和标准化认证机构，打造中阿贸易通关最便利的商品集散中心。推动金融服务便利化，支持境内外金融机构在宁夏设立分支机构。力争建立中阿贸易人民币结算中心，积极探索宁夏与亚投行和丝路基金的对接机制。三是要深刻认识开放带动发展的重要性，要珍惜开放带来自身快速发展的成果，不折腾，不倒退，坚持以人民为中心的发展理念，站在国家全局角度定位自身位置，继续做好开放工作，务实高效办好中阿博览会，要在专业化、市场化、国际化举办中阿博览会的体制机制上列出时间表。同时，深化天上、地上的通道优势。争取设立中阿自由贸易园区或中海自由贸易（宁夏）试验区。要加大力度继续争取发挥自身在中海自贸区建设中的"先行区"作用，在中海自贸区建设的大框架下，积极谋划建立以中阿经贸合作便利化一体化为重点的中阿自由贸易（宁夏）实验区或中海自贸区宁夏经济合作示范区。四是深刻认识创新驱动发展的重要性，以创新制度保障创新驱动战略，以标杆项目带动创新工作，重点要在民族团结示范区的制度上创新、内陆开放型经济发展制度上创新、脱贫富民的体制机制上创新。

3. 沿线推进与内地搭乘

在优先积极推进中国－中亚－西亚经济走廊沿线省区参与"一带一路"走廊建设的同时，鼓励内陆相关省区积极搭乘经济走廊的制度红利，充分利用各地区要素差异的比较优势，鼓励中西部地区结合地方实际，积极与东部地区开展产业合作；积极探索跨境经济合作区、边境经济合作区建设机制，深化边境省区与周边国家经贸合作。针对沿线不同国家的资源禀赋和产业状况，结合化解产能过剩和保障粮食安全等需要，优化对外投资的产业和国别布局，把"走出去"与国内产业结构调整结合起来，缓解国内产能过剩和能源资源供应压力。务实推进沿廊国家现有境外经贸合作区建设，如中国－阿曼杜谷姆产业园、中国－毛塔产业园，探讨在沿廊国家建设商贸流通为主体的经贸合作区的可能性，推动企业集群式"走出去"。

（四）深化经济走廊沿线国家全方位研究

全球化时代，本地思维、国内思维的智库或方案，不但不能解决问题，有时可能还会适得其反。要以全球视野全球思维去看待、思考、处理全球或区域事务；要彻底改变传统思维，传统逻辑，传统办法。其一是，要深入、全面地了解对方、了解世界，不能急功急利、不能葫芦吞枣、不能凭空想象；需要脚踏实地，深入调研，认真做好基础研究，做到真正了解对方的历史、情感、思维方式、困难、禁忌；需要尊重专业，分门别类，认真做好专业领域的研究，做到了解对方各个领域实情；需要综合分析，认真做好应用研究，做到了解对方行为方式、交流方式、决策方式等。

加强多边人文交流合作，使双方互相了解对方的思维、逻辑、习惯习俗，增进认识和合作，做到坦诚相待，实现民心相通，服务设施、贸易、金融等方面的畅通。借鉴2018年6月上合组织青岛会议的做法，做到真正尊重对方。着力实施"中高级管理人才国际化，基层管理人才及操作人员本土化"的人力资源战略。重点开展对沿廊世情、国情、社情、民情考察，科学评估相关国家投资风险，设置前置条件以选择合适的投资东道国。加强多边人文交流合作，在务实的交流合作中，展示中华优秀文化，如诚信，改变中国部分企业、产品、个人不良行为带来的恶化中国国际形象的情况。

三　法律风险控制

经济走廊建设涉及国家众多、政治制度不一、国情不同、法律复杂，中国和西亚国家均应加强区域合作领域法律体系建立工作。包括及时制定新法律并签署新协定，为多方经商、劳务、投资人员的人身和财产安全保驾护航；规范多国企业投资合作行为，有效保护投资者的合法权益；成立相应的商事争议调解机制，化解争议和矛盾；推进中国－中亚－西亚经济走廊向规范化、制度化、法制化方向发展，为中国和西亚国家的合作的有序开展创造良好的法律制度环境；共同打击各种商业欺诈和不法行为等。

（一）政府主导沿线各国法律政策沟通

经济走廊的推进建设需要法律规则的不断协商，以减少政策法律带来的经济一体化壁垒，减低各国法律规则不同带来的交易成本。沿线各国政府应加强沟通协调，主导经济走廊法律规则的渐进一体化或协同化，超期投资、贸易、文化等合作开启法律政策的协调沟通，求同避异；具体措施包括联合公报、谅解合作备忘录、负面清单等。

中国政府要更好地服务于中国企业"走出去"，为其搭好台、铺通路。中国商务部、中国海关等相关部门可对中国企业进行指导，出版《中国对外直接投资统计公报》《对外投资指南（国别指引）》等，要在市场准入、配套建设、政策保障、金融支持、规范性指导等多个方面为中国企业投资经营搭好台、铺通路，并为中国技术、标准、装备成系统"走出去"做好法律保障工作。

（二）企业加强沿线各国法律学习

深度研究学习业务所在地区（国家）的法律政策、历史文化、风土人情等是跨国公司的必备功课之一，世界知名跨国公司一般都是管理国际化、视野国际化、投资国际化、法律国际化以适应其业务国际化，绝大多数跨国公司的法律团队都是聘请国际背景的律师或法律专业人士加盟，例如，聘请业务所在地区（国家）的律师或法律专业人士。

企业要参与经济走廊的投资贸易等事务，一定要深入学习研究业务所经地区（国家）的法律政策，避免触碰法律，做到运用当地法律维护自己的利益。中国参与经济走廊建设的企业要在前期做足准备功课，对外要对西亚国家当地政府的政策法规要加以重视、加以学习。对内要跟紧国家最新出台的一系列利好政策和法规，要吃透政策、把握风向、善于行动。此外也要重视咨询服务和中介作用，向比较专业的投资咨询公司、律师事务所以及相关的各类智库和科研院所寻求政治、经济、法律、税务、争端解决等咨询帮助，尽量避免中国投资企业走向西亚经济走廊建设后"再走弯路、再交学费"。

（三）同步构建走廊商事协调机制

政府主导法律政策沟通协调、企业加强业务所在地区（国家）的法律政策等学习，可以有效预防和规避触犯法律而带来的商事损失，但未必能够杜绝商事纠纷。因此，利用经济走廊多边合作平台和对话平台，成立中国－中亚－西亚经济走廊商事争议协调中心十分必要；商事争议协调中心可以进行法律沟通，为法律规则趋同打前站；可以协调解决争议，防止争端扩大利益受损；适时协调经济走廊沿线国家的法律摩擦，保障企业利益，使中国－中亚－西亚经济走廊向规范化、制度化、法制化方向运行。

四　其他风险控制

西亚地区民族、宗教众多、民族、宗教、部落、利益集团问题复杂，中国－中亚－西亚经济走廊（西亚段）推进中要对此加以高度重视。具体做法上，第一，中国要摆正自己的位置、确立良好的工作方针。既要坚持和平合作、开放包容、互学互鉴、互利共赢的共建理念，同时也要积极体现"亲、诚、惠、容"的周边外交工作四字方针。第二，重视利益协调。西亚国家，尤其是宗教色彩浓厚的西亚国家，往往对经济走廊有一定的抵触情绪，中国要在尊重西亚国家利亚和宗教习惯的基础上，创造利益协调的渠道，使各国的意愿得到充分表达，寻求共赢的路径。例如，经过阿富汗连接中伊两国的铁路还存在另外一种可能的方案：直接通过中国和阿富汗的边界，走瓦罕走廊到达阿富汗的中部地区。这一路线的地理情况还不清楚，但是据史记载，玄奘当年从印度回国的时候曾经走过这一道路。中国有关机构可以组织相应规模的地质勘查活动，以寻找新的机会。如果找到了意外的发现，那么中阿两国之间狭窄的边界走廊将发挥出历史所赋予它的重大意义。第三，搭建交流沟通的机制。民心相通是经济走廊建设的重要条件，尊重当地的宗教人文习俗，增进了解，必不可少。要充分发挥媒体的积极作用，增进中国与西亚国家及其宗教文化的相互了解、扩大积极正面的宣传报道，要对一些外媒恶意针对中国的批评给予正面的回击和驳斥，要对一些宗教教众担忧和顾虑的议题给予客观的解释和说明，以减少误解、增进互信才能营造良好的政策实施氛围。第四，入乡随俗，了解西亚宗教文化。中国远赴西亚国家参与经济走廊建设之前，要事先做好准备，了解当地文化和宗教信仰、清楚当地宗教禁忌和宗教习惯，尤其是要注意实际工作中不要冒犯当地宗教人士，避免引起不必要的宗教纠纷。第五，利用"友好城市"，尝试构建"省长论坛"等平台机制，在友好城市开展经济走廊建设试点，积极利用当地友好的宗教关系开展合作、进行试点，并将良好的合作成果进行宣传，以点带面，引导其他城市或国家更多的宗教认可。

经济走廊的建设不可避免地会受到当地军事因素的影响，中国要对此进行必要考虑。其一，中国要与沿廊国家做好政策协商，积极完善相关的预判和应对机制，致力于将"地缘经济"和"地缘政治"适度切割，规避政治互信不足等障碍，在有条件的情况下，加强中国在西亚各国大使馆、领事处、办事处的建设，形成中国在西亚国家的"国家窗口"，保障投资者权益。其二，要善于利用次国家政府体的不同利益视角，帮助中央政府改善地缘政治环境等非经济层面合作，赢得各国中央政府对其在经济走廊范围内开展经济合作的支持。其三，做好应急预案和应急机制建设，成立相关的应急小组或部门，在军事冲突发生之时，要能够及时确保在西亚各国投资的中国公民安全和利益不被侵犯，必要之时可与当地政府和武装警察部队取得联系，寻求帮助。其四，助力阿富汗、西亚地区反恐和安全建设，担负起大国责任。

参考文献

中文文献

[1] http://fta.mofcom.gov.cn/index.shtml，中国自由贸易区服务网。

[2] http://www.cascf.org/chn/，中国－阿拉伯国家论坛网。

[3] http://www.gcc－sg.org/ar－sa/Pages/default.aspx，海湾国家合作委员会。

[4] http://www.worldbank.org/，世界银行。

[5] https://www.aiib.org/en/index.html，亚洲基础设施投资银行。

[6] https://www.yidaiyilu.gov.cn/，中国"一带一路"网。

[7]《"一带一路"下的法律风险调研》，百度文库，2016年2月29日。

[8]《决胜全面建成小康社会夺取新时代中国特色社会主义伟大胜利——在中国共产党第十九次全国代表大会上的报告》，新华社，2017年10月27日。

[9]《推动共建丝绸之路经济带和21世纪海上丝绸之路的愿景与行动》，新华社，2015年3月28日。

[10]《中国对阿拉伯国家政策文件（全文）》，新华社，北京1月13日电。

[11] 安惠侯：《西亚北非政治格局变化及其走向》，《阿拉伯世界研究》2013年2期。

［12］〔英〕彼得·弗兰科潘（Peter Frankopan）：《丝绸之路一部全新的世界史》，邵旭东、孙芳译，浙江大学出版社，2016。

［13］毕吉耀：《当前世界经济形势及对我国的影响》，《国际问题研究》2016 年第 4 期。

［14］程中海、南楠：《"一带一路"框架下东道国制度环境与中国对外直接投资潜力》，《软科学》2018 年第 1 期。

［15］〔美〕菲利普·西提：《阿拉伯通史》（第十版），马坚译，新世纪出版社，2015。

［16］高倩、阿里木江·卡斯木：《"一带一路"沿线之中国新疆—中亚—西亚城市空间扩张》，《经济地理》2017 年第 5 期。

［17］公丕萍、卢伟、曹忠祥：《"一带一路"建设最新进展、形势变化与 2018 年推进策略》，《大陆桥视野》2018 年第 1 期。

［18］郭元丽：《跨境经济走廊物流竞争力评价研究——以昆曼经济走廊为例》，云南财经大学硕士学位论文，2016。

［19］韩永辉、邹建华：《"一带一路"背景下的中国与西亚国家贸易合作现状和前景展望》，《国际贸易》2014 年第 8 期。

［20］何文彬：《"中国－中亚－西亚经济走廊"金融互联的推进策略——基于空间经济学视角》，《亚太经济》2018 年第 1 期。

［21］何文彬：《论"中国－中亚－西亚经济走廊"建设推进中的基础与障碍》，《经济体制改革》2017 年第 3 期。

［22］黄剑：《中国与"一带一路"沿线国家项目对接风险及应对策略》，《北京工商大学学报》（社会科学版）2017 年第 6 期。

［23］黄晓燕、秦放鸣：《"一带一路"背景下中国与西亚国家产能合作基础与模式研究》，《新疆大学学报》（哲学·人文社会科学版）2017 年第 5 期。

［24］黄晓燕、秦放鸣：《中国—中亚—西亚经济走廊建设：基础、挑战与路径》，《改革与战略》2018 年第 2 期。

[25] 姜书竹：《中国与海合会双边贸易的实证研究》，《技术经济与管理研究》2012 年第 12 期。

[26] 〔美〕库兹涅茨：《各国的经济增长》，北京经济学院出版社，1991。

[27] 李敬、李然、谢晓英：《"一带一路"相关国家贸易投资关系研究（西亚北非十六国）》，经济日报出版社，2017。

[28] 李明伟：《丝绸之路研究百年历史回顾》，《西北民族研究》2005 年第 2 期。

[29] 李希光：《中巴经济走廊——中国"一带一路"战略旗舰项目研究》，文津出版社，2017。

[30] 李新：《中亚经济发展战略与丝绸之路经济带合作空间对接探究》，《新疆师范大学学报》（哲学社会科学版）2017 年第 3 期。

[31] 林永亮：《"一带一路"建设的世界意义》，《当代世界》2017 年第 1 期。

[32] 刘稚、卢光盛：《孟中印缅经济走廊建设的理论与实践》，社会科学文献出版社，2017。

[33] 龙静：《中国与发展中地区整体外交——现状评估与未来展望》，《国际展望》2017 年第 2 期。

[34] 马博：《孟中印缅经济走廊》，中国经济出版社，2018。

[35] 潘志平：《"一带一路"愿景下设施联通的连接点——以"中国－中亚－西亚"经济走廊为例》，《新疆师范大学学报》（哲学社会科学版）2016 年第 3 期。

[36] 秦悦、唐珺：《"一带一路"建设面临的风险、挑战与对策建议》，《发展研究》2017 年第 9 期。

[37] 任佳、陈利君：《孟中印缅经济走廊研究报告》，中国社会科学出版社，2014。

[38] 茹仙古丽·吾甫尔、郭辉：《中国新疆与中亚五国产业内贸易影响因素实证分析》，《湖北民族学院学报》（哲学社会科学版）2018

年第 3 期。

[39] 沈晓明：《伊斯兰银行知识读本》，中国金融出版社，2010。

[40] 〔美〕索罗：《增长理论：一种解释》，冯键等译，中国财政经济出版社，2004。

[41] 谭光委：《中国企业对外直接投资壁垒的种类、影响及对策研究》，对外经济贸易大学硕士学位论文，2016。

[42] 屠启宇：《国际城市发展报告（2017）：丝路城市走廊——构筑"一带一路"战略主通道》，社会科学文献出版社，2017。

[43] 王金波：《"一带一路"经济走廊贸易潜力研究——基于贸易互补性、竞争性和产业国际竞争力的实证分析》，《亚太经济》2017年第 4 期。

[44] 王金波：《"一带一路"经济走廊与区域经济一体化：形成机理与功能演进》，社会科学文献出版社，2016。

[45] 王颂吉、白永秀：《中国-中亚-西亚经济走廊建设：进展、问题与对策》，《贵州社会科学》2016年第 11 期。

[46] 王颂吉、苏小庆：《2015 年中国—中亚—西亚经济走廊发展报告》，《陕西蓝皮书·丝绸之路经济带发展报告（2015～2016）》，社会科学文献出版社，2015。

[47] 王有勇：《现代中阿经贸合作研究》，上海外语教育出版社，2004。

[48] 卫玲、戴江伟：《丝绸之路经济带：超越地理空间的内涵识别及其当代解读》，《兰州大学学报》2014年第 1 期。

[49] 吴福象：《论供给侧结构性改革与中国经济转型》，《社会主义经济理论与实践（人大复印资料）》2017年第 5 期。

[50] 辛格：《孟中印缅经济走廊建设——中印视角》，社会科学文献出版社，2015。

[51] 杨雷：《探索中国-中亚-西亚国际运输走廊建设的现状与挑战》，《新疆师范大学学报》（哲社版）2017年第 1 期。

[52] 杨恕、王术森：《中亚与西亚的地缘经济联系分析》，《兰州大学学报》（社会科学版）2018 年第 1 期。

[53] 袁家军、王和山主编《中国－阿拉伯国家博览会理论研讨会论文集》，宁夏人民出版社，2013。

[54] 郑伟：《"一带一路"倡议下构建中蒙俄经济走廊的路径选择》，《北京工商大学学报》（社会科学版）2016 年第 5 期。

[55] 中阿合作论坛研究中心：《中国阿拉伯国家合作论坛成就与展望》，2018 年 5 月。

[56] 庄芮、张国军、白光裕：《中国自由贸易区战略：理论与实践》，对外经济贸易大学出版社，2015。

英文文献

[1] Joseph E. Stiglitz with Carl E. Walsh, *Economics*, *Fourth Edition*, W. W. Norton & Company, December, 2005.

[2] R. Barro, and X. Sala-I-Martin, *Economic Growth*, McGraw-Hill, 1995.

[3] R. E. Lueas, "On the Mechanics of Economic Development", *Journal of Monetary Economics* 22 (1998).

[4] S. Chirathivat ASEAN "China Free Trade Area: background, implications and future development", *Journal of Asian Economies* (5) 2002.

[5] William Arthur Lewis, *The Theory of Economic Growth*, Allen & Unwin, 1955.

图书在版编目（CIP）数据

中国－中亚－西亚经济走廊（西亚段）概略／马鑫，
金忠杰，王瑛著. －－ 北京：社会科学文献出版社，
2018.10

ISBN 978－7－5201－3309－8

Ⅰ.①中… Ⅱ.①马… ②金… ③王… Ⅲ.①"一带
一路"－国际合作－研究－中国、西亚 Ⅳ.
①F125.537

中国版本图书馆 CIP 数据核字（2018）第 192666 号

中国－中亚－西亚经济走廊（西亚段）概略

著　　者／马　鑫　金忠杰　王　瑛

出 版 人／谢寿光
项目统筹／宋月华　周志静
责任编辑／周志静

出　　版／社会科学文献出版社·人文分社（010）59367215
　　　　　地址：北京市北三环中路甲 29 号院华龙大厦　邮编：100029
　　　　　网址：www.ssap.com.cn
发　　行／市场营销中心（010）59367081　59367018
印　　装／天津千鹤文化传播有限公司

规　　格／开　本：787mm×1092mm　1/16
　　　　　印　张：13.75　字　数：208 千字
版　　次／2018 年 10 月第 1 版　2018 年 10 月第 1 次印刷
书　　号／ISBN 978－7－5201－3309－8
定　　价／88.00 元

本书如有印装质量问题，请与读者服务中心（010－59367028）联系